マーケティング・マインドと イノベーション

田口冬樹 著
Fuyuki Taguchi

Marketing
Mind
and
Innovation

東京 白桃書房 神田

はじめに

　今日，マーケティングという言葉や活動は様々な場面で使われている。主にはビジネスの場面であるが，しかし営利活動以外の行政やNPO（非営利組織）の仕事，それに消費者の個人的な生活の場面にも役立てられている。マーケティングという言葉を日本語に訳そうと思ってもしっくりした表現が見つからない。あえて販売（セールス）や営業という言葉を当てはめても，それぞれの活動のパーツは説明できても，そうした言葉では十分に表現できない広がりや奥行きのある意味や役割を持っている。継続して顧客や社会のニーズを捉える視点からビジネスをデザインする独自の意味合いを有している。そのためマーケティングはマーケティングのまま使用されてきている。
　さらに強調したい点は，マーケティングは変化と常に密接な関係に置かれていることである。マーケティングは，変化に適応することが求められ，逆に変化を創造する。そしてその変化の根本には顧客や社会のニーズの変化が存在している。マーケティングの実務と研究は，変化する顧客や社会のニーズを焦点に発展してきたといっても過言ではない。
　したがって，マーケティングとは，変化する顧客や社会のニーズを的確に捉え，顧客の心に働きかけ，購買を促進し，継続的に顧客満足を実現する活動や考え方と捉えることができる。

　本書は，こうしたマーケティングの活動や考え方を，できるだけ体系的に理解できるようにまとめたものである。ここでは，マーケティングのエッセンスともいえる顧客や社会のニーズを優先して考えるマインドに軸を置いて考察を進めている。本書は，マーケター（マーケティングを推進する主体）や経営に携わる人々が冷静な目で顧客や社会のニーズを分析して問題の所在を的確に捉えることと，顧客や社会のためにホットな心で解決策を提案することとの一体的な取り組みが重要であることを強調している。そのためには，ライバルよりも優れたイノベーションをベースに顧客の抱える問題への解決に挑戦して，顧客から優先して選ばれる対象になること，同時に持続的に競争優位性を実現しながら顧客満足の創造に繋げることを論じている。

本書は11の章から構成されている。

第1章「マーケティング・マインドとは」では，まずマーケティングの定義を紹介しながら，現代のマーケティングの担い手の多様性として，消費者，企業，行政にとってのマーケティング活用の重要性を明らかにしている。そのうえで，マーケティングには，顧客満足実現のためにマーケターの冷静な顧客分析と温かい心であるマインドでバランスよく取り組むことが求められており，マーケティング・マインドとそれを具体化するためのイノベーションが必要であることを指摘している。

第2章「マーケターが理解しておくべき要素」では，マーケティングを活用して顧客のニーズを捉え，ニーズをめぐる問題解決に有益となる基本的な用語やツールを紹介している。特に，顧客のニーズとウォンツの関係，未知の顧客をどのように創造するのかという潜在需要への対応，顧客はモノではなくベネフィットを求めていることの意味，顧客満足のレベルなどを明らかにすることで，マーケターの利用できるツールが示されている。

第3章「マーケティング・マネジメント・プロセスと戦略策定」では，変化する顧客や熾烈化する競争に対して，企業が活用できる経営資源をどのように計画的かつ柔軟に適合させるのかというマネジメント・プロセスを示している。特に事業のミッションを踏まえて，SWOT分析により企業と環境を把握し，目標を設定したうえでマーケット・セグメンテーション（市場細分化）やターゲット（標的）を選定し，それに合致したマーケティング・ミックスからなる戦略を策定するというプロセスを中心に検討している。

第4章「マーケット・セグメンテーション（市場細分化）の進め方」では，複数の細分化変数を活用してニーズや嗜好の異なる購買グループを特定し，自社にふさわしいターゲットを選び出すことで，ターゲットに対するマーケティング・ミックスのアプローチを決定する手順を紹介している。

第5章「ポジショニングと競争戦略」では，顧客，競争それに自社のそれぞれの視点から自社のポジショニングを決定する手順を紹介している。選び出されたターゲット顧客の心の中に主要なベネフィットをもたらす提供物の位置を明らかにすること，同時に競合他社と比較して自社の製品やサービスが最も魅力的である位置を探りだすことが必要となる。さらに自社の活用できる経営資源と獲得している市場シェアとの関係をベースにマーケットのリーダー，チャ

レンジャー，フォロワー，それにニッチャーのポジションに適合した戦略の特徴を検討している。

　第6章「消費者行動とソーシャルメディア」では，消費者とは誰を指すのかについて代理購買という概念の紹介を含めて消費者行動の対象と範囲を明らかにしている。消費者がどのような意思決定プロセスを経て購買や使用を行うのかは，購買後の行動を含めて総合的に把握することが重要であり，近年ソーシャルメディアの影響力が増大している中で，消費者の購買意思決定過程の変化を解明している。さらに顧客と企業との長期的な関係強化のために顧客の生涯価値を最大化し，優良顧客を育成するうえで不可欠な顧客関係管理（CRM）の特徴や課題を分析している。

　第7章「製品開発の過程」では，商品の役割を理解してもらうために，消費財とビジネス財の区分を中心に取り上げ，ミシュランガイドの狙いを事例に派生需要の意味を明らかにしている。さらに新製品の開発過程と製品のライフサイクルの各段階の特徴およびマーケティング戦略の対応を検討している。特に新製品の普及における消費者の動向を，製品のライフサイクルとすり合わせて検討することで，キャズム（新製品普及の溝・壁）の存在を克服するために新製品の導入期にどのようなマーケティング活動やいかなるタイプの消費者が重要な役割を果たしているかを分析している。

　第8章「製品からブランドへの進化」では，多くの製品が商品化のポジションに置かれており，さらにその商品は顧客からはブランドのレベルで評価されることで購買対象となっていることを論じている。しかしブランドは，企業が商品に名前（ネーム）を設定すればブランドとなるわけではない。そこでまず，ブランドとはいかなる要素，条件，主体，さらには役割を持っているのかを明らかにしている。ブランドを消費者に認知してもらい，エクイティ（資産）のレベルにまで昇華させるには，様々なブランド戦略が展開される必要がある。そのタイプを本章で検討している。

　第9章「マーケティング・ミックス」では，企業の提供物や企業自体を顧客に理解してもらい，継続的な購買や良好な関係を維持するために，製品，価格，プレイス（チャネル），プロモーションの4つのマーケティング手段を効果的に組み合わせて顧客や社会に働きかけることが重要である点を明らかにしている。すでに製品やブランドについては第7章と第8章で検討してきたので，この章で

は，製品以外の3つのマーケティング手段を中心に分析している。ここでの強調点は，プロモーション（マーケティング・コミュニケーション）戦略で論じたIMC（統合型マーケティング・コミュニケーション）の視点がマーケティング・ミックスの統合にも重要な方向性を与えており，企業と顧客とのタッチ・ポイントの増加に合わせて，マーケティング活動についての企業内外の一貫性や統一性が重要となっていることを論じている。

　第10章「サービスのマーケティング」では，今日の社会におけるサービス需要の増大を，産業と家庭の両サイドにおけるサービスの必要性から明らかにしている。従来は有形財の製品との対比で無形財のサービスの商品特性を捉えていたのに対して，サービスの品質評価の重視やサービスを中心として経済およびマーケティングを捉えるサービス・ドミナント・ロジック（SDロジック）やサービス・ロジック（Sロジック）の考え方を検討している。サービスの捉え方は，従来は供給サイドの一方的な開発や提案に傾斜していたのに対して，近年では顧客の利用や都合を反映した相互作用によって実現される価値共創を強調した研究や実務的な取り組みが重視されていることを紹介している。

　第11章「マーケティングとイノベーション」では，これからのマーケティングの発展にとって重要と思われるマーケティングとイノベーションの関係を検討している。特に，この章ではドラッカーやコトラーをはじめとする研究者のイノベーションについての考え方，それにマーケティングとのインターフェイス（接点）を紹介し，イノベーションがどのように捉えられ，いかなる担当者やネットワークで生み出されているのかを解明している。さらに近年注目されているユーザー・イノベーションの方法として，リード・ユーザー法とクラウド・ソーシング法についての評価を行っている。さらに，イノベーションの評価基準として効率性と有効性，それに加えて新規性と希少性（独自性）の同時達成といった条件を提案しており，これらを踏まえて企業成長にとって社会的課題を対象としたマーケティング・マインドとイノベーションの一体的取り組みが重要となっていることを指摘している。

　このように本書は，マーケティングの基礎知識から応用問題の領域までを包括的に取り扱っている。各章の始まりのところに，「キーワード」を提示しており，各章の終わりにはその章をもとにした「演習問題＆討論テーマ」を用意している。また本書全体の最後のところには「さらなる学習と研究のための参考

文献」を掲載している。各章を読み終えた後や本書全体の復習・フィードバックのために，それぞれの問題に取り組むことでマーケティングに対するさらなる関心と問題意識を高めていただき，次の学習や研究に役立ててもらえたら幸いである。

マーケティングに限らず，多くの学問には共通して，社会で発生している様々な事象に対してそれが何であるかを的確に解明する事実理解の役割と，そこから問題を発見して適切に解決に導く問題解決の役割が存在している。マーケティングという学問にもこの両方の役割が存在し，そのどちらについても十分にその役割を実現できるバランスのある研究や勉学が求められている。

本書は，筆者がこれまで専修大学，東京大学などでマーケティングを中心に講義してきた内容をベースにまとめたものである。東京大学経済学部では複数年度にわたって講義の機会を提供していただいた。東京大学大学院経済学研究科教授の阿部誠先生には日頃から研究教育面で多大な刺激を受けており，改めてお礼を申し上げたい。また専修大学経営学部・商学部のマーケティング担当の先生方には様々な形でご支援をいただいており，感謝申し上げたい。日本商業学会ならびに日本流通学会の皆様にも研究面で多くの刺激を与えていただきお礼申し上げたい。そして，本書執筆において，イリノイ大学名誉教授のRobert. E. Weigand先生，リムリック大学マーケティング教授のJohn Fahy先生ならびにダブリン大学グローバルビジネス教授のLouis Brennan先生には共同研究，資料提供，それに公私にわたるアドバイスをいただき，改めてお礼申し上げたい。

さらには，田口ゼミナールの卒業生はもとより現役ゼミ生からは，ゼミでの活発な議論を通して研究面でも様々なヒントや発想を引き出してもらい，本書執筆の原動力になったことを有難く思っている。

本書の出版に際して，忍耐強く筆者を励まし続けていただいた白桃書房取締役社長　大矢栄一郎氏に心から厚くお礼申し上げたい。そしていつも日常の生活を犠牲にして筆者を支えてくれている妻の知子には心から感謝している。母の昌子，息子の広樹にも心からお礼を述べたい。広樹には，本書の原稿の整理ならびに校正にも協力してもらい感謝している。

2017年5月吉日
田口　冬樹

＊本書は，平成27年度専修大学長期国内研究助成「マーケティング・イノベーションの研究」に関する研究成果の一部である。このような機会を提供していただいた専修大学に感謝申し上げたい。

【本書の構成】

はじめに
第1章　マーケティング・マインドとは
第2章　マーケターが理解しておくべき要素
第3章　マーケティング・マネジメント・プロセスと戦略策定
第4章　マーケット・セグメンテーション（市場細分化）の進め方
第5章　ポジショニングと競争戦略
第6章　消費者行動とソーシャルメディア
第7章　製品開発の過程
第8章　製品からブランドへの進化
第9章　マーケティング・ミックス
第10章　サービスのマーケティング
第11章　マーケティングとイノベーション
各章には「キーワード」および「演習問題＆テーマ」
「さらなる学習と研究のための参考文献」
索引

【目次】

はじめに i

第1章 マーケティング・マインドとは

1 ▶ マーケティングが意味していること 1
2 ▶ マーケティングは顧客の問題を発見し解決提案する取り組み 3
3 ▶ 消費者，企業，行政にとってのマーケティングの重要性 5
4 ▶ マーケティング・マインドとイノベーション 7

第2章 マーケターが理解しておくべき要素

1 ▶ ニーズとウォンツの関係 13
2 ▶ 潜在需要と有効需要 14
3 ▶ 製品というモノを買うのではなく，ベネフィットを買う 15
4 ▶ 顧客満足を実現するプロセス 19
5 ▶ 機能的価値，経験価値&意味的価値への理解 24

第3章 マーケティング・マネジメント・プロセスと戦略策定

1 ▶ マーケティング・マネジメント・プロセス 30
2 ▶ マーケティング環境の分析と市場機会の発見 31
3 ▶ STP（セグメンテーション・ターゲティング・ポジショニング）の進め方 35
4 ▶ ポジショニングとコンセプト設定 38
5 ▶ マーケティング・ミックスの策定 39

第4章 マーケット・セグメンテーション(市場細分化)の進め方

1 ▶ セグメント選択の意味 ……………………………………………………………… 44
2 ▶ 市場細分化の変数(セグメンテーション変数) …………………………………… 46
　　(1) 地理変数(geographic variables) ………………………………………… 46
　　(2) 人口動態変数(demographic variables) ………………………………… 48
　　(3) 社会・心理変数(socio-psychographic variables) ……………………… 49
　　(4) 行動変数(behavior variables) …………………………………………… 51
3 ▶ ターゲット選択の条件 ……………………………………………………………… 55
4 ▶ 標的市場の設定:ターゲティング ………………………………………………… 56

第5章 ポジショニングと競争戦略

1 ▶ 顧客認知の獲得とポジショニング戦略の3つの視点 …………………………… 61
2 ▶ ポジショニング戦略展開のステップ ……………………………………………… 66
　　(1) ポジショニングのコンセプトを設定する ………………………………… 66
　　(2) 競争者よりも魅力的と顧客に認識させる ………………………………… 67
　　(3) 競争者がどのようにして認知されているかを知る ……………………… 69
　　(4) ポジショニング戦略の計画と実行 ………………………………………… 73
　　(5) ポジションをモニターする ………………………………………………… 74
3 ▶ 競争戦略による対応 ………………………………………………………………… 75

第6章 消費者行動とソーシャルメディア

1 ▶ 消費者の特徴 82
2 ▶ 消費者の対象と範囲 82
3 ▶ 消費者とは誰か 85
4 ▶ 消費者の購買意思決定プロセス 87
　（1）問題（ニーズ）の認識 87
　（2）情報の収集 88
　（3）代替案の評価 89
　（4）購買行為と決定 90
　（5）購買後の評価 90
5 ▶ 消費者の意思決定のタイプと関与概念 92
　（1）習慣的問題解決（habitual or routinized problem-solving） 92
　（2）限定的問題解決（limited problem-solving） 93
　（3）広範囲的問題解決（extensive problem-solving） 93
6 ▶ ソーシャルメディアによる消費者の購買意思決定プロセスの変化 94
　（1）ソーシャルメディアの役割と購買意思決定プロセスの変化 95
　（2）3つの主要なマーケティングメディア 100
7 ▶ 顧客関係管理（CRM：customer relationship management） 103

第7章 製品開発の過程

1 ▶ 消費財とビジネス財：ミシュランガイドはなぜ生まれたか？ 112
2 ▶ 商品と製品の違い，および新製品開発 114
　（1）商品化の条件 114
　（2）NB商品とPB商品の開発主体 114
　（3）製品開発の範囲 115

（4）▶ 新製品の開発過程 119
3 ▶ 製品ライフサイクル（PLC：product life cycle）................ 124
4 ▶ PPM（product portfolio management）の分析 130

第**8**章　製品からブランドへの進化

1 ▶ ブランド設定の対象とブランド要素 135
2 ▶ ブランド化の条件：ブランド・ロイヤルティおよびブランド・エクイティ 137
3 ▶ ブランド戦略のタイプ 142
4 ▶ マトリックスに基づくブランド戦略の展開 144
5 ▶ 先発ブランド優位vs後発ブランド優位について 147

第**9**章　マーケティング・ミックス

1 ▶ 価格戦略 152
　　（1）価格決定の意味と役割 152
　　（2）価格決定の方法 152
　　（3）新製品の価格決定 154
　　（4）複数製品の価格決定 156
　　（5）フリーと割引価格 157
2 ▶ チャネル戦略 159
　　（1）プレイス（place）としてのチャネルの役割 159
　　（2）チャネル選択 160
　　（3）チャネル戦略の展開ステップ：チャネルの長・短 161
　　（4）チャネル戦略の展開ステップ：
　　　　卸売段階と小売段階における販売店集約度 164

(5) 垂直的マーケティングシステム（VMS）の発展 ……………………………165
　　　(6) チャネル・マネジメント：オムニチャネルのインパクト ………………168
　3 ▶ プロモーション（マーケティング・コミュニケーション）戦略 ………171
　　　(1) プロモーションの役割 ……………………………………………………171
　　　(2) プロモーション・ミックス ………………………………………………172
　　　(3) 統合型マーケティング・コミュニケーション（IMC）…………………181

第10章　サービスのマーケティング

1 ▶ 社会におけるサービス需要の増大とサービスのポジショニング …………187
2 ▶ サービスの特性 ………………………………………………………………191
3 ▶ サービスの7Pと品質評価 …………………………………………………194
4 ▶ サービス・リカバリーとサービス・プロフィット・チェーン ……………199
5 ▶ サービス・ドミナント・ロジック＆サービス・ロジックの出現 …………202

第11章　マーケティングとイノベーション

1 ▶ マーケティングとイノベーションの関係 …………………………………209
2 ▶ イノベーション創出の方法とプロセス ……………………………………213
　　　(1) イノベーション・マネジメントの重要性 ………………………………213
　　　(2) イノベーション創出プロセスへの理解 …………………………………215
3 ▶ ユーザー・イノベーションの視点 …………………………………………218
　　　(1) ソーシャルメディアとアクティブ・コンシューマー …………………218
　　　(2) リード・ユーザー法 ………………………………………………………219
　　　(3) クラウド・ソーシング法 …………………………………………………221
4 ▶ マーケティング・イノベーションの評価基準 ……………………………224

「さらなる学習と研究のための参考文献」..235
索引..237

第1章
マーケティング・マインドとは

キーワード

- マーケティング
- マインドとイノベーション
- 行政のマーケティング
- ニーズとシーズ
- セールスとマーケティングの違い

　ここでは，まずマーケティングという言葉の持つ意味とその対象とする範囲について検討することから始めたい。一般に，マーケティングは顧客のニーズ（needs）に応えることを仕事としているといわれている。顧客のニーズに応えるとは，一見簡単なことにも思えるが，ここでは顧客のニーズとは何か，どのようにして生まれてくるのか，それはどのようにしたら解決できるのか，こうした一連の疑問を解き明かしながら，マーケティングの基本的な役割を考えてみよう。

1 ▶ マーケティングが意味していること

　今日の社会では，多くの新製品や新サービスが商品として提供されているが，どのようにしてこれらの製品やサービスが開発され，市場に提供され，顧客や消費者の支持を得ることができるのだろうか。さらにいえば，これらの製品やサービスはいかにしたら，ヒット商品やロングセラー商品になることができるのだろうか。顧客の支持を得ることができるためには，企業や組織は何をどの

ようにすべきなのだろうか。

　それには，供給と需要の両方の動向を踏まえた，マーケティング活動が極めて重要な役割を演じている。例えば，われわれの消費生活には，様々な要望や問題という形でニーズが発生している。ある人にとっては，洗濯をしたいけど雨の日には外に干せないので，できれば洗濯物を干さずに洗って乾燥してすぐに着ることのできる洗濯機が欲しいとか，いつも使っている洗濯機は洗う時の機械音がうるさくて深夜には洗濯ができないといった要望や不満であろう。また同じ人が他の場面では，語学力をもっと向上させるために語学学校に通いたいとか，海外旅行で見聞を広げ様々な旅の体験をしたいが予算が限られているので，できるだけ格安の航空券やホテルの予約を取りたいなどである。われわれの生活にとって，製品やサービスをめぐって多くの希望や問題解決のための要望が生まれている。これら顧客の不満や要望を顧客のニーズと呼ぶこともできる。

　このようなニーズは，われわれの家庭や個人を対象とした消費財（consumer goods）の世界だけでなく，企業，行政，非営利組織などのビジネス財（business goods or industrial goods）[1]の世界でも，動機や目的は異なっても，同じように発生する。いかに製品の性能を向上させるか，どこから高品質の資材や部品を低コストで調達できるか，海外進出に伴い新規顧客を開拓したいがどのようにしたらよいのか，といったビジネスで発生する問題や要望を解決する努力が求められている。マーケティングとは，このような顧客の問題や課題を発見し，解決する手段を提案する活動や考え方であるといえる。つまり先ほど示唆したように，不満，不便，不快，不足など「不」のつく生活やビジネスの問題を明確にすること，あるいは人生や企業の目的，夢，ビジョンに対して，その実現に向けて企業の側から製品やサービスの提供という形で支援することを意味する。言い換えれば，マーケティングはこうした消費生活やビジネスを円滑に遂行するうえで必要となる，顧客に対する問題の発見やその解決を行うための考え方や手法を内容としている。

2 ▶ マーケティングは顧客の問題を発見し解決提案する取り組み

　マーケティングは，あらためて原語で表すと，marketingであり，market（市場）をingで動かす主体的な努力を総称している。これは売り手の側からだけでなく，買い手の側からも働きかけることで，市場が構成されており，マーケティングは語源的には市場での売り（販売）と買い（購買）の両方を含んだ意味を持っている。

　しかし，マーケティングという用語が登場するのは，20世紀初頭の米国においてであり，それは企業の大量生産が実現されるようになり供給サイドからの市場問題の解決のための具体的な方法として発展してきた経緯がある。大量生産を実現するために企業は生産や組織の規模拡大を追求し，ビッグビジネスが形成される。製造業のみならず，農業においても大規模大量生産が追求され，1900年頃からマーケティングの用語の使用と共に，マーケティング教育や研究が中西部や東部の大学を中心にスタートしていた。これらの動きは，こうした産業界の要請に応える形で出現したものでもあった。マーケティングという用語が世に出たのは，1902年のミシガン大学の学報においてであるという。次いで1905年ペンシルベニア大学で，Marketing of Productという講座が開講し，1910年にはウィスコンシン大学でMarketing Methodなる講座が開講した。それまではsales, tradeやcommerceという言葉が使われていながら，それらとは異なった考え方として登場した。そしてマーケティングは，これまでどちらかというと企業や供給サイドの視点からの顧客への働きかけとして利用されてきた。

　しかし，今日では，買い手の側からのマーケティングという視点も重要になっている。われわれ消費者も，また企業の購買や仕入れの担当者も，マーケターとして，供給動向を見極めて市場で賢く効果的な行動をすることが求められている。またマーケティングという用語自体も，最近ではよく耳にするようになっており，われわれ消費者にとっても，マーケティングの知識やその社会的な影響を無視しては充実した生活が送れないほどの大切な常識となっている。

　マーケティングの意味については，生活やビジネス上の問題の発見や解決と

いう切り口以外にも，様々な角度や条件で捉えられている。例えば，「売れる仕組みをつくる活動」，「顧客満足の実現のための働きかけ」，「顧客の心に働きかける活動」，「市場への適応と創造（創造的適応）」，「市場を創造し，維持し，発展させるための活動や考え方」といったものである。

米国のマーケティング協会（American Marketing Association: AMA）では，2013年に承認されたものとして「マーケティングとは，顧客，クライアント（依頼主），パートナー，社会全体にとって価値のある提供物を創造し，伝達し，配達し，そして交換するための活動であり，一連の制度，そしてプロセスである。」とマーケティングの定義を設定した。[3]

マーケティングは時代の変化と密接に結び付いており，時代の変化と共に定義も変化している。この定義ではマーケティングを活動だけではなく，制度それにプロセスとしても捉えることを強調している。この点から指摘できることは，マーケティングの捉え方に4つの変化が生まれている点である。従来はマーケティングの主体は，生産者・製造業者が中心に置かれており，働きかける対象も消費者・顧客であった。マーケティングの役割も商品やサービスの提供という具体的なレベルでイメージできるものが多かったし，マーケティング活動の範囲もミクロ的な視点で収まっていた。それに対して，近年ではその範囲が広がり多様化していることが指摘できる。

① マーケティングの主体：生産者から組織や個人を含むように拡大しており特定の主体に限定していない（non-profit organizationおよびnon-governmental organizationも主体になる）
② マーケティングの働きかけの対象：消費者・顧客・ユーザーからクライアント（依頼人），パートナー，利害関係者，さらには社会全体へと広がっている。
③ マーケティングの役割：商品およびサービス，それにアイディアから価値ある提供物の創造，伝達，配達，交換のプロセスとして捉えられるようになっている。
④ マーケティングの範囲：企業活動から組織的機能として認識されるようになっており，活動，制度，プロセスといった広い範囲での捉え方になっている。

しかし，これらは一見，マーケティングがまったく別の役割や意味を表現するようになったと思われるかもしれないが，その根底には同じ狙いが貫かれている。つまり，働きかける対象が消費者個人であれ社会全体であれ，顧客の問題を発見し，その課題を顧客（相手）の立場で解決するという姿勢が共通している。それは，顧客にとってこのような製品があったらよいのにという要望や，逆にそれまで誰も気づかなかった顧客サービスや製品の使用方法を顧客の立場で提案することで，新たな市場が創造されることにもなる。同時にまた，こうした新たな製品やサービスによって顧客が日頃から不満に思っていた問題の解決や要望が実現されることで，顧客に感動や感激を与え顧客満足が達成される。こうした顧客のニーズを発見し問題解決の手段を提案する取り組みは，長期にわたって，顧客のリピート購買によってその製品やサービスが評価・支持されることでその企業や組織が成長し，そこでの市場および社会が維持され発展するという状況が生まれてくる。これらの一連の関係に描かれるように，マーケティングが社会的プロセスの中で定義されるようになったとはいえ，マーケティングは顧客の問題を発見し，顧客の心を捉え，顧客の満足を継続して実現する仕組みや活動であることに本質（エッセンス）がある。

3 ▶ 消費者，企業，行政にとってのマーケティングの重要性

　マーケティングは，企業によって展開されるというのが一般的な理解であるが，それ以外の主体においてもマーケティングの発想，知識，それに手法が活用されており，重要な役割を演じている。
　その第1は，消費者にとってのマーケティングの重要性である。これまで述べてきたように，①買い手であり，生活者でもある消費者にとって，社会で生きるうえでの最低限知っておくべき常識として，マーケティングの理解が不可欠となっている。特に，最近では自己責任という言葉が使われるようになってきた。その前提には企業や行政の正しい情報の開示が求められるものの，消費者として知らなかったでは済まされない製品の使用条件や買物の知恵が必要なことが多くなっており，マーケティングの理解が充実した生活の基本的条件とな

っているといえよう。②それと同時に，インターネットやスマートフォンを利用した個人間（CtoC: consumer to consumer）での商品売買に見られるように，われわれ消費者も，ネットでのオークションに出品したり，不用品のリサイクルのためバザーでできるだけ有利な価格を設定して販売したりするなど，マーケター（マーケティング活動を担当する主体）に変身する存在でもある。消費者も他の消費者にマーケティングを行う関係が発展しており，このことはマーケティングの知識なしには，相手の顧客に満足を，自らには利益を実現することにはならない。さらに，③消費者は買い手・生活者と企業との中間的なポジションでも役割を発揮する存在でもある。企業の製品開発や販売促進などで自身の使用や消費経験をいかして提案や意見を述べる機会も増えており，消費者参加型マーケティングやユーザー・イノベーションへの関与も注目される[4]。

その第2には，企業にとってのマーケティングの重要性である。これが本来のマーケティング活動の中心的な担い手であり，後の各章で詳しく論じることになるので，要点だけを示しておく。マーケティングがなぜ企業で重要なのかは，自社の製品やサービス，あるいは企業の活動そのものが次の3つの条件を持っていることが前提となっており，マーケティングのマインドや知識なしには企業の存続も成長もあり得ないからである。①ニーズに的確に応えているか：つまり顧客が望むものを提供し，満足させているかで評価される。②競争者よりも優位性を持っているか：ライバルよりも優れたもの，利益の得られるものを開発し提供しているか。企業の発展は，いかに競合他社に対して差別化し，コモディティ化を回避して競争優位性を実現するかにかかっている。③その製品やサービスは合法的であるか：社会的なルールに基づいている（合法）か，いわゆるコンプライアンス（法令遵守）が徹底しているか，あるいは国の規制以上の厳しい品質基準の設定や倫理的なアクションを通してのレピュテーション（評判）の向上を目指し，また市場や社会動向それに法的規制などを的確に把握し迅速なアクションを起こすことができるか。このような点で，マーケティングの役割はますます不可欠となっている。

そして，第3の主体は，行政である。一口に行政といっても実に多様な主体の存在や役割が求められているが，行政にとってのマーケティングを導入し，活用する意義は年々高まっている。①国であれ地方行政であれ，人々の生活の秩序，安全や健康を確保するため，消費者や地域住民の要望，企業の商品やサー

ビスについての公正な取引や安全性の監視など，社会的ルールの設定とその遵守のために，商品情報を収集し，法令や条例，あるいは警告などを国民や地域住民にわかりやすく情報提供することが不可欠である。また最近では，②地方自治体を中心に街づくりや地域ブランドによる地方創生・活性化等が推進され，県庁や市のレベルでのマーケティングの必要性が高まっている。さらに住民満足のために税金以上の質の良い行政サービスの提供など，行政においてもマーケティングが積極的に活用されるようになってきた。[5]

ここでは，3つの代表的な主体を軸にマーケティング活用の重要性を説明したが，現在では，マーケティングの主体はNPO（非営利組織）や個人など様々な担い手によっても活用されるようになっており，またマーケティングの対象も通常の製品やサービス以外にも，観光地であったり，水族館や動物園であったり，スポーツのチームや施設であったり，タレントや政治家などの人であったりとその対象も実に多様な広がりを持っている。

4 ▶ マーケティング・マインドとイノベーション

マーケティングと類似した言葉に，セールスや営業という用語がある。まったくの別物ではないが，基本的な狙いと活動の範囲という点では，明らかに異なった言葉として整理しておくことが肝要である（図表1-1参照）。セールスは，マーケティングの一部分と捉えることもできるが，その狙いの違いという点では，セールスは売ること自体の活動に限定された用語である。もちろんセールスや営業が不十分な言葉や内容ということでは毛頭ない。セールスは売ることに力点があるが，マーケティングは，すでに本書の「はじめに」でも触れたように，より広く，継続して顧客や社会のニーズを捉える視点からビジネスをデザインする独自の意味合いを有している。生産の開始や販売の前に，顧客や社会のニーズを調査・発見するところからスタートし，企業や組織が進むべき方向をガイドし，販売が終了した後においても，顧客の使用状況やそれによる満足や不満をフィードバックして，製品やサービスの改善や次のビジネスの開発に活用するというサイクルがある。マーケティングはそのサイクルを推進することで，顧客の創造や維持のためのより広がりのある活動や考え方を特徴とし

図表1-1　セールス（販売）とマーケティングの違い

セールス		マーケティング
工場・既製品	出発点	市場・顧客ニーズ
売り込み方・日常業務	焦点	買ってもらえる仕組みづくり
アクション中心	方法	分析・創造
現状の売上確保	目的	継続的成長
売上数量に基づく利益	成果	顧客満足に基づく利益

出所：嶋口充輝・石井淳蔵(1998)『現代マーケティング(新版)』有斐閣。

ている。セールスはつくったものを売ることであるが，マーケティングは売れるもの・企業や組織の進むべき方向を創造することに違いがある。

　ここでマーケティングには，マインドが求められていることを強調しておきたい。これまで述べてきたように，マーケティングは，一般的には，供給サイドの立場から顧客の問題を発見し，解決手段を提案し，その結果として，顧客満足を実現するための活動や考え方であることを強調してきた。それは，供給サイドからではあるが，そこには顧客の立場から問題を捉える発想が基本に置かれている。顧客のニーズを的確に把握し，問題の所在を明確にするためには，顧客の生活やビジネスの実態をよく理解しておくことが求められている。このことは，現象的なことを理解すれば，顧客の問題がわかるわけではない。また，単に数量的なデータとして抑えておけば済むわけでもない。現象の中に潜む本質や本音が読み解けないと本質的な解決にはならない場合が多い。POSデータ上である商品が売れている現象から，即座にその商品は売れ筋と判断できるだろうか。数値上で上位にランクされた商品でも，顧客は店の棚にそれしかなかったから，他に選択肢がなくてそれを買っているという代替購買であったら，次にそれをリピートするだろうか。どのような条件や動機で売れているかまで，売れている理由を探る必要がある。そのために店長や従業員は，セルフサービスの店舗でも顧客の買物の実態を観察し，顧客の本音を知ることも必要である。

　別の例でも考えてみよう。病院で患者が担当医から，単に数値的なデータで病

状の良し悪しを説明されても，患者の不安は解消されない場合が多い。患者の不安解消や症状の回復という患者の視点に立てば数値だけの説明では十分とはいえない。もちろん，データの適切な収集や分析は，マーケティングの世界では常に重要なことであり，定量的に考え戦略を組み立てることはますます不可欠になっている。このことは症状の判断と基本的には同じである。しかし，顧客との緊密な関係性や継続性を考慮した場合，事態はさらに深化した対応を必要としている。

　データの結果を踏まえて回復や安心のための心のこもった精神的なケアやアドバイスがあると患者は大きな励みになるはずである。患者を長時間待たせたり検査漬けにして，診察は極めておざなりで患者からは質問しにくい雰囲気での検査結果の説明という医療の実態を考えると，医師，看護師，それに病院は効率の達成だけではなく，患者が何を求めているかを冷静に判断することも大切である。他のサービスや製品のカテゴリーでも同じようなことが見られており，機能的に優れた開発が行われ，機能面での満足を実現できても精神面での満足を達成させることが難しくなっている。これからのマーケティングには，こうした機能や性能を超えて消費者の精神や感情的なニーズにアピールすることがますます求められるようになっている。

　たんなるリップサービスではなく，顧客の立場で何が問題なのかを追求すると，顧客の心，つまりマインドやハートに訴え働きかける要素が重要であるということがわかる。マーケティングはまさに，冷静な分析と温かい心でバランスよく取り組むことで，顧客のニーズに応え，満足を創り出す活動を本質としている。マーケティングはこのマインドベースで推進される活動を特徴としているといってもよいであろう。このことは，これまでは人間の精神の感情部分がないがしろにされていることを示唆する点でもあり，コトラーらは，企業がマインドとハートと精神を持つ全人的存在としての消費者をターゲットにする必要があることを強調している。

　この顧客の心に働きかけるマインドベースのマーケティングには，顧客の問題を的確に把握し，解決に導くための絶えざる挑戦が求められており，製品やサービス自体やそれらの提供方法をめぐってイノベーションが行われることが重要となっている。すでに「はじめに」でも示唆したように，顧客のニーズは時間と共に変化し，その時点での満足は次の時点には別のニーズを求めるよう

になっている。そのため，常に顧客ニーズの変化を踏まえて，顧客満足を実現するためのマーケティングとイノベーションが求められている。

　顧客満足実現の前提には，単なる形だけの顧客志向ではなく，企業サイドでの研究開発努力を通してのシーズ（seeds）の蓄積と顧客が発信する「あったらいいな」というニーズ（needs）の理解の双方のすり合わせが不可欠であり，そのすり合わせ実現のためには従来の発想を打破するようなイノベーション戦略が顧客の心を動かす源泉であることも強調しておきたい。顧客志向とは顧客の声を聴くだけではない。それだけでは現状の改善や手直しはできても，ライバルを超えたドラスティックな顧客価値を実現することにはならない。顧客志向とは顧客の言いなりになることではなく，開発し提供する側による顧客に代わって必要を読み解く力とそれを実現する力の合成であり，それだけに徹底した顧客観察が不可欠となる。

　顧客満足は，顧客の期待に応え，さらにはそれを超えた感動を生み出すことで達成される。それを可能とするものとして，シーズとニーズを的確にすり合わせるイノベーション戦略が前提となっている。マーケティング・マインドの重視とそれを具体的に実現する手段としてのイノベーションが一体となって考えられ展開されることが求められている。

■ **演習問題＆討論テーマ**

(1)　マーケティングは，企業の経営活動においてなぜ必要なのかを考えてみよう。

(2)　マーケティングは，消費者，行政，それに社会にとってなぜ必要なのかをそれぞれの立場で考えてみよう。

(3)　マーケティングとセールスの違いを踏まえて，自分なりのマーケティングの定義をつくってみよう。

●注

1) ここでは，家庭や個人用の財（商品）以外のものを一括してビジネス財と捉えている。ビジネス財は，産業財（industrial goods），生産財，あるいは業務用財などとも表現されることがある。商品分類とその特性については，本書の第7章で詳しく検討する。
2) 和田充夫・恩藏直人・三浦俊彦（2006）『マーケティング戦略 第3版』有斐閣アルマ，p.2.
3) 原文は，すでに2007年から公表されており，以下のとおり。Marketing is the activity, set of institutions, and processes for creating, communicating, delivering, and exchanging offerings that have value for customers, clients, partners, and society at large. (Approved July 2013 : https://www.ama.org/AboutAMA/Pages/Definition-of-Marketing.aspx 2016-12-23現在) 1960年のAMAの定義では，「マーケティングとは，生産者から消費者，またはユーザーまでの製品およびサービスの流れを方向付ける，企業活動の遂行である（Marketing is the performance of business activities that direct the flow of goods and services from producer to consumer or user.)」と規定されていた。日本のマーケティング協会では，1990年に時代を先読みした包括的なマーケティングの定義を設定している。「マーケティングとは，企業および他の組織(1)がグローバルな視野(2)に立ち，顧客(3)との相互理解を得ながら，公正な競争を通じて行う市場創造のための総合的活動(4)である。」（日本マーケティング協会）注(1)教育・医療・行政などの機関，団体などを含む。(2)国内外の社会，文化，自然環境の重視。(3)一般消費者，取引先，関係する機関・個人，および地域住民を含む。(4)組織の内外に向けて統合・調整されたリサーチ・製品・価格・プロモーション・流通，および顧客・環境関係などにかかわる諸活動をいう（http://www.jma2jp.org/main/index.php?option=com_content&view=article&id=42:newsflash-4&catid=3:newsflash 2016-11-27現在)。なお，マーケティングの定義の変遷については，田口冬樹（2016）『体系流通論（新版）』白桃書房，p.7 および田口冬樹（2005）『新訂 体系流通論』白桃書房，p.7 を参照されたい。
4) トフラーは，消費者が生産者の役割を果たす行動に注目して，プロシューマーという概念を提唱した。プロシューマーとはconsumer（消費者）とproducer（生産者）を組み合わせた造語である。もともとは農業中心の時代に多くの消費財は市場経済に依存せず，自給自足による生産消費者によって消費が行われていたが，工業中心の時代には生産と消費が分離し，さらにサービス中心の時代へ移行するにつれて，多様なニーズに応えるために生産消費者の担う新たな役割を指摘していた。Toffler, Alvin (1980) *The Third Wave*, Bantam Books.（鈴木健次ほか訳『第三の波』日本放送出版協会，1980年；改訂新版 1985年）；小川進（2013），『ユーザーイノベーション：消費者から始まるものづくりの未来』東洋経済新報社；小川進（2006），『競争的共創論』白桃書房；Ogawa, Susumu, and Frank T. Piller (2006) "Reducing the Risks of New Product Development", *Sloan Management Review*, January 01.
5) Kotler, Philip, and Nancy Lee (2007) *Marketing in The Public Sector: A Roadmap for Improved Performance*, Pearson Education, Inc.（スカイライトコンサルティング訳『社会が変わるマーケティング』英治出版，2007年）
6) 病院での待ち時間と診察時間の関係についての最近の調査については，厚生労働省（2016）『平成26年受療行動調査（確定数）の概況』3月16日，pp.5-6を参照。

7) コトラーらは，マインドやハートだけでなく，精神までを含めた全人的存在としての消費者のマーケティングを 3.0 と位置付け，従来のマーケティングの製品志向 1.0 や顧客志向 2.0 とは区分している。Kotler, Philip, Hermawan Kartajaya and Iwan Setiawan（2010）*Marketing 3.0: From Products to Customers to the Human Spirit*, John Wiley & Sons, Inc.（恩藏直人監訳，藤井清美訳『コトラーのマーケティング：ソーシャル・メディア時代の新法則』朝日新聞出版，2011 年，pp.62-69）

第2章
マーケターが理解しておくべき要素

> **キーワード**
> - 潜在需要と有効需要
> - マーケティング・マイオピア
> - 意味的価値
> - ベネフィット（便益）の束
> - 顧客満足

　マーケティングは，顧客の問題を解決する行動である。わかりやすくいえば消費生活やビジネス上の問題を発見し，解決方法を提案する活動や考え方である。しかしそのように表現しても，それが単一の方法や要素で実現されるわけではない。それにはマーケティングについての知識や方法の体系的な理解と運用が必要である。マーケティングは，実に様々な構成要素や方法によって成り立っている。

1 ▶ ニーズとウォンツの関係

　最初に，消費者や顧客のニーズという用語について考えてみよう。これまでは消費者の要望や希望を漠然とニーズとして表現してきた。経済学や社会学の世界では欲望（desire）という表現も使われている。ここでニーズとは，少し厳密に捉えると，消費者が必要を感じている状態である。あるいは不足や不満を感じる状態を指している。具体的には空腹のような生理的ニーズ，自己実現のための個人的ニーズ，所属や地位のための社会的ニーズなどが存在する。

これに対して，ウォンツ（wants）という言葉もよく使用される。これはニーズを満たすための特定の手段に向けられた状態である。どのような手段でニーズを満たすかという，目的と手段の関係として捉えることもできる。空腹（ニーズ）は，それぞれの人の好みや文化によって，ハンバーガーであったり，寿司であったり，ピザであったりと空腹を満たすための手段であるウォンツの選択は多様に異なってくる。例えば，消費者は昼時に空腹を満たすために，どのようにウォンツを選択するかという問題に直面する。ここで外食企業のマーケティング担当者（マーケター）にとって考慮すべきことは，消費者にいかに自社のメニューに興味を持ってもらい，来店してオーダーをしてもらうかであり，そこが勝負のしどころとなる。しかし，現実には消費者の昼食ニーズに対する行動は，外食産業での店舗選びにとどまらず，近年では中食（なかしょく）産業でのコンビニ弁当やデパ地下などでの惣菜のテイクアウト（持ち帰り）が多くなっており，ウォンツの変化に対応した戦略がますます重要となっている。このことは，外食産業でのテイクアウトへの取り組み，あるいはスーパーマーケットでの食材販売よりもむしろ惣菜や弁当販売の品揃えの充実というように，それぞれのマーケターにとって新たな課題に直面している。

2 ▶ 潜在需要と有効需要

これに加えて，ニーズとウォンツの集合体を需要と捉えることもできる。需要と供給という用語は経済を語る時に頻繁に使用される。需要は通常，2つの条件で捉えられている。それは購買の意思，つまり欲しいというニーズ，そしてそのニーズを満たすために特定の製品が欲しいという意思の存在である。しかし，実際に需要が動き出すためには，ただ欲しいというだけでは必要十分条件とはならない。ここまででは需要はまだ潜在した状態である。需要が顕在化するためには，購買力，つまりお金を支払うことが伴っていなければならない。潜在需要には，欲しいけれどお金がない状態，お金があっても買いたいものがない状態の両方が考えられる。このような状況に対して，いまはお金がないけれど旅行がしたいとか，新しいタイプのスマートフォンが欲しいという場合，需要を顕在化させるために将来の所得を当て込んだ形でクレジットやローンによ

る販売が提供されている。あるいは買うよりもリースやレンタルもしくは友人とのシェアという選択がトータルでお金の節約に繋がる場合もある。欲しいものがない人には様々なプロモーションや生活提案が行われ，まさにマーケティングによって需要を顕在化させることで有効需要（effective demand ＝購買意思と購買能力が結合した状態）を創出する努力が行われている。ニーズを需要や欲望として捉えるにしても，実際には購買力という支払う力が問われている。しかも生活水準が向上し，成熟市場になると，お金はクレジットという支払手段の普及もあって何とかなるものの，家の中はたくさんのモノで溢れ，欲しいモノが見つからない，買うモノがない状態が出現している。マーケターはこのような状況に置かれ，モノが売れないとあきらめるのではなく，下取り，クロス・セリング（ある商品を買ったら関連した商品も購入してもらう），あるいは次にはアップ・セリング（ワンランク上の商品を購入してもらう），新たな切り口（老後の健康や生きがいなど）での生活スタイルを提案することで買い換え，買い増し，新規の需要を喚起し購買の意思や意欲を刺激する努力が求められている。

3 ▶ 製品というモノを買うのではなく，ベネフィットを買う

　顧客が自社の製品を購入する場合，現象的には物理的なモノを手に入れているように見える。しかし，果たしてモノが欲しいから購入しているかというと，正確にはモノの持つベネフィット（便益）を求めているといえる。例えば，歯ブラシや歯磨き剤を購入する場合，われわれが本当に求め期待していることは，歯ブラシや歯磨き剤が欲しいというよりも，歯をきれいにしたい，口内をすっきりさせたい，虫歯を予防したい，歯を白くしたい，歯周病を予防したい，口臭を消したいなど様々であり，人によってはこれらの1個に限定されないで，同時に複数の様々なベネフィットを束（bundle of benefits ＝便益の束とも表現される）にして期待しているとみることができる。確かに，歯ブラシの柄が持ちやすいとか，デザインが良いとか，歯磨き剤のパッケージの見た目が良いとか，特売で価格が安いからとか，知っているブランドだからという評価で購入することもある。このように製品やサービスによっては，ベネフィットの要素以外

図表2-1 製品の3つのレベル

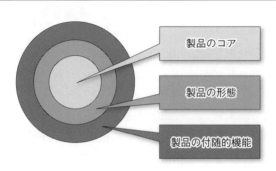

製品の3つのレベルの解説：

* 製品のコア：製品の基本的ベネフィットのことで，ある製品を使用することで，顧客が抱える問題を解決するもの（化粧品：美しくなれる，カメラ：思い出を残したい）
* 製品の形態：製品を容易に知覚できるようなブランド，品質，スタイル，パッケージング，特徴といった消費者の購買を引き起こす実体のこと（ルイ・ヴィトンのLとVのマーク，マクドナルドのゴールデンアーチ）
* 製品の付随的機能：顧客が製品をより快適に使用できるための補完的役割を果たすもの（配達，据え付け，保証，アフターサービスなど）

（注）消費者が新規の購買者かリピーターか，あるいは例えば化粧品とエアコンの購入ではそれぞれ3つのレベルに期待するものが異なってくるといえる。

のところで購入が促進されている場合もある。

　ここで，製品の構成レベルを図表化しておこう（図表2-1参照）。これによって，製品を大きくは3つの構成要素で捉えることができる。近年，製品のコモディティ化，つまり発売後の日時の経過で競合他社の製品との違いが明確でなくなる現象が進行し，製品ライフサイクルの短縮化が顕著になっている。そうした状況においては，競合他社との差別化のために，どの要素を強化すべきかといった検討がこの角度から重要となる。[2]

　ベネフィットをめぐっては，その実現の手段をどのように捉えるかによって製品やその製品を抱えた企業の事業ミッションの方向付けにも大きな影響を与えることになる。このことを説明する例としてよく引き合いに出されるのが，顧

客が「電動ドリル」を買う意味についてである。ウォンツ（欲求）はニーズを満たす（問題を解決する）ための道具に過ぎない。ある人が壁に穴を開けるために電動ドリルを買う。その人は穴が欲しいわけであって，電動ドリル（ウォンツ）そのものが欲しいわけではない。穴をあける目的が，壁に絵画をかけたいというのであれば，必ずしも電動ドリルでなくてもよいかもしれない。真のニーズが壁に絵画をかけたいというのであれば，もっと手軽な錐（きり）や強力な性能のレーザーなどで穴をあけることも可能であろう。あるいは発想を変えて，穴をあけずに強力な接着剤や（スチール製の設備なら）マグネットを使用する，絵画をデジタルな画像に変換してスクリーンに映し出すなど他の方法も考えられる。このことは，電動のドリルの販売というモノの視点から製品の在り方や事業のミッションを考えるだけでは十分ではないことを示唆している。むしろ「電動ドリル」に顧客がどのようなベネフィットを期待して買い求めているかを知ることが重要である。ベネフィットの視点から有望な問題解決のツールを提案する柔軟な取り組みが必要であり，これが新しい製品や品揃えのイノベーションを生み出すことにもなる。

　現在販売している製品が今後も消費者の支持を得て売れるとは限らない。消費市場は人々の欲望の進化，ニーズの多様化によってダイナミックに変化している。かつてセオドア・レビット（元 米国ハーバード大学マーケティング教授）が提起した「マーケティング・マイオピア：マーケティング近視眼」（marketing myopia＝現有製品や既存事業に囚われ，顧客が本当に求めていることの変化に対応できない近視眼状態）[3]に陥ってしまうことのないように十分な配慮をして戦略を組み立てることが求められている。先にも触れたケースでいうと，外食産業はあくまで店内で食事を提供する産業のままでよいのか，スーパーマーケットは今まで通り食材を提供するだけでよいのかが問いかけられている。消費者が求めているベネフィットをベースに考えた場合，既存メニューの改善だけに囚われずに，中食産業というライバルの増加の中では新たな発想でのメニューの提案や新しい業態の提案が重要となっている。家庭の食事を，スーパーマーケットが代わって提供するホームミール・リプレイスメントという考え方も実はこうしたベネフィット視点の発想から提起されてきたものである。

　しかし，このベネフィットベースの製品や事業の推進にも問題があることも指摘しておかなければならない。それは，企業にとって，消費者の期待するベ

ネフィットをもとに事業や製品を考える場合，一定の条件を設定しないと，無制限に拡大し，捉えどころがなくなるからである。製品や事業の対象がやみくもに広がることで，企業の進むべき方向や事業のミッションが曖昧になってしまう弊害をマーケティング遠視眼[4]と表現することもできる。マーケティングには，消費者が求めるベネフィットをビジネスとして取り込む場合，長期的視点に立ってニーズの広がりとライバルの関係を捉えるバランスのあるマインドやセンスが重要となってくる。

ここでは，マーケティング・マイオピアに陥らない発想法として，自社の製品やサービスをいくつかの競争関係のレベルで検討するヒントを示している。この説明のポイントは，競争の相手や範囲を決めるのは，実は顧客の選択にあるということであり，それゆえ，消費者による支出はどのような対象や手段と比較して選ばれるのかが最大のポイントになっており，それだけに顧客の真に求めているニーズを理解することが競争の広がりを認識するのに不可欠であることを示唆している。

競争関係の広がり：

① ブランド間競争：自社の製品・サービスと類似の品質水準や価格帯を提供するライバルとの顧客をめぐる争奪戦である。各メーカーのほぼ類似の品質や価格帯での電動ドリルのブランド間競争である。他の例では，高級自動車市場におけるレクサスとベンツならびにBMWのブランド間競争が該当する

② 産業内競争：自社の製品・サービスとは異なった品質水準や価格帯を提供するライバルとの顧客をめぐる争奪戦である。高価格の電動ドリルと低価格の電動ドリルをめぐる電動ドリル全体の市場での競争である。他の例では，乗用車市場全体における高級車，大衆車それに軽自動車間の競争が該当する。

③ 手段間競争：同じ用途や使用目的をめぐる競争のことである。電動ドリルによって穴をあけたいということだけではなく，壁に絵画をかけたいという目的を満たす手段の総合的な市場での競争である。乗用車による移動の手段だけに限定されない，移動を担う手段を提供する総合的な市場で，バス，タクシー，バイク，トラック，鉄道，飛行機などからなる競争関係で

ある。これは消費者が米や酒をスーパーやコンビニで購入するか、ホームセンターやドラッグストアで購入するかの例に示されるように小売の世界では異業態間競争という。
④ 広域的競争：消費者の財布の中での支出の競争が実は様々な異なった業界での競争を引き起こしている。消費者が特定のブランドを選ぶということは即，企業にとっては競争関係の発生を意味している。所得が制約されていれば，消費者の支出はどれか特定の商品やサービスに向けられた場合，他の対象への支出は減少する関係にある。税金の増加傾向は可処分所得を縮小させ，電気料金など公共料金の高騰は自由裁量所得を減少させている。スマートフォンの利用料金の増加は，雑誌や音楽CDの購入を減少させてきた。乗用車を買うか，乗用車を買わずにリースやレンタルで済ませるか，車より旅行，あるいは住宅の購入に支出を向けることで車は選ばれなくなることもある。相対的ライバル関係が顧客の支出の優先順位で決まることが特徴となっている。[5]

4 ▶ 顧客満足を実現するプロセス

　マーケティングでは，顧客満足（customer satisfaction, CSと略される）ということがしばしば強調される。顧客が満足することで，リピーターとして次の機会にも購買を継続してくれるし，関連した製品やサービスを購入してくれるクロス・セリング，さらには次回の購買ではワンランク上の高級機種や高額品に買い替えや買い増しをしてくれるという可能性も生まれる。顧客満足は，ブランドや企業イメージ（レピュテーション）と密接に結び付いている。ブランドや企業イメージがそれ自体顧客満足の実現に貢献しており，また同時に顧客満足が実現されることでブランドや企業イメージがさらに強化されるという相互補完の関係も見られる。企業の永続的な存続と発展にとって顧客満足は大前提となっている。
　では，どのようにしたら顧客満足は実現されるのだろうか。通常，顧客満足の状態が生まれるためには，顧客が当初その製品やサービスに期待していた水準に対して，購入や使用の結果によって得られた現実の水準が同レベルかあるい

はそれ以上であることが求められる。逆にいえば，現実の水準が当初の期待を裏切って低いレベルにとどまってしまえば，不満の状態になる。顧客満足を以下のような式で表すことができる。さらに顧客満足を価値として捉えると，知覚されたベネフィットと知覚された犠牲の関係で表現することもできる[6]。ベネフィットが犠牲を上回るほど顧客価値が高いということは，犠牲を最小化してベネフィットを高める方法を考案することが顧客価値を高め満足を大きくすることになる。

顧客満足＝期待ベネフィット水準　≦　結果の実現水準
顧客価値＝知覚されたベネフィット － 知覚された犠牲
（customer value ＝ perceived benefit － perceived sacrifice）

　顧客満足には程度がある。これには単に人によって満足度が異なるという意味だけでなく，同じ1人の顧客にとっての満足にも程度が存在している。顧客満足の条件として，その人がある製品やサービスに当然，備わっていると思われるベネフィットや他の要素が欠けていると感じた場合には顧客満足は実現しない。つまり，ある製品やサービスには当然「あるべきこと（標準）」が備わっていて初めて顧客満足が実現する。例えば，近年，顧客にとって乗用車にはエアコンやナビゲーションは標準装備されるようになってきた。高級車ほど，これらが欠けていたら，もはや顧客満足は実現されないといっても過言ではない。建売住宅でも，競争関係の激しい売れ筋の価格帯の住宅には床暖房やシステムキッチンが標準装備される傾向がある。

　しかし，時間的経過の中で顧客の欲望が進化し，同時にライバルとの競争が激しくなる中で，「あるのが当然」の条件だけでは製品やサービスはコモディティ化に陥ってしまう。そうした条件のままで新製品や新サービスをデビューさせてしまうと，顧客は納得しないし，ライバルに顧客を奪われてしまうだろう。次の段階での顧客満足を確保しようとしたら，標準装備を超えた新たな提案が求められる。それが「あったらいいな」という機能であり，例えば高級車には鍵穴に鍵を入れることなく車のドアの開閉ができるキーレス・システムやバックでの車の駐車をガイドするシステムがそうしたレベルに該当する。顧客が期待している高いレベルの条件を満たすことが顧客満足をさらに強化することになる。

では，究極の顧客満足とはどのようなもので，いかにして実現できるのだろうか。顧客の期待に応えることが顧客満足であるとすると「あったらいいな」と顧客が願っていることを叶えることができれば十分といえるかもしれない。現実には，この顧客の期待に応えることだけでもマーケターや製品開発に携わる人々にとって頭の痛い課題となっていることが多い。しかし，顧客のニーズの短サイクルでの変化や競争関係の熾烈化を考慮すると，マーケターはさらなる顧客満足を増進させる方法を常日頃から考えておくことが大切となる。

　それは顧客の期待を超えた提案ということになる。顧客に「まさかここまでしてくれるとは」と感じさせる意外性やサプライズが，顧客満足の中でも感動や感謝の気持ちを生み出すことになる。もちろん，これは単に意外性があれば良いというわけではない。意外性を強調し過ぎて，現実的には顧客にとって必要と感じない，単に奇をてらったサプライズを提供しても顧客の心を捉えることはできない。顧客が本当に「こんなのが欲しかった」と心から価値を実感することが重要な決め手となる。

　これは顧客に聞いても答えはなかなか見つからないことが多い。そのためには，マーケターは，日頃から顧客の製品やサービスに対する使用状況を徹底的に観察し，顧客の立場になって生活の変化を読み解くマインドやセンスが求められる。企業はこの点において，単なるニーズへの対応だけでなく，シーズの部分を活用することも重要となる。革新的な技術や素材があるが，どこかで利用できないかといった問題意識やイノベーションが極めて重要な役割を果たす。期待を超えた提供物をすぐに考え出すのは容易ではない。時代の変化や社会が求めているものを先読みすることが必要となる。例えば，ロボットとAIを組み合わせた高齢者の話し相手や歩行支援などの開発，アイロンがけのいらない洗濯機，携帯電話が買物の決済方法に活用されたり，同時に携帯電話が住宅の鍵や室内の温度管理さらには車のドアのキーにも使える事例，あるいは車運転中の障害物自動認識ブレーキ（衝突被害軽減ブレーキ）や自動運転車など，多様な方法や内容で顧客の期待を超えたところで満足が創り出されている。

　図表2-2や図表2-3では，顧客満足をあえて，「あったらいいな」というレベルから捉えている。多くの類似した製品やサービスが蔓延する現状では，「あって当然」というレベルはもはや顧客満足を保証するものではなくなっている。むしろ常にそれ以上の水準が満足の条件になるほど，われわれ消費者の欲望は

図表2-2　顧客満足のレベルと欲望の進化

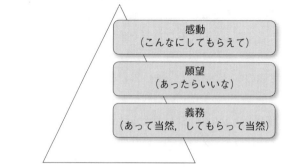

顧客満足の原理 ＝ 顧客の期待を超えた，心に残るインパクト

図表2-3　顧客のニーズと欲望の進化過程

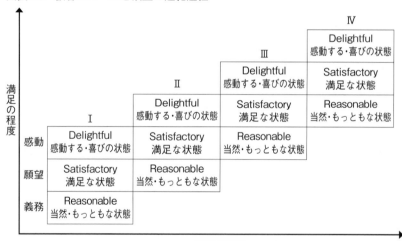

絶えずわがままに進化してきた。乗用車の例では，車のドアのキーのスイッチを遠隔で操作してドアをロックしたり解除したりできるタイプは，かつてはサプライズのレベルにあって顧客を感動させたことがあるが，現在は「あったらいいな」や「あって当然」という標準装備のレベルへ移行しつつある。最近では，キーはポケットに入れたままで，手でドアノブにタッチするだけで，あるいは近づくだけでドアロックの解除ができるタイプ，足を動かすだけでスライ

ドドアを開閉できるハンズフリー・オート・スライドドア，あるいはキーを差し込まなくてもエンジンを始動できたり，車内のエアコンを遠隔で操作できるリモート・スターターといったサプライズが提案され，車の周辺機器も常に進化を続けている。しかも，図表2-3からも読み取れるように，最初の時間的経過Ⅰの局面で，「あったらいいな」のレベルは，次の局面Ⅱでは「当然あるはず」のレベルに変わっており，「感動や感激」を生み出したレベルは，次の局面では「あったらいいな」のレベルに引き下げられているというように，時間の経過と共に需要と競争の急速な変化によって人間の欲望は際限なく進化している。

　しかし，2011年3月11日の東日本大震災発生後，さらには2016年4月14日・16日の熊本地震発生後，しばらくは，この「あって当然」の製品やサービス，それに「あって当然」のインフラや生活水準が満足に確保できない状態が生み出され，これまでの生活の在り方を根底から問い直すことにもなった。地震や津波，それに原子力発電所の事故は，住宅の破壊，電力不足，放射能漏れ，ガス管や水道管の破壊，基本的な食料や日用品の不足など様々な局面において顧客満足のレベルを「あって当然」の水準よりもさらに低い水準に引き戻した。ここでイメージできる構図は，米国の心理学者のアブラハム・マズロー（A.H.Maslow）が提唱した人間の欲求5段階説の底辺に当たる生理的欲求（physiological needs）

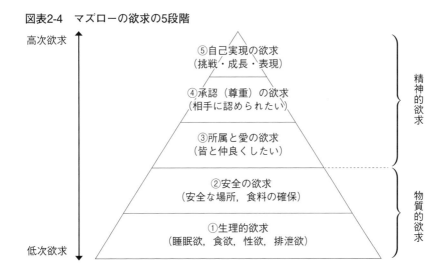

図表2-4　マズローの欲求の5段階

や安全の欲求（safety needs）が満たされているかどうかが人々の生活の大前提であるということである。それらを可能とする経済発展，文化水準，技術水準という環境条件が確保されて，今述べている３つの満足のレベルが重視されるようになる（図表2-4参照）[7]。

このことを考えてみると，人間の消費生活においてこの３つの満足のレベルは，マーケターにとって顧客がどのような生活環境に置かれているかという関係で常に考察され，次の局面での提案に結び付けるという柔軟な発想が求められていることになる。英語では，人が感嘆した時にWOW（ワオ）という。思いもよらない機能やサービスなどを体験させ顧客を喜ばせる仕掛けをWOWファクターと呼んでいる。常に顧客のためにエクストラマイル（課せられた義務や頼まれた以上の仕事をすること）を行い顧客の期待を超えて予想もしなかった顧客価値を提供することが顧客との関係に感動を与えるということも事実であり，マーケターの顧客観察はこのWOWやエクストラマイルの提案にとって不可欠である[8]。

5 ▶ 機能的価値，経験価値＆意味的価値への理解

これまでマーケティングでは，顧客や消費者の購買を刺激するうえで，製品（product），価格（price），流通（place）そしてプロモーション（promotion：販売促進）という，４Ｐをマーケティング手段の組み合わせ（マーケティング・ミックス）として活用してきた。この手段の特性や組み合わせについては，第９章で詳しく論じるが，この手段の組み合わせが顧客の置かれた環境条件と企業の市場におけるポジションによって大きく左右されることを考えてみよう。

特に，成熟型消費市場の形成は，品質やブランドなどの価格以外の要素を強調する方向と，不況の長期化と消費市場における中間層の減少を背景に価格競争に力点を置いた方向でのマーケティングが混在（二極化消費）して展開されてきた。日本における人口の高齢化や少子化は市場規模自体を縮小する傾向にあるが，その一方で高齢化は一層の健康志向やこだわり消費を生む要因となっている。またリーマンショック，東日本大震災後の動向，さらにはEU離脱国の出現やBRICsの景気低迷による将来の先行き不安は，低価格志向を強めるように作用している。

低価格志向は，近年の大型小売企業のバイイングパワーの形成や運用と密接に関連して生み出されてきた。中でも，ウォルマートやカルフール，それにテスコといった世界的に大規模化した小売企業，また日本でもセブン＆アイホールディングスやイオンなどの大手小売企業は，サプライチェーン，PBを含む製品開発，それに生産などのコントロールによって，これまで主導的な役割を果たしてきた大手メーカーからのパワーシフトを実現しつつある。このことは，有力なブランドを持つ大手メーカーに対して新たな課題が提起されている。メーカーにとってトップブランドになるための条件が，これまでは主として消費者のマインドスペース（ブランド・ロイヤルティ）獲得をめぐる競争（NB商品間の競争）を主な課題としていたが，近年ではそれだけではなく，小売企業の店頭でのPB商品とのシェルフスペース（棚）確保をめぐるメーカー対小売企業間の競争への移行（NB商品とPB商品間の競争）も考慮して対応することが求められており，流通の垂直的な協調と対抗という複雑な関係の調整が課題となっている。[9]

　そもそも価格競争が発生する要因としては，不況や所得低下などの経済的背景だけが影響しているわけでもない。これも大きな原因ではあるが，他にも原因は考えられる。その1つが近年の製品開発や提供において，顧客にとって必要でない，あるいは使いこなせない多くの機能（過剰品質）が製品に組み込まれるようになり，顧客は当然その価値を認めないので，結局，売れないために価格を下げざるを得ないという問題がある。むしろライバルに差を付けようと努力した結果，他社に比較して優位性が確保されたにもかかわらず，その違いが顧客にわからないか，あるいはそれほど価値があると思われずに終わっている。売れないということの結果が価格競争を生み出すというジレンマである。

　これには，メーカーや流通企業（供給サイド）の思い込みが影響している場合がある。メーカーの製品開発者やマーケターが陥りやすい誤解として，機能的に優れたもの，良いものは必ず売れるという思い込みである。しかし，実際に買うのは顧客であるから，顧客が理解でき，顧客が良いと感じるものが受け入れられていくという現実がある。顧客が差別化の意味を認めてくれるかどうかということが重要であり，認めて対価を払ってくれなければコモディティ化が起こり，価格競争に陥ることになる。[10]そのためには設計や開発に携わる人々やマーケターは，あくまで顧客目線から顧客に良さをわかってもらうような働

きかけが求められている。

　ベネフィットの視点から，機能的に優れているということだけでは最近の顧客は購買しない傾向もある。各社同じように機能的なベネフィットの開発競争で各企業の製品間に差がなくなりコモディティ化していく現状では，機能的な価値を訴えるだけでは十分でなくなっている。むしろ，機能を軸としたコアベネフィット以外のところで，製品が顧客の関心を生み，購買を刺激している場合も目立つようになってきた。いわゆる製品のデザイン，スタイルあるいはネーミングといった製品の形態や付随的機能の面での評価（図表2-1参照）から購入が促進される傾向も強まっている。これらは機能的な要素に対して，感性的なベネフィットが重視される傾向があることも注目に値する。ネスレの代表的な製品であるキットカット（Kit Kat）は毎年，受験シーズンになるとスーパーやコンビニ，さらには郵便局の店頭にさえ豊富に品揃えされ，1月から2月にかけて大きな売上を実現している。これは単にチョコレートの味の良さという機能的な要素が評価されているというよりも，受験に「きっと勝つ」というネーミングのゴロ合わせや縁起かつぎから受験生や親たちの期待がそこに反映して売れている。受験シーズンにはこのように小売店の売場に受験生応援商品といったコーナーまで現れるようになった。こうした感性的な要素には，顧客が独自の製品解釈としての意味的価値を重視する傾向が見られる。意味的価値には，消費者の思い入れ，独自の解釈，他者との関係付けといった価値を重視する傾向がある。

　従来のマーケティングは品質や性能，あるいは耐久性といった機能的な価値を強調してきたが，最近のマーケティングはそうした機能的な価値が各社間で大きな違いを強調できなくなったことを背景として，また消費者自身のライフスタイルの変化を反映して，製品やサービスを通して経験する楽しみ，面白さ，喜び，感動といったことを重視する価値観へと変わってきたとみることができる。いわゆる経験価値マーケティングと表現される新たな視点での展開である。

　これは，合理的な消費の側面よりも，消費者個人の主観的な側面に焦点を当てるポストモダンの消費研究の流れの中で注目されるようになった。コトラーは，経験価値マーケティング（experiential marketing）とは「製品やサービスをプロモーションする際，その特徴やベネフィットを伝えるだけでなく，ユニークで興味深い経験と結び付ける手法である」と述べている。

ここでは，機能的な価値に対して，感性や情緒的な側面それに経験的な側面を強調した意味的価値という概念に注目している。機能的価値も意味的価値も排他的に独立して存在すると考えるのではなく，相互に重なり合って，時には補完的な関係に置かれている。以下（図表2-5）では意味的価値というカテゴリーに経験価値を含めて整理しておく。

図表2-5　意味的価値のフレームワーク

(1)	こだわり価値	顧客の「特別の思い入れ」から商品が機能的に持つ価値を超えて評価される価値
(2)	自己表現価値	他人に対して自己を表現したり，誇示したりできることに関する価値
(3)	経験価値	経験する楽しみ，面白さ，喜び，感動といった価値
(4)	共感価値	参加したり，ともに創り合うことで共感し合う価値

■ **演習問題&討論テーマ**
(1) 需要を顕在化させるためにマーケティングは何ができるのかを検討してみよう。
(2) 具体的な製品やサービスから，消費者の求めるベネフィットを探り出し，そこにはどのように競争関係や補完関係が発生するのかを考えてみよう。
(3) かつては消費者に感動や感激を与えた製品やサービスが，時間的経過を経て，どのように変化していくのか，義務⇔願望⇔感動のプロセスを利用してその実態を検討してみよう。

●注

1) かつてドラッカーは，米国で農機具メーカーを創業したサイラス・マコーミックが，農家の人々に農機具を購入できるまとまった資金がない現状を見て，いち早く割賦販売を思いつき分割での支払いを認めることで，農家の人々に農機具の購入を容易にした点を高く評価し，マコーミックという企業家のこうした取り組みをイノベーションであると紹介していた。農機具の割賦販売を実現することで，購買力をつくり出し，さらには農機具の市場を拡大することにもなったわけである。Drucker, P.F. (1985) *Innovation and Entrepreneurship.*（小林宏治監訳，上田惇生・佐々木実智男訳『イノベーションと企業家精神』ダイヤモンド社，1985年）

2）恩藏直人（2007）『コモディティ化市場のマーケティング論理』有斐閣。
3）Levitt, Theodore（2001）*Harvard Business Review Anthology: T. Levitt on Marketing*.（有賀裕子・DIAMONDハーバード・ビジネスレビュー編集部訳『T.レビット　マーケティング論』2007年，第１章　マーケティング近視眼，pp.4-36）
4）石井淳蔵・栗木契・嶋口充輝・余田拓郎（2013）『ゼミナール　マーケティング入門』日本経済新聞社，pp.167-168。マーケティング遠視眼に陥った例として，GEのケースを紹介している。GEの場合，マーケティング近視眼を回避しようとして，期待するベネフィットをもとに事業や製品を展望することで逆に様々な事業への多角化が推進され，投資規模が際限なく拡大するというジレンマに直面した。その優先順位を明確にするために製品ポートフォリオ・マネジメント（product portfolio management）という手法を生み出すことになる。
5）Kotler, Philip（1980）*Principles of Marketing* Prentice-Hall（村田昭治監修，和田充夫・上原征彦訳『マーケティング原理：戦略的アプローチ』ダイヤモンド社，1990年，pp.64-65）
6）Fahy, John, and David Jobber（2015）*Foundations of Marketing*, McGraw-Hill, pp.6-7.
7）マズローの欲求の５段階説とは，ピラミッドの図形で底辺に当たる①生理的欲求（physiological needs）から始まって，それが満たされると次の階層である②安全の欲求（safety needs）へと上昇し，次に③社会的欲求／所属と愛の欲求（social needs／love and belonging）へ，そして④承認（尊重）の欲求（esteem）へ，さらには⑤自己実現の欲求（self-actualization）へと高次化していくと捉えている。フランク・コーブル（Frank G., Coble）（1972）『マズローの心理学』産業能率大学出版部；齊藤勇（1996）『イラストレート心理学入門』誠信書房，p.53 参照。マズロー仮説に関しては，国や文化的環境が異なると，このように順次連続して高次化することが起こりにくいこと，あるいはそれぞれの欲求には個人差があって，相互に独立して捉えられるものではないという批判も存在する。
8）平久保仲人（2013）『「信用」を武器に変えるマーケティング戦略』PHP研究所，pp.52-53 & pp.102-104。
9）Thomassen, Lars, Keith Lincoln, and Anthony Aconis（2009）*Retailization: Brand Survival in the Age of Retailer Power*, Kogan Page, pp.53-68。田口冬樹（2016）『流通イノベーションへの挑戦』白桃書房，第７章。
10）延岡健太郎（2006）『MOT［技術経営］入門』日本経済新聞社，pp.244-254。
11）広瀬盛一（2008）「経験価値マーケティング：消費と消費者を包括的に捉える視点」原田保・三浦俊彦編著『マーケティング戦略論』芙蓉書房，pp.317-321。
Schmitt, B.H.（1999）*Experiential Marketing*, The Free Press.（嶋村和恵・広瀬盛一訳『経験価値マーケティング』ダイヤモンド社，2000年）
12）Kotler, Philip, and Kevin L. Keller（2006）*Marketing Management, Twelfth Edition*, Pearson Education.（恩藏直人監修『コトラー&ケラーのマーケティング・マネジメント 第12版』丸善出版, 2008年, p.301）

第3章
マーケティング・マネジメント・プロセスと戦略策定

キーワード

- 環境分析と戦略策定
- STP
- 4P
- SWOT分析
- マス・カスタマイゼーション
- 4C

　ビジネスを進めるうえで、マーケティングによる取り組み、つまりマインドと手法を活用する機会がますます多くなっている。企業に高い技術力や製品力があっても、それらは顧客に望まれない限り、市場で生き残ることはできない。企業の存続と発展は、顧客の評価と支持によって決められる。したがって、マーケティングによって、顧客のニーズを把握し、適切な条件で製品やサービスが開発され、適切なタイミングで顧客とのコミュニケーションが図られ、顧客にとって便利な場所でそれに望ましい価格設定で製品が提供され、顧客満足を実現することで顧客との関係が維持されることが重要となっている。

　マーケティングは、顧客や競争環境の変化に対処するという企業の経営機能の中で、外部変化を活用し外部環境に向かって企業の内部の経営機能を調整・統合し、外部に発信する役割を担っている。それだけに、マーケティングは、経営戦略や社会的責任（CSR）と結び付くことによって、マーケティング・マネジメントの対象領域が拡張し、市場に対する顔として、その重要性がますます高まってきた[1]。マーケティング・マネジメントの枠組みを理解するために、その前提となるマネジメントの展開のプロセスを示しておこう。

1 ▶ マーケティング・マネジメント・プロセス

　図表3-1に示されたように，マーケティング・マネジメント・プロセスには，企業における事業のミッションを明確にし，市場と企業の現状を把握するために機会と脅威の分析，目標の設定やマーケティング戦略のデザイン，それを具体的に実行するためのプログラムの作成と実行，さらにその結果を評価するため目標と成果との間に生じるギャップ（ズレ）の改善や調整を逐次することが求められる。

　ここで，環境分析と戦略策定に焦点を当てて考えてみよう。激しく変化する環境において，自社は今から将来にわたって誰に対して何を，どのように提供すべきかを実行可能な方法で示す必要性がますます高まっている。戦略とは，組織の存亡にかかわるような重大な課題や困難に対して立てられるものであり，その課題に取り組むための市場分析や構想，それに行動指針が求められるようになっている。

　経営戦略論の専門家，ルメルト（Richard P., Rumelt, 2011）は良い戦略は必ずといっていいほど単純かつ明快であると強調している。そして良い戦略には，

図表3-1　マーケティング・マネジメント・プロセス（事業単位）

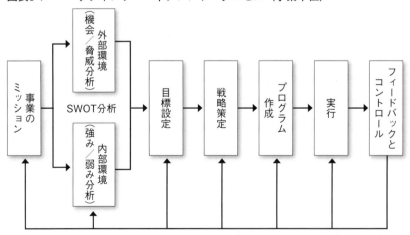

出所：Kotler, P., & K. L. Keller（2006）*Marketing Management*, Pearson Education.（恩藏直人監訳『コトラー＆ケラーのマーケティングマネジメント 第12版』2008年）p.65.

とるべき行動の指針がすでに含まれている。「いま何をすべきか」がはっきりと実行可能な形で示されていない戦略は，欠陥品といわざるを得ないとも指摘する[2]。そこで戦略的思考として重要な視点は，①長期的・総合的に考えること，②とるべき行動の指針を考えること，③論理的に考えることであるとしている。経営史の専門家であるチャンドラーは，かつて「組織は戦略に従う」という命題を提起したが[3]，マーケティングの視点に立つなら，環境の変化が激しい時代には「戦略は環境に従う」という条件も考慮しておくことが大切である。まず環境の変化を知ることから戦略の策定はスタートする。むしろマーケティングは変化（change）と密接にかかわって進化してきた考え方や学問であり，すでに述べてきたように変化への適応と変化の創造が主要なテーマとなって発展してきたといえる[4]。

そこで環境の把握と戦略の策定は次のようなステップを踏んで進められる。①環境を分析してマーケティング機会を見極める，②市場を細分化（セグメンテーション）し，その中からターゲットを選び出し（ターゲティング），③当該市場での自社のポジショニングを行い，④そこで必要なマーケティング・ミックスを策定する。さらに⑤それらが効果的に実施され，結果の評価が行われ，目標との関係でフィードバックや改善が行われ，そして次の目標に向けて継続的取り組みが行われる。この一連のプロセスがマーケティング・マネジメント・プロセスである。

2 ▶ マーケティング環境の分析と市場機会の発見

企業や組織が置かれた環境をマーケティングの視点で分析することは，自社にとって市場の機会を発見し，脅威を明確にすることになる。マーケティングの分野でも，SWOT分析という方法がよく利用される。SWOT分析とは，strength（強み），weakness（弱み），opportunity（機会），threat（脅威）の頭文字をとったものであり，この分析手法によって，自社の強みを最大限に発揮できる機会の発見，さらには自社の弱みを修正し，脅威を回避できるための発想や戦略を考え出す切り口を見出すことが期待できる。つまり，そこから市場の機会と脅威を明確にし，自社の強みと弱みを把握することで，進むべき方向とそのた

めの戦略のデザインを行うきっかけを提供してくれる。企業にとって，現時点で，競争優位や顧客の支持を得ていても，環境の変化や在り方によっては，今後も同じ状態が維持できる保証はない。変化し続ける，想定外の新たな動きに適応することが常に求められている。このような変化からビジネス・チャンスを見出すことがマーケティングの課題となっている。

　外部環境の機会と脅威は，業界や関連産業の動向に関係しており，その業界でのポジションにかかわる限り，ライバルも含めて共通の特性を示す傾向がある。経営戦略論のポジショニング・アプローチで説明できる部分ともいえる。その業界の将来性や課題が対象となりやすい。しかし，同じ業界に所属する企業でありながら，企業によって成長できる企業と業績が振るわず撤退する企業で大きな差ができるのは，もう1つの側面である個々の企業にとっての強みと弱みという経営資源のレベルの問題が影響するからである。これは経営戦略論でいうところの，リソースベース・アプローチで説明される部分である。これらのアプローチについては，第5章の3節の「競争戦略による対応」のところでも詳しく述べることになる。

　SWOT分析では，環境のレベルでは，自社にとって有利となりそうな好ましい機会やトレンド，反対に逆風となり得る脅威を明らかにする。この分析手法は，機会を捉え，脅威を排除するために，企業内部における経営資源（他社との連携も含めて）と組織能力（内部ケイパビリティ）を活用して自社の強みを最大限に発揮し，自社の弱みを修正したり脅威を回避したりできるようにするための見取り図を提供してくれる。図表3-2は，外部分析として市場の機会と脅威を見出し，それを内部分析から自社の強みと弱みを見極めながら，チャンス

図表3-2　市場機会の発見とSWOT分析

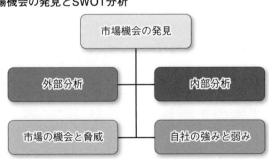

をつくり出すことが求められる点を示している。図表3-3は，外部分析の対象となる環境の要因と内部分析の対象となる要因について簡潔に示している。また図表3-4はSWOT分析の特徴について示し，図表3-5は具体的な企業の事例としてヤマト運輸を取り上げている。

　企業活動に影響を与える内外の環境を分析することは，市場機会と脅威を明確にし，それに対して自社の強みと弱みを重ねることで，自社が取り組むべき課題や対象市場をより具体化することも可能になる。SWOT分析は，すべての情報が利用できるわけではないが，企業活動に関係の深い情報を可能な限り捉えることで，活動環境の大枠を理解するのには有益な役割を持っている。

　顧客の動向を捉え，ライバルを制するためには，的確な環境分析が不可欠となっている。先にも触れたように，マーケティングは変化を扱う活動であり，変化は企業にとって脅威にも，機会にもなり得る。事実を的確に見抜くことで，変化の意味を理解することが重要である。マーケターにとっては，機会と脅威は1つの事象の裏表の関係にあるということを認識することが大切である。環境の変化が脅威になってしまう前に，機会として捉えるための発想の転換，変化に対応した経営の仕組みづくり，経営資源の準備が重要となる。環境の変化を本質まで掘り下げて分析する必要がある。

　一般に，企業にとって，環境の変化や想定外の出来事は脅威であり，従来のビジネスモデルから離れることに抵抗を感じる場合が多い。

　しかし，環境の変化は企業にとって脅威であるが，同時にチャンスにもなっている。例えば，小売企業を取り巻く環境を考えた場合，2006年の都市計画法の改正により，郊外での大型店の出店が規制されたことで，大型総合スーパーやショッピングセンターの郊外での出店余地が狭められ，このことは大手小売企業にとって明らかに脅威となった。これに対して小売企業は，都市部での地価の下落，人口の都市回帰，さらには一層の高齢化の進行を背景に，郊外大型店の出店規制という変化を逆手にとって，都市部での小型スーパーへの転換，移動販売事業やネットスーパーへの取り組みの強化など，変化をチャンスにしようと取り組んでいる。また，最近の環境志向は，事務用品の分野にも浸透しており，ステープラー（ホッチキス）の金属の針に対しても，資源保護や安全性の面から顧客の意識に変化が生まれてきた。従来の針を使ったステープラーでは，処分しようとする書類に針が付いているとシュレッダーの故障の原因にな

図表3-3　外部と内部の要因分析

外部分析
(1) マクロ環境分析：人口動態，経済，政治，文化，業界
(2) 顧客分析：購買人口，顧客ニーズ，購買決定過程，購買決定者，購買行動に影響を与える要因
(3) 競合分析：競合他社の戦略（差別化・価格），業績（売上高・シェア・利益・顧客数など），経営資源（営業担当者数・生産能力ど）

内部分析
1. 経営戦略
2. 企業文化
3. 製品特性
4. 市場シェア
5. マーケティング戦略の長所・短所
6. 人的資源
7. トップのリーダーシップ
8. 資金力

図表3-4　SWOT分析

	機会 (opportunity)	脅威 (threat)
強み (strength)	自社の強みを使って優位に進められる事業は何か？（最大の機会）	自社の強みで脅威に打ち勝つ方法はないか？
弱み (weakness)	自社の弱みを改善して機会を取り込むことはできないか？	最悪の事態を回避する方法は何か？（最大の脅威）

図表3-5　ヤマト運輸のSWOT分析

	プラス面	マイナス面
内部環境	強み： ✓ 宅急便のブランド力 ✓ 質の高いサービスを実現できるセールスドライバー ✓ 会員制「クロネコメンバーズ」の個人顧客向け展開	弱み： ✓ 高い宅急便依存率 ✓ 法人・国際の取り込み ✓ 管理体制の不備や処理能力の制約
外部環境	機会： ✓ 通販市場の成長 ✓ 国際物流による市場拡大 ✓ 高齢化に伴う新規事業開拓	脅威： ✓ ドライバー不足による人件費 ✓ 燃料費高騰 ✓ 佐川急便・日本郵便の追い上げ

りかねず，針を外す時の手間や怪我などが発生する。こうした顧客の意識の変化を脅威と受け止める環境が生まれたことも否定できない。メーカーによって仕組みが若干異なるものの，金属の針を使ったステープラーに対して，針の代わりに紙を切り抜いた部分を本体の紙に織り込む形で綴じる画期的な方法で新たな製品を開発し，変化をチャンスに変えることになった。

　自社の弱みを強みに変える発想も必要となる。台湾の鴻海（ホンハイ）精密工業は，電子機器を受託生産するEMS（electronics manufacturing service）企業であり，自社ブランドを持っていない。自社ブランドを持っていないことで，製造の黒子役に徹して米アップル，中国・小米（シャオミ）科技，米ヒューレット・パッカード，ソフトバンクグループ，ソニーなどのブランドメーカーの電子機器の製造と組み立てを大量に引き受けている。これによりスケールメリットを発揮することでライバル以上の生産能力を実現し，台湾最大の民間企業に成長してきた。最近では，日本のシャープを買収し，次に日本の技術やブランドをいかそうとしているとも考えられる。

　自社の取り組む課題を明確にすることは，次のステップとして，自社の経営方針，経営資源，事業特性，製品構成などといったこれまでの条件を踏まえて，取り組むべき課題の優先順位を決定することにもなる。ここで経営課題やマーケティング目標の設定が検討され，その実現の戦略デザインが行われる必要がある。その戦略デザインのワンステップとして，限られた経営資源を市場でどのように活用するのかという問題が存在する。マーケティングの課題解決に向けて，すべての市場を対象に考えるのか，あるいは特定の市場に限定するのかという，対象市場の選択問題である。

3 ▶ STP（セグメンテーション・ターゲティング・ポジショニング）の進め方

　自社の市場をどのように選び出すか，つまり顧客が誰かを明確にするアプローチとして，マーケット・セグメンテーション（市場細分化）が採用される。マス・マーケティングは，市場が同質的な顧客から構成されていると考え，ほぼ同じ製品を同じ方法で推進するアプローチである。これに対して，マーケッ

ト・セグメンテーションは市場の異質性に注目し，一定の基準で選択した市場を抜き出して，それに合致した製品やサービスを適切な方法で提供するセグメンテーション・アプローチ（ターゲット・マーケティング・アプローチ）を内容としている。さらには，近年の市場の急速な変化，特にファミリー単位からパーソナル単位（さらにはお１人様）への購買動機や選択基準の変化を背景に，市場はパーソナルなレベルでの一層の個性化や多様化が進行している。市場を個々の顧客の個性的な集合として捉えた方が良い場合には，個々の顧客への対応を強調した，ワン・トゥ・ワン・アプローチ（ワン・トゥ・ワン・マーケティング）という，さらにきめの細かい方法が提起されている[5]。

ワン・トゥ・ワンという個別対応を特徴とするといっても，オーダーメイドによる特定の１人の顧客のための１品生産やその提供という形では高コスト・高価格になる。そのため生産ではマス・プロダクションを基盤にしながら，個々の顧客のニーズに対しては，提供レベルで顧客に標準部品の組み合わせのオプションを与える形での，マス・カスタマイゼーション（mass customization）という手法も採用されている[6]。

顧客を明確にするためのセグメンテーションを行い，自社の強みが発揮できる顧客ターゲットを決定し，他社よりも自社の価値を高く評価してもらえる独自のポジショニングを行うことが戦略をデザインするうえで重要となる。この一連の取り組みを略語でSTPと表現することがある。Sはsegmentation（市場細分化），Tはtargeting（標的顧客の設定），Pはpositioning（市場での自社の位置付け）の略で，市場を分けてみて，自社の顧客を誰にすべきか，ライバルとどのように差別化するか，という手順を表現している。しかし手順だからといって，S⇒T⇒Pの順番に取り組むことを意味しているわけではなく，ほぼ同時並行的に考え進めるべき性質のものといえる。

マーケット・セグメンテーションは，ライフル・アプローチとも呼ばれ，特定の顧客層を選んで，マーケティング活動を行うことを意味する。そのため，自社が提供する製品のターゲットは誰なのか，その顧客層とそれ以外の顧客層とはどのように違うのかといった点をきちんと把握することが重要となる。さらに，マーケティングでは，買い手間の差（マーケット・セグメンテーション：市場細分化）ということと，売り手間の差（プロダクト・ディファレンシェーション：製品差別化）という２つの理解が必要となる。プロダクト・ディファ

レンシェーション（製品差別化）は，ライバルの増加によるコモディティ化の進行に対して，それを食い止めるためにも，顧客に他社とは違う自社の良さを認めてもらう顧客獲得の手段である。

　企業が提供しようする製品・サービスについては，顧客ターゲットを誰にするのかという問題が重要となり，この位置付け次第でマーケティング・ミックスの展開は大きく異なっていく。現在では食器洗い乾燥機（以下，食洗器）は家庭の台所で一般的に見られそれほど珍しいものではなくなったが，家庭に普及するまでは実際にはかなりの年数がかかった商品である。普及率10％の壁を超えるのに大きな制約条件が長く立ちはだかっていた。日本で食洗器が初めて発売されたのは1960年であり，当時は床に直接据え置くタイプで普通の冷蔵庫並みの大きさがあった。2014年5月時点でも，全国の食洗機（ビルトイン型・卓上型）の普及率は平均28.4％となっている。新製品として市場にデビューしたのはかなり以前でありながら，低い普及率にとどまっていた理由は何だったのだろうか。日本の狭い台所スペース，電気代や水道代がかかる，手で洗うのに比べて汚れが落ちないなどの理由が指摘されてきたが，特に地方の生活では主婦の価値観が食洗機を使うことで姑はじめ家族や親戚から家事の手抜きをしていると思われるという後ろめたさも普及を妨げていた要因の1つであった[7]。

　パナソニック（元松下電器産業）の食洗機は，それに対してターゲットを「子育てをする主婦」（乳幼児を育てる20-30代の主婦）に絞り込んで，そうした意識を払拭させ，あえて「時間をプレゼント」をキャッチコピーにした。プロジェクトメンバーは，購買意欲の高い子育て層に強く訴求し，「新子育て家電」というコンセプトにまとめて，売場まで統一，メンバーの意識を共有できるように取り組んでヒットに結び付けた[8]。

　ワコールは，これまで女性の下着を事業の柱に強いブランド・イメージを構築してきたが，メタボ検診（2008年4月開始）や肥満を気にする人々の増加を背景に，特にこれまで手掛けてこなかった男性市場をターゲットにした機能性下着の製品開発や提供に取り組んできた。これまで男子用下着といえども，大半は主婦の代理購買が多くを占め，しかも値の張る下着は売れないというジンクスがあった。しかしこのところ，メタボ対策を意識する男性を中心に，本人による直接購入の傾向が表れていることに着目し，「はいて，歩いて，体脂肪を燃やそう」というキャッチコピーを使って，着るエクササイズという切り口で

男性用の高価格帯の機能性下着の市場を創り出した。男性用下着市場への参入は後発でありながら，競合他社を抑えて，新たな男性用下着市場のリーダーとして注目されている。[9]

4 ▶ ポジショニングとコンセプト設定

　市場が識別され，ターゲットとして取り組む市場と顧客が決まるということは，同時にその市場での自社のポジションが競合他社とどのような関係にあるかということも評価する必要がある。自社製品の市場での位置付けが，顧客と競合から見てどのような効果を有するかという問題でもある。すでに多くの競合他社が参入している激戦の市場に，わざわざ後発で参入して勝算があるかどうかという点で，競合他社との違いが顧客の心を捉え，ニーズを最もうまく満たせるかどうかが問われる。顧客と他社との関係で自社の製品を位置付けるためには，同時に自社の製品の特徴やコンセプトなどのアピール・ポイントを明確に設定しておく必要がある。製品コンセプトは，曖昧であっては顧客の心に響かないし，ライバルとの違いが不鮮明なままでは，顧客から選ばれることがない。ちなみに，高齢者向けの携帯電話では，docomoは「らくらく」，auやSoftBankでは「かんたん」というコンセプトで，見やすく，シンプルで操作しやすい点をアピールしてきた。

　特にdocomoでは，ガラケーのブランド名をいかして，スマートフォンでも「らくらくスマートフォン」のブランド展開によって，大きな文字で見やすく操作のしやすさをアピールして，高齢者のスマートフォンへの抵抗を減らそうとしている。子ども向けの携帯電話では，ワンタッチであらかじめ登録された連絡先に電話ができる機能，ネットの機能を制限し，GPSサービスによる子どもの現在位置の確認や防犯ブザー付きの安心サポートが主な特徴となっている。他にも，若い女性を中心として，ディズニー・オリジナルカバー仕様のスマートフォンとして，ディズニー・モバイルも提供されており，docomoにとってはライバルとは違った形でターゲットとする顧客層のニーズや使用状況をきめ細かに反映した提案をアピールしている。水洗トイレの市場に後発で参入したパナソニックのケースは，トイレの掃除が煩わしいと感じている主婦層に，便

器に有機ガラス系の新素材を使い，水を流すごとに自動的に泡で便器を掃除洗浄してくれるという便利さをコンセプトにネーミングもユニークな「アラウーノ」という機能性を強調した洗浄トイレを開発して注目された。競合と比較した時に，製品の機能的な優位性がいくつあるかということも大事だが，自社の製品の位置に顧客のニーズがしっかり重なっていることが大きなポイントといえる。また市場での自社製品のポジションは自然に生み出されるのではない。マーケティングによる顧客価値の提案が顧客のニーズの知覚を通して市場のポジションを創造するのである。よって市場と製品との相互作用的な働きかけも不可欠である。

5 ▶ マーケティング・ミックスの策定

　STPが決まると，対象市場に適合したマーケティング手段の選定と組み合わせ，いわゆるマーケティング・ミックスが展開されることになる。マーケティング・ミックスというように，ここでは複数のマーケティング手段の最適な組み合わせを対象顧客とすり合わせながら確立・運用する必要がある。マーケティング・ミックスは，製品あるいはサービス（product），価格（price），流通チャネルやロジスティクスを意味するプレイス（place），そして販売促進やコミュニケーションを意味するプロモーション（promotion）という，頭文字にPを持つ4つの要素（4P）の最適な組み合わせを意味する（図表3-6参照）。サービスのマーケティングでは，後の第10章で述べるように，人（people），プ

図表3-6　4つのP

4つのP	
Product	企業が顧客に提供する製品やサービスであり，それは価値創造を内容とする。
Price	顧客が製品やサービスを手に入れるために支払う金額であり，企業には費用の回収と利益の確保を実現する価値表示を内容とする。
Place	製品やサービスを顧客に届けるための活動や施設の立地であり，価値提供を内容とする。
Promotion	顧客に製品やサービスの特徴を伝える活動であり，顧客へのコミュニケーションによる価値の伝達を内容とする。

ロセス（process），そして物的証明（physical evidence）を加えた7Pの手段を活用して顧客に最適なマーケティング・ミックスを展開することが求められる。

　ここでは，4つのPを中心に説明する。4つのPに対して，顧客の視点で重視される要素は4つのCとして示される。

① Product：企業が顧客に提供するモノやサービス，顧客が抱える問題の解決（Customer Solution），品揃え，品質，デザイン，ブランド，パッケージ，サービス活動など。

② Price：顧客がその製品を手に入れるために支払う金額，顧客が支払う費用（Cost），取引価格，値引き，支払い条件など。

③ Place：製品を顧客に届けるための活動や手段，サプライチェーン（SC），顧客の購買時の利便性（Convenience），チャネル，販売エリア，立地，物流拠点，在庫管理など。

④ Promotion：顧客にその製品の価値を伝える活動，顧客へのコミュニケーション（Communication），広告，人的販売，販売促進，PR，パブリシティなど。

　このように，4Pを顧客サイドで捉えた場合，顧客にもたらされる効果や影響を4つのCとして捉えることができる。

① Product：顧客が抱える問題の解決（Customer Solution）

② Price：顧客が支払う費用（Cost）

③ Place：顧客の購買時の利便性（Convenience）

④ Promotion：顧客へのコミュニケーション（Communication）

　このような内容をもつマーケティングの4Pは，ターゲット顧客のニーズと行動に対して整合的に展開されることが第1の前提となる。展開される手段と顧客とのフィットが極めて重要である。もし，各マーケティング手段が，ばらばらに方向を違えた形で展開されれば，顧客は混乱するばかりである。また，マーケティング・ミックスの展開は，各手段間の整合性も重要となる。新製品の発売キャンペーンが行われていながら，売場には商品がまだ届いていなかったり，高級志向の商品をうたいながら，ディスカウントの対象にされたりするようなミスマッチが生じないように適切な調整が求められる。最適なマーケティ

図表3-7　4つのPと4つのC

4つのP	4つのC	
Product	Customer Solution 顧客が抱える問題の解決	企業が顧客に提供するモノやサービス，顧客が抱える問題の解決手段，品揃え，品質，デザイン，ブランド，パッケージ，サービス活動など。
Price	Cost 顧客が支払う費用	顧客がその製品を手に入れるために支払う金額，顧客が支払う費用，取引価格，値引き，支払い条件など。
Place	Convenience 顧客の購買時の利便性	製品を顧客に届けるための活動や手段，サプライチェーン（SC），顧客の購買時の利便性，チャネル，販売エリア，立地，物流拠点，在庫管理など。
Promotion	Communication 顧客への コミュニケーション	顧客にその製品の価値を伝える活動，顧客へのコミュニケーション，広告，人的販売，販売促進，PR，パブリシティなど。

ング・ミックスとは，顧客との整合性と，それに基づくマーケティング手段間の整合性が確保されたマーケティング活動をいう。

　これまで検討してきたように，マーケティング環境の分析と市場機会の発見，セグメンテーション・ターゲティング・ポジショニング（STP）とコンセプト設定，さらにマーケティング・ミックスの策定を通して，顧客に適切に働きかけ，その活動の実施と成果の評価やフィードバックを行う一連の取り組みをマーケティング・マネジメント・プロセスと呼ぶことができる。

■ **演習問題&討論テーマ**
(1) 関心のある企業を理解するために，その企業のSWOT分析を行い，その強みの活用と弱みの克服策を考えてみよう。
(2) 同じ産業や業種・業態に所属している企業同士で，成長している企業とそうでない企業の事例を取り上げ，その差がどのような原因で生じたのかを検討してみよう。
(3) STPを使って，特定企業のマーケティング戦略の特徴と課題を検討してみよう。

● 注

1) Jobber, David (2010) *Principles and Practices of Marketing*, Sixth Edition, McGraw-Hill, pp.3-25.
2) Rumelt, Richard P. (2011) *Good Strategy Bad Strategy: The Difference and Why It Matters*, Crown Business（村井章子訳『良い戦略, 悪い戦略』日本経済新聞出版社, 2012年, p.10）
3) Chandler, Alfred. D., Jr. (1962) *Strategy and Structure: Chapters in the History of the Industrial Enterprise*, MIT Press.（有賀裕子訳『組織は戦略に従う』ダイヤモンド社, 2004年）
4) Kelley, E.J. (1965) *Marketing: Strategy and Functions*, Prentice-Hall (Foundation in Marketing Series); *id.* (1972) *Marketing Planning and Competitive Strategy*, Prentice-Hall, pp.19-32.
5) Peppers, Don, and Martha Rogers (1993) *The One to One Future*, Doubleday.（井関利明監訳『One to One マーケティング』ダイヤモンド社, 1997年）
6) Pine, B. Joseph (1993) *Mass Customization: The New Frontier in Business Competition*. Harvard Business School Press（江夏健一・坂野友昭訳『マス・カスタマイゼーション革命―リエンジニアリングが目指す革新的経営』日本能率協会マネジメントセンター, 1994年）
7) 全国の食洗器の普及率のデータは，パナソニックと三菱総研による2014年5月の調査による（http://prtimes.jp/main/html/rd/p/000000007.000008708.html）。普及率の地域差や普及の障害については，INTERNET CO「食洗機の普及率は西高東低，理由は『贅沢品』」（http://internetcom.jp/wmnews/20150711/penetration-of-dishwasher-is-west-high-east-low.html）に詳しい。
8) 大河原克行「そこが知りたい家電の新技術」
http://pc.watch.impress.co.jp/docs/2006/0807/kaden007.htm
9) 野口智雄「なぜ『3000円の男用パンツ』が86万枚も売れたか」
http://www.president.co.jp/pre/backnumber/2009/20090831/11884/11889/

第4章
マーケット・セグメンテーション（市場細分化）の進め方

> **キーワード**
> - 細分化（セグメンテーション）変数
> - ターゲット選択の条件
> - 差別型マーケティング
> - 集中型マーケティング
> - カスタマイズ（パーソナライズ）型マーケティング

　市場は，時間と共に常に変化している。その理由は人が時間と共に消費体験を通して学習し，時間と共に自らの欲望を高次なレベルや自分流のこだわりに合わせて進化させるからである。顧客の欲望は，自らの経験や思いをいかすだけではなく，他の人々やマスコミの影響を受けたり，さらには企業同士の競争から生み出されるイノベーション，それによる様々な便利で質の良い製品やサービスが絶え間なく顧客に投げかけられるプロセスを通して刺激され，顧客の欲望のボルテージがいっそう高められる。そのため，皆が同じもので満足した時代の表現である「十人一色」から，各人が他の人との違いを意識しだした時代の「十人十色」，さらには近年では1人の人が自分流のこだわりや状況に応じてさらに自分を表現する「一人十色」へとニーズやライフスタイルを進化させている。市場がこのようにダイナミックに進化するということは，皆が同じものを求めて満足する市場が変質し，規模を分散させていくことを示している。成熟市場ではニーズやライフスタイルのいっそうの多様化や個別化に対応したアプローチが重視されるようになっている。これに対して，新興国や発展途上国では，これからマスで市場を捉えるチャンスが圧倒的に多くなっていくが，この場合も時間の経過と共にブランドや品質へのこだわり，自分仕様の価値を求

める多様化傾向を示すようになることが予想される。

　ここでは，そうした市場の多様性をビジネス・チャンスに活用するマーケット・セグメンテーション（市場細分化）の考え方と手法について検討していこう。

1 ▶ セグメント選択の意味

　市場を構成する顧客は，豊かな時代になるほど，皆同じことを考えたり，同じものを欲しがったりするということが少なくなっている。国内外の多くの企業は高齢者市場の拡大に注目しているが，この市場自体が高齢者やシニアという一括りにできるほど顧客のライフスタイルやニーズは均質ではない。

　高齢者と一口にいっても，価値観，家族構成，健康，資産，受給年金，趣味，仕事などの程度によっても，生活のスタイルや衣食住などに関する質的・量的条件は多様である。そうした人々のニーズやライフスタイルからなる高齢者市場やシニア・マーケットは実に多様性に富んでいる。お年寄りだからファッションに疎く，外出も控えめで，買物に保守的で，いつも買うものは決まっているというイメージで対応しては大きなミスをすることになる。

　むしろ，現実の高齢者は，充実した生活への意欲は強く，将来の健康や出費に不安意識はあるものの，行動的な人々が少なくない。このため高齢者をターゲットにした旅行会社では，様々な旅行プランを企画している。国内外の歴史や旧跡に関心のある，比較的体力に自信のある高齢者を対象とした長期の旅行のプラン，車いす利用の高齢者のための比較的近場の名所旧跡を訪ねる介護付きの車による旅行プランなど，高齢者の関心，体力，ライフスタイルに応じた様々なメニューを用意している。そもそも，高齢者とはいっても，自分自身を高齢者やシニアと位置付けているわけではないため，そのような括りでアプローチされることに抵抗を感じる人も多い。そのため，アンチエイジングや生涯現役をベースにした商品やサービスの提案が支持されるケースも少なくない。

　コトラーによると，企業が自社のターゲットとなる顧客市場を選ぶ場合，マーケターには消費者行動の深い理解と慎重な戦略思考が必要であると強調している。そのうえで，市場にアプローチする方法として，以下の3つのポイント

を指摘している。この3つのポイントは，すでに述べてきたように，市場を①セグメンテーション，②ターゲティング，そして③ポジショニング（STP）という順序で検討し，アプローチする方法のことである。

① ニーズや選好の異なる購買者グループを特定し，その特徴を明確にする（市場細分化）
② 参入する市場セグメントを選ぶ（標的市場の設定）
③ 各標的市場に対して自社の市場提供物の明確なベネフィットを確立し，それを伝える（市場ポジショニング）

　セグメンテーションとは，ニーズや選好の異なる購買者グループを特定し，その特徴を明確にすることである。セグメンテーションは市場細分化とも呼ばれ，特定された購買者グループは顧客セグメントと表現されることもある。市場を細分化（セグメント化）し，グループで捉えるうえでは，顧客ニーズのユニークさ，採算性，そして競合との差別的関係などを考慮することが重要である。まず，顧客ニーズのユニークさという点において，マーケターは多様な顧客ニーズの中から，特徴のある異なったニーズに注目し，それをグループとして選び出す。ここで，選ばれた顧客セグメント内では類似したニーズを持つ顧客が集められていることになる。個人レベルのニーズに照準を当てるオーダーメイドやカスタマイズとは違って，比較的共通した特徴を持つニーズを探り出し，類似している顧客をグループ化するのである。どのような基準で市場を細分化するかは，どのようなニーズに注目するかという問題でもある。

　こうして特定した各セグメントの中から，どのセグメントをターゲットにするかを決定するのがターゲティングである。つまり，参入する市場セグメント（標的市場）の設定である。さらにそのターゲットに適した企業の提供物を中心としたマーケティング・ミックスが採算性や競合との関係で具体的に検討される必要がある。このように，ターゲット市場に対して自社の市場提供物の明確なベネフィットを確立し，それを伝えるのがポジショニングである。

　このように，マーケット・セグメンテーションの効果は，顧客のニーズに企業の提供物をうまく適合させ，ターゲットに照準を合わせたマーケティング・ミックスの調整が可能になるという点にある。

セグメンテーションを行う場合，一般的には市場をいくつかの変数から切り出して，それらを基準にターゲットを選び出す方法が採用されてきた。その代表的変数は，(1) 地理変数，(2) 人口動態変数，(3) 社会・心理変数，(4) 購買行動変数である。市場を細分化するのには決まりきった方法があるわけではなく，これらの変数や様々な基準を組み合わせて利用することになる。

2 ▶ 市場細分化の変数（セグメンテーション変数）

(1) 地理変数（geographic variables）

　これらの変数は，地域別の環境条件の違いが人々のニーズに影響を与えている程度や範囲に注目している。例えば，気候，人口密度，都市化の進展，政府による法律や規制，地域の文化・宗教・習慣などが挙げられる。

　気候については，日本の場合は，国土が南北に長いため同じ2月でも南と北の温度差が大きく，沖縄では桜が咲く時期であっても，東北や北海道ではまだ冬の季節であり，桜前線という言葉に象徴されるように，南から北に桜の開花が移動する。東北や北海道で桜が咲くのは4月末から5月ごろになる。また太平洋側と日本海側では冬に降雪や日照も異なっている。冬には，日本海側で大雪でも，関東では晴天で乾燥した強風が吹いていることが多い。このことからも，日本という1国の範囲においても，全国でいつも同じものが求められているのではなく，地域ごとのニーズに応えられるエリア別のマーケティングが必要となることがわかる。

　日本での生活は，一方で季節の異なった国からの輸入食品の増加，冷凍・チルド食品の浸透，建材や建築技術の進歩による気密性の高い住宅の普及によって次第に季節の制約が少なくなりつつある。しかしながら，それでも四季を重視する生活感や季節感は健在で，旬の新鮮な食材を使った料理へのこだわりや，洋服の衣替え，それに除湿機・冷暖房器具のような住居用具を使い分けることが多い。日本では依然として季節を重視したシーズン別のマーケティングの役割が極めて大きなウエイトを占めているといえる。

　日本は狭い国土でありながら，さらに平地が少なく，人口が太平洋側の関東，中部，関西に集中している。そのため，この3つのエリアでは人口が過密状態

で，公共交通機関が高度に発展しており，地価も高額であるのに対して，その他の地方では逆に過疎化が進み，移動手段として自動車に依存する割合が高い。また地域によって，食の文化も異なっており，各地域での調理法，味付け，それに食べ方における違いは現在でも根強く存在している。こうしたことは，必要なものや売れるものが地域によって微妙に異なっており，日本の中でもナショナルな動きの中に，ローカルな条件での調整が必要なことも求められ，最近ではむしろローカルな商品の発掘や地域ブランド化を重視する動きも注目されている。

　世界はグローバル化し，フラット化する傾向にあるが，国ごとの安全基準の違いや宗教の影響を受けた複数国に跨る文化圏での食文化や生活習慣の違いが存在しており，そうした国や文化圏への参入にはマーケティング・ミックスの面でローカルな調整や対応が求められることが少なくない。宗教や食習慣の問題は本来次の項で説明する人口動態変数に関係した問題であるが，ここでは地理変数と密接に結び付いていることも強調しておきたい。

　かつて2000年から2001年にかけて，味の素はイスラム教徒が人口の大半を占めるインドネシアで，ブタ由来の成分をうま味調味料の原料に使用したとして現地法人の社長が逮捕され，製品回収を求められるまでになった。実際は発酵菌の栄養源をつくる過程で触媒として，イスラム教でタブーとされているブタの酵素を使用していたということであった。現在はこうした問題を乗り越え，同社のインドネシアでの食品事業は順調に拡大するまでになった。イスラム法の立場からいえば，最終製品に豚の成分が残っていようといまいと，豚を製造段階で使用したということ自体が違法であり，豚肉を切った包丁で他の食材を料理することも許されないという，その宗教独特のルール「ハラル（イスラムの教えに則ったものや行為のこと）」が定められており，このルールを無視してはビジネスが展開できないことも事実である[2]。グローバル・マーケティングを推進する企業にとっては，国境を超えて海外進出する場合，自国の成功モデルの単純な移転を図る方法では困難に直面することが指摘されており，異なった気候風土やそこに住む人々の地域特性を考慮した現地化（localization）が重要となることが多い。

(2) 人口動態変数（demographic variables）

　人口動態変数は，消費者のニーズや使用頻度，製品やブランドの選好などと連動していることが多いことから，この変数は特に消費財のマーケティングで重視されてきた。例えば，性別，年齢，家族構成，所得，学歴，資産，職業，体型などは消費者のニーズや購買行動に大きく影響を与えている。

　性別に焦点を当てたターゲットの構築は，従来から行われてきた方法である。男性市場の代表であった車，居酒屋，パチンコ，ゴルフなどは今や女性客をターゲットにした様々な販売促進が図られており，最近では女性専門の家電ショップの新業態が展開されている。部屋のインテリアや家電・家具類などの購入の主導権は女性が握っているが，技術面に関しては複雑で難しいというイメージがあって女性に敬遠されてきた。そうしたイメージを払拭しようと女性の販売員を充実させ，ファッショナブルで入店しやすい店づくりなどの工夫が見られる。

　電子辞書のマーケットでは，デモグラフィックスの視点から中学生，高校生，大学生をそれぞれターゲットに設定した電子辞書のモデルを提供している。さらにビジネスパーソン向けにはビジネス，医師や看護師それに医学生向けには医学，そして使用目的や用途に応じて生活総合，外国語といったモデルで豊富な辞書の品揃えを実現している。ベネッセの場合も，0歳から6歳までを対象とした「こどもチャレンジ」で，デモグラフィックスの視点から，市場を細分化して教材やプログラムの提供を行っている。就学前の子どもの発展段階に合わせて，0-1歳（baby），1歳前後（ぷち），1-2歳（ぷち），2-3歳（ぽけっと），3-4歳（ほっぷ），4-5歳（すてっぷ），5-6歳（じゃんぷ）と区分し，月齢・年齢のコースごとにそれぞれに親しみやすい愛称を付けて，子どもの成長を親と共にサポートするきめ細かいサービスを提供している[3]。同じベビー・マーケットという括りでも子どもの成長に応じて必要なものが異なっている。紙おむつの市場においてP&Gジャパンのパンパースの場合，未熟児，新生児（生後0-1か月），インファント（生後2-5か月），クルーザー（生後6-12か月），トドラー（生後13-18か月），エクスプローラー（生後19-23か月），就学前児童（生後24か月以上）に細分化している[4]。ベネッセの「こどもちゃれんじ」のデモグラフィックな顧客区分とP＆Gジャパンの「パンパース」の区

分が共通している点が多いことから，2007年には業務提携し，共通のターゲットである赤ちゃんのおむつに2つの会社のブランドを付けて発売するなど協働マーケティングとして展開された経緯もある。

　デモグラフィックな条件の違いによって，人々の消費に対する態度や行動が異なるという考え方から，この条件をベースにデータを分析し，有効なターゲットを探し出し，ターゲット・マーケティングの展開を導き出す。この変数は，他の変数に比べて比較的客観的に観察でき，市場規模やその動向が把握しやすく測定が可能であるため，長い間顧客グループ分割のベースとして広く利用されてきた。

　標的市場を，デモグラフィックス以外の基準（例えば個人の性格）を使って定義する時も，市場の規模や効率的に市場に到達できる媒体を判断するためには，デモグラフィックスとの繋がりに立ち戻らなければならない。

　しかし，デモグラフィック変数だけで判断してしまうと，思わぬ読み違いが起こることにも注意しなければならない。コトラー（Kotler）とケラー（Keller）は，かつて米国でホンダのボックスカー，エレメントのターゲットを21歳の若者と想定して発売した時のことを例に説明している。広告は，当初想定したターゲットに合わせて，海岸に停めた車の周りでパーティーをする魅力的な大学生を描いた内容であったが，このことが多くのベビーブーマーたちを魅了することになって，実際にふたを開けてみると，購買者の平均年齢は42歳となっていた。ノスタルジーによって本来のターゲットとは違った年代を惹きつける結果となったというのである[5]。

　近年では，消費者行動の多様化を反映して，このように年齢が異なっても，同じ商品を求めたり，同じ年代でありながら異なった購買行動をとることが多くなっている。このような違いが生まれる条件を心理的な意識の持ち方，ライフスタイル，感情的ベネフィットなどから捉えようとするアプローチもある。

(3) 社会・心理変数（socio-psychographic variables）

　この変数は，社会学と心理学を利用した消費者理解に用いられる。この方法の強調点は，消費者が社会階層，価値観，心理面やパーソナリティ（性格），購買動機，ライフスタイルなどによっても影響を受けていることである。そのため，同じデモグラフィックスに所属していても，異なった購買や消費者行動を

生み出す状況を明らかにするのに役立つ。

　社会階層や所属集団の影響による購買行動の違いは，重要な意味を持っている。国によっては，これまで労働者と上流階層，ホワイトカラーとブルーカラーという階層や職種の違いが消費のスタイルや内容に影響を与えてきた。またその人がどのような集団に準拠しているかによって，第1次準拠集団（家族，親戚など），第2次準拠集団（友人，会社組織：上司・部下・仕事関係者など），希求集団（スポーツ選手，芸能タレント，アーティストのファンクラブ，友の会組織など），地域における役割や立場（町の名士など）によって，消費のスタイルや内容にも影響が見られる場合には，市場細分化の対象として抽出することになる。学校のサークルや会社の飲み仲間で，何げなく話題になる新製品の評判は，これから購入を考えている個人にとっては重要な情報源になっていることも少なくない。消費者を新製品開発に参加させる方式でのマーケティングが重視されるようになっているが，開発メーカーとしては，こうした集団でのオピニオンリーダーをターゲットにした働きかけと参加の仕組みづくり，そのフォローも欠かせない。近年では，ブログ，ツイッター，SNSなどソーシャルメディアの影響が消費者行動に大きな影響を及ぼすようになっている。ネット上のクチコミが企業の製品やサービスの評価を左右する割合が高くなっており，こうした動向をフォローするアプローチもマーケティング展開に不可欠である。[6]

　また，心理やパーソナリティにおいては，個人特有の性格，態度，習慣によって生まれる違いとして，外向性・内向性，創造性・保守性，積極性・消極性などが挙げられる。例えば，金融商品への関心の程度を考えると，その人の性格，リスクとリターンに対する態度の違いによって，先物に投資して一攫千金を狙うか，預貯金を重視するかの違いが生まれている。ライフスタイルは近年の消費者行動を解明する重要な要因と見なされるようになっており，市場細分化に多く利用されるようになってきた。同じ団塊の世代でも，山歩きが好きな人にとっては，ハイキングや山に関係した雑誌・書籍，テレビ番組，ファッションや装備などに強い関心を持って出費も惜しまないが，同じ団塊世代に属していてもそうしたことに趣味や興味のない人はまったく市場が異なっていることになる。また女性のライフスタイルと消費に注目した，「○○ガール」や「○○女子」という括り方でのターゲットの設定もこの視点からの1つのアプローチといえる。

（4）行動変数（behavior variables）

　行動変数は，製品に対する顧客の購買・使用状況，知識，ブランド・ロイヤルティの程度やマーケティング活動への反応などによって顧客を分類する際に用いられる。

　まず，顧客の購買・使用状況とは，その製品やサービスを，いつ，どこで，どんな状況で購入したり使用したりするのかを明確にしてアプローチすることである。いわゆる和製英語でTPOといわれるように，これらは，time（いつ食べるか：朝，昼，夕，夜，例えば外食産業のメニューの提供時間帯），place（どこで買うか・どこで使うのか：専門店，通信販売，家や職場で），occasion（どういう機会・状況・使用状態で：スーツでいえば，就活，旅行，パーティーなど）に分類できる。アサヒ飲料は「モーニングショット」というブランド名で，それまで缶コーヒーを飲むシーンに，あえて朝飲むコーヒーを提案して注目された。これまで缶コーヒーといえば年齢，性別，それに職業を切り口とした市場細分化が主流だったが，この「モーニングショット」のヒットをきっかけに，缶コーヒーに「いつ」「どんなシーン」で飲むのかを提案する動きが各社に広がったといわれる。

　ビールに代わって，ノンアルコールビールが提案され，新たなターゲットが生み出されている。このカテゴリーの製品の使用シーンとしては，車の運転が控えている場合，接待の場でお酒が弱いが付き合う場合，妊娠中や健康維持の場合などが挙げられ，そうした状況でもビールを飲んだ気分になれるという理由から受け入れられている。車の運転をしなければならないために飲みたくても飲めない人をターゲットにしたノンアルコールビールの提案は，2002年の道路交通法改正で飲酒運転の罰則強化が進んだことをきっかけにしているが，アルコールを完全にゼロにすることができずに，市場低迷が続いていた。そうした背景の中で，キリンが2009年4月にアルコール0.00％でキリンフリーを発売したのをきっかけにアサヒ，サントリー，サッポロが類似製品を投入し，新しい市場創造が実現している。

　季節の提案という面では，ココアの消費は，子ども人口の減少と冬場に飲むイメージが強かったため，年々需要が減少傾向にあるが，明治製菓や森永製菓では，あえて子どもの飲み物のイメージを払拭し，大人が夏にアイスココアと

して飲む提案を行っている。また，いつでも食べられるお菓子の材料として売り出すことで，ココアの飲食のシーンを増やそうとする活動において大人や夏場というセグメントが注目されている。

　使用の目的別の提案として，武田薬品のベンザブロックは，風邪の症状に応じて，鼻からくる風邪（黄色いパッケージ），喉からくる風邪（シルバーのパッケージ），熱からくる風邪（青のパッケージ）というタイプ別に分けて3つの種類の風邪薬を提案し，さらにカプセルと錠剤，顆粒という顧客の好みの飲み方を選択できるように細分化している。

　マーケティングの目的は，顧客が「価値がある」と感じるベネフィットを顧客に提供することである。したがって，前にも述べたように歯磨き剤のような基本的な製品は様々なベネフィットを提供できる。顧客は歯磨きに様々な期待を持っている。歯磨き剤のメーカーでは，顧客の期待に応えるべきベネフィットとして，それぞれにふさわしい製品・ブランドを用意している。歯磨き剤におけるベネフィットとしては，虫歯や口臭の予防，白く美しい歯の実現，さわやかな風味，歯周病の予防などが挙げられるが，それぞれのベネフィットを強調することで，その価値を求めるターゲットに向けた製品が提案されるのである。

　しばしば指摘される傾向として，ある製品の売上は20％のヘビー・ユーザーによって80％実現されるという2：8の原則（イタリアの経済学者ヴィルフレド・パレートが発見した経験則であり，この事例に限らず比率自体は一般にパレート法則といわれている）として紹介される。製品やサービスの購入・使用の程度は，顧客をセグメントする変数としてもマーケティングにおいて重要な要素である。少量使用者，中量使用者，大量使用者（例えば，百貨店では外商部門での家庭外商と法人外商の存在），ヘビー・ユーザーとライト・ユーザーなど使用量と頻度に適合したアプローチが求められている。

　市場でのブランド・ロイヤルティの程度は顧客をセグメントするうえで有益な条件である。ビールの市場でも，いつも決まったブランドを選ぶハイ・ロイヤルな顧客に対して，一定のブランドに関心は持っているが，ときどき新しいブランドが出た時に違ったブランドの味を楽しむ顧客，ブランドにこだわらず特売や割引を重視する顧客など，いろいろな顧客の行動パターンが観察できる。ICT（information and communication technology）の進化により，ポイント

図表4-1　消費者市場のための主要な細分化変数

地理的変数 (Geographic variables)		気候，都市化の進展度，政府による規制，文化，顧客の行動規範など。地域性を考慮し，その地域市場での効果的なマーケティングを狙う（エリア・マーケティング）。
	地方	都道府県別，地方別（関東・関西・東北・九州など），世界の地域（東アジア，東南アジア，北米，南米，東欧など）。
	気候	北部と南部（温暖な場所と寒冷地），裏日本（日本海側）と表日本（太平洋側），または雪の降り方の違い（寒冷地には防寒衣料のニーズがある）など。
デモグラフィック変数 (Demographic variables)	年齢	団塊の世代，団塊ジュニア，65歳以上（シニアマーケット），ベビー・マーケット（baby market）など。
	性別	男性・女性。
	人種	アジア系，白人，黒人，ヒスパニック系など。
	国籍	日本，中国，韓国，北アメリカ，南アメリカ，イギリスなど。
	所得	低所得者層（高級品に関心を持つことがある），高所得者層。
	職業	ブルー・ホワイトカラー，技術職，管理職，公務員，主婦。
	教育水準	中卒，高卒，大卒，大学院修了。
	宗教	カトリック，プロテスタント，ユダヤ教，仏教，イスラム教など。
	世帯	家族数（単身世帯，核家族），家族構成とそのライフサイクル（年齢構成）＝独身時代，新婚時代，子育て時代，子どもの自立時代，退職・老後の時代。
	身体的特徴	例えば体型に合わせてサイズの異なる衣装を揃えるLLショップ，小さいサイズの店（プチ＝ペティー：petit）など。
社会・心理変数 (Socio-psychographic variables)		消費者は，所属集団に属する態度や階層（上流階層），あるいはパーソナリティ（開放的）といった変数により異なった集団に分類される。
	社会階層	準拠集団（第1次準拠集団＝家族，親戚），第2次準拠集団（仲間・友人），社会組織（上司，部下，仕事関係者），希求集団（スポーツ選手，芸能界のスターのファンクラブ，友の会組織），地域における立場・町の名士など。

・帰属特性：この世に生を受けた時から与えられる特性。

・達成特性：自分の努力によって勝ち取った特性。

(続き)

社会・心理変数 (Socio-psychographic variables)	ライフスタイル	ニューファミリー，ダブルインカムノーキッズ，子どものいる主婦とそうでない主婦の買物行動の違いなど。
	パーソナリティ	個人特有の性格，態度，習慣。例えば外向性・内向性，創造性・保守性，積極性，消極性など。
行動変数 (behavior variables)	製品に対する買い手の知識，態度，使用状況，反応などによる分類。	
	購買・使用状況	Time, Place, Occasion。
	ベネフィット変数	経済志向，便宜志向，品質志向，プレステージ志向。
	ユーザーの状態	非ユーザー，元ユーザー，潜在ユーザー，初回ユーザー，レギュラー・ユーザー。
	使用率	ライト・ユーザー，ミドル・ユーザー，ヘビー・ユーザー。
	ブランド・ロイヤルティの状態	高（ハイ・ロイヤル）・中・低・なし。
	購買準備段階	認知せず，認知あり，情報あり，関心あり，購入希望あり，購入意図あり。
	マーケティング手段に対する態度	品質，価格，広告，販売促進などのマーケティング手段に対する反応。
	メディアとの接触頻度	テレビ番組の視聴頻度，定期購買している雑誌，インターネットの利用頻度。

出所：Kotler, Philip and Kevin Keller（2006）*Marketing Management, Twelfth Edition*, Pearson Education（恩藏直人監修『コトラー＆ケラーのマーケティング・マネジメント』丸善出版，2008年，p.307）を参考に筆者作成。

カードや電子マネーの普及は，顧客の購買履歴をベースにした顧客ターゲットの識別と働きかけを可能としている。スーパーやドラッグストアで顧客ID付きのPOSが普及している。そのため来店客のポイントカードによって顧客識別を行い，1人1人の購買履歴を収集することで正確に顧客の購買動向を把握でき，ブランドのロイヤルティの識別やそれに基づいたターゲットの抽出とそれぞれのグループごとの品揃え提案などで，より精度の高いターゲット・マーケティングが実現できるようになってきた。[7]

顧客に対して，マーケティング手段ごとの反応や顧客の購買プロセスの位置

に合わせたアプローチが採用されることが望ましい。テレビCMでおなじみの化粧品・医薬品の通信販売企業である再春館製薬所では，ドモホルンリンクル（基礎化粧品）を初めて申し込む顧客には無料でのお試しセットを提供することで，購買プロセスでのアクションを後押しする効果を引き出そうとしている。1つの製品単価が高価格帯（5,000円以上の高価格で，セット価格では1万円以上）に位置付けられるだけに，顧客が最初に製品を購入するのには抵抗が高い。これに対して，お試しセットによって初めての顧客をターゲットにし，製品の価値に納得した顧客をリピーターにするというマーケティングを行い，成功させている。さらに最近では，これまでトライアルを申し込んだのに実際の購買アクションを起こさなかった対象に再度，無料お試しセットが申し込めるという形で，以前反応のなかった潜在顧客をターゲットにした働きかけを行っている。

3 ▶ ターゲット選択の条件

　市場を細分化するには一定の独自性と効果がなければならない。特定の顧客グループをターゲットとして選択する場合の基準として次の4つが指摘できる。[8]
① 測定可能性（Measurable）：ターゲットとして想定する顧客を特定でき，その特徴や行動パターンを明確に捉えることができるかどうかが問題となる。漠然と，ファッションに興味がある人とか，山歩きが好きな人というだけではなく，年齢（年代）や性別，それに所得といった変数でセグメントの特徴，規模，それに購買力などを具体的に把握できることが求められる。
② 到達可能性（Accessible）：魅力的なセグメントを見つけても，そこに所属する顧客がどこに住み，どこで買物をし，どのようなメディアに触れているかを特定できる顧客情報が必要である。そこに到達するための販売ルートやサプライチェーン，プロモーションのメディアなどが利用可能であることが不可欠であり，セグメントに向けた効果的なマーケティング・ミックスが展開できることが求められる。
③ 採算可能性（Profitable）：対象とするセグメントが十分な利益を獲得できるほど大きい同質的なグループとして切り分けられることが求められる。

そこでは，そのターゲットに向けて展開されるコストを上回る利益が期待できること，規模の経済性や成長性が期待できること，収益性や低リスク（リスク回避）という条件の確保も評価の対象となる。
④ 独自性（Effective）：あえて，独自のターゲットを設定するからには，コンセプトとしても，様々なマーケティング・ミックスに対しても異なった反応が得られることが求められる。そのターゲットが，自社の強みがいかせ，他のターゲットの顧客や競争企業とは違った特徴を有するものと識別されることが重要となる。

このように，企業にとって魅力的なターゲットとなるには，その顧客グループが本当に必要なものかが慎重に検討されるべきである。それには，自社の経営資源との関係でコアコンピタンスが活用できるか，採算が取れる規模であるか，成長の可能性はあるか，ライバルに対する競争優位性やライバルによる参入容易性などを検討することが求められる。そして，このターゲットへのマーケティングが絵に描いた餅にならないよう，実行可能かどうかを判断することが重要となる。

4 ▶ 標的市場の設定：ターゲティング

これまで見てきたように，セグメンテーションによって切り分けた市場から自社にふさわしいターゲットを一定の基準で決定することをターゲティングという。ターゲットの選び方には大きく4つのタイプが考えられる。
① 無差別型マーケティング
　これは市場をすべて単一の同質的な状態として捉えることで，マス・マーケティングを展開する方法である。経済が未発達であったり，モノ不足の状態であれば，同じような標準的な製品でもつくれば売れるという形で，積極的に受け入れられていく。
　これは，顧客がすべて同じようなものでも受け入れるという前提で出発しており，市場全体をターゲットとしたアプローチを採用し，単一の製品に同じマーケティング・ミックスを用いる。これは，同じ製品を大量に生産し，販売して規

模の経済性を実現し，生産コストやマーケティング・コストを抑えることで低価格戦略による市場創造や浸透を図る点では優れている。しかしながら，市場の変化の視点からは，時間が経過することでニーズが多様化し，競争者の増加と共に，やがて平均的な需要を満たす程度に終わってしまうという問題点もある。かつてのフォード自動車による黒塗りのT型車や現在でも続いているコカ・コーラによる清涼飲料は市場全体に対して1つの製品を生産し提供していった。

　この無差別型マーケティングは，需要が高度化・多様化するにつれて，当初は顧客の低価格や変わらないものを求めるニーズに応えていても，時間が経つことで，やがて顧客志向というよりも，企業のサプライサイドに立った製品志向の経営姿勢と見なされるようになっていくため，需要の変化に合わせた以下のアプローチに移行していく必要もある。

② 差別型マーケティング

　セグメンテーションを通していくつかの潜在的なターゲットを明らかにしたうえで，自社にふさわしいと考えられるターゲットをすべて，あるいはそのいくつかを選んで，それぞれに特別のマーケティング・ミックスを編成し，アプローチすることを差別型マーケティングという。このような複数のターゲットを同時に対象としたアプローチは経営資源の豊富な大企業に多く採用されている。

　こうしたアプローチを採用するケースとしては，大規模な自動車メーカーやブランド力のあるホテルに見られる。トヨタの場合，様々なドライバーのニーズや用途に応じるために，多様な車種やサイズ，それに価格帯を用意しており，販売のチャネルもそれに合わせて提供している。ちなみに，トヨタでは，セダン，ワゴン，ミニバン（キャブワゴン），2ボックス，スポーツユーティリティービークル（SUV），ビジネスカーといったタイプ別に様々なグレードの車種を提供している。マリオットホテルでは，サービスと価格で最高級のタイプとしてJWマリオット，平均より上にマリオット，平均的な位置にコートヤード，さらにその下にレジデンスイン，それよりもサービスを抑えたルネッサンスと，ターゲットを明確にしたホテルのブランド別ポートフォリオを展開している。[9]

　特徴のある複数のターゲットを自社の対象とすることで，フルライン化を実現し，トータルな売上増加を狙いにしている。そのため，それぞれのターゲットに適合したマーケティング・ミックスの調整や展開が必要となり，多くの経営資源が各ターゲットに向けられることになり，マス・マーケティングに比べ

て，規模の経済性を実現するのが難しい場合がある。問題点として，（イ）ターゲットの規模が小さいほど値段が高くなること，（ロ）ターゲットが細分化され過ぎて，購入しづらく，利用が煩雑になること，（ハ）企業にとっては，製品やサービスの種類が増え，生産工程や在庫の管理が煩雑になり，プロモーションの数が増え，コスト負担となることが指摘できる。このような問題点を克服するには，資材や部品の共通化によるコストの抑制や顧客にとってわかりやすいネーミングや商品選択の助けとなる情報提供にも工夫が求められている。

③ 集中型マーケティング

　企業にとって活用できる経営資源や自社の強みから見て，市場のセグメンテーションで浮かび上がるターゲットのすべてを自社の対象にはできない。ターゲットの決定は，自社のコアコンピタンスから見て魅力的なセグメントであるとか，有望な可能性が確認できるという視点から判断される必要がある。最も賢明なアプローチは，市場ターゲットを1つに絞って，それに適合したマーケティング・ミックスを展開するアプローチであり，それを集中型マーケティングと呼ぶ。特にこれは経営資源が限られている中小企業のケースや競合他社がフルラインで展開している場合に，後発による得意分野に絞り込んだ参入のケースに多く見られる。

　このタイプのメリットは，ターゲットを1つに絞ることで，特定の顧客のニーズを熟知でき，専門化したマーケティング・ミックスを展開でき，それだけ顧客にきめの細かい対応ができることにある。特定セグメントでトップシェアを確保することで，企業の認知度や存在感を高めることにもなり，投資収益率（ROI：return on investment）の向上も期待できる。しかし，特定のセグメントに集中しているために，そのセグメントの需要，競争，技術，それに法的規制などの急激な変化によって，リスク分散が難しい状況も生まれるため，集中型マーケティングで成功した成果をベースに差別型マーケティングへ拡張することも必要となる。

④ カスタマイズ（パーソナライズ）型マーケティング

　細分化がさらに徹底すると，「ワン・トゥ・ワン・マーケティング」や「カスタマイズド・マーケティング」へと進化する。顧客のニーズを類似のグループレベルで捉えるか，個々のニーズレベルまで落とし込むかによって，セグメンテッド・マーケティングとカスタマイズド（＝パーソナライズド）・マーケ

ティングの2つのタイプが確認できる。カスタマイズ型マーケティングの特徴は，個々の顧客のニーズのユニークさに焦点を当て，顧客の選択できる範囲をできるだけ拡大した形で製品やサービスの提供を行うところにある。この究極は，個々の顧客のニーズに応じたオーダーメイドの生産や販売ということになる。顧客情報や市場提供物が一定規模で標準化されたセグメンテッド・マーケティングに対して，カスタマイズ型マーケティングは，コストやスピード面でハンディを有するが，その顧客だけに提供するという希少性やこだわりは他の標準品には代えがたい価値を顧客に感じさせる。

　幸い，今日では，ICT（information and communication technology）やSCM（supply chain management）の進歩によって，インターネットを通して顧客が自分仕様の製品やサービスを低コストでスピーディーに手に入れることも可能になっている。その典型的な方法がマス・カスタマイゼーション（mass customization）という手法であり，部品や材料の段階では標準品の大量生産（mass production）で効率性を確保しておき，一方で顧客のニーズに応じて，組み立てやインストール段階でオプションを認めて（customization）顧客の要望を取り入れ，有効性を実現するというバランスのとれた顧客対応が図られている。近年のコンピュータやスマートフォンの購入に際して採用されているオプションやアプリの提供がそれに当たる。しかし，顧客のニーズに個別に応えることがあらゆる製品やサービスにとって得策であるとは限らない。むしろ，顧客にとってコストアップになったり，製品知識がこれまで以上に要求されたり，キャンセルや下取り，それに修理も難しくなるなどの問題点もある。こうしたことを踏まえてもなお，個々のニーズに焦点を当てた対応を求める顧客が増加していることも事実であり，コモディティ化が進行する中では，ICTやSCMの効果的な活用によって，標準化された製品やサービスの中にも個別対応が差別化の有効な手段として注目されてきている。

■ 演習問題＆討論テーマ

(1) 市場細分化（マーケット・セグメンテーション）と製品差別化（プロダクト・ディファレンシェーション）の違いと，両者がどのように関係しているかを考えてみよう。
(2) 市場細分化が実際に採用されて，それが成功していると思われる製品やサービスとそうでないケースを比較し，その違いについて検討してみよう。
(3) 新たに市場細分化をすることで成長できそうな製品やサービスの事例を提案してみよう。

● 注

1) Kotler, Philip, and Kevin L. Keller (2006) *Marketing Management, Twelfth Edition*, Pearson Education.（恩藏直人監修『コトラー＆ケラーのマーケティング・マネジメント　第12版』丸善出版，2008年，pp.295-296）
2) http://ja.wikipedia.org/wiki/%E5%91%B3%E3%81%AE%E7%B4%A0　2011年4月24日現在。中川美帆（2012）「進む女性の社会進出　服と化粧品に商機」『エコノミスト』8月28日号，pp.88-89。
3) http://www.shimajiro.co.jp/　2017-2-10現在
4) Kotler & Keller，前掲訳書，p.309。
5) 同上。
6) この点の詳細については本書第6章および第11章を参照。
7) 本藤貴康・奥島晶子（2015）『ID-POSマーケティング』英治出版。
8) フィリップ・コトラー，ゲイリー・アームストロング，恩藏直人（2014），『コトラー，アームストロング，恩藏のマーケティング原理』丸善出版，pp.93-94。
9) Fahy, John, and David Jobber (2015) *Foundations of Marketing,* McGraw-Hill, p.129.

第5章

ポジショニングと競争戦略

> **キーワード**
> - 競争者と顧客からのポジショニング　　・リポジショニング
> - マーケットにおけるリーダー　・チャレンジャー
> - ニッチャー

　これまで見てきたように，顧客は一様ではない。そこで企業は，市場に存在する特徴的な顧客のニーズを捉え，その中から自社が提供すべきセグメントを1つもしくは複数選択する。このように，マーケット・セグメンテーションとターゲティングというマーケティング・マネジメント・プロセスの2つの重要な局面に焦点を合わせて検討してきた。

1 ▶ 顧客認知の獲得とポジショニング戦略の3つの視点

　次のステップは，この選び出されたターゲット顧客に，競合他社と比較して自社の製品やサービスが最も魅力的なものであることを認識してもらうことである。どんな優れた製品やサービスでも，顧客にわかってもらわなければ購入されることはない。そのためには，マーケターがターゲット顧客に自社の提供物をどのように認知させるかを決定することが重要となる。これをポジショニングという。ここでは，自社の製品やサービスのどこが良いのか，競合製品とどのように違うのかを明確にすることで，顧客に購入する価値があると認識し

てもらうことが必要である。

　ポジショニングの戦略の狙いは，顧客の知覚の中で自社の製品やサービスの差別的優位性のある場所を見つけ出し，伝達していくことにある。そのため，一般に３Ｃ分析として顧客（customer），競争（competition），それに自社（company）という３つの視点からポジションを的確に把握することが重要と考えられる。[1]

　まず顧客の視点であるが，顧客は製品やサービスそれ自体を購入するというよりも，ベネフィットを購入している。ポジショニングとは，ターゲット顧客の心の中に，主要なベネフィットをもたらす提供物の位置を明らかにすることを意味する。つまり，その企業の製品やサービスを，他とは異なる特別なものとして認識させるためのあらゆる努力がポジショニングの活動である。これは，企業サイドの都合でデザインするのではなく，顧客がその提供物のベネフィットをどのように評価するかという視点で考えなければならない。どんな顧客に，何を，どのように使ってもらおうと考えるのか，ということまで考えなければ，自社の競争相手がどの会社のどの製品なのかということすらはっきりしない。

　われわれがアップルのiPadに期待するのは，機械としての新製品ではなく，新しく何かができることである。いつでも，どこでも，世界から最新の情報・知識が得られ，あるいは娯楽や音楽が楽しめる。これ１個でたくさんの情報・アプリを利用できる。アマゾンが発売したKindle，楽天が発売したKoboの場合は，主に電子書籍の情報端末という限定した括りのコンセプトである。それに対して，iPadはリビングのテーブルの上に置かれている書籍，新聞，雑誌はもちろん，メール，音楽鑑賞，スケジュール管理，メモ，アドレス帳，機能を追加すれば音楽演奏や各種辞書，はたまたゲーム機，イラスト作成，医療情報管理，さらには屋外ではPCとして携帯できる情報端末として多用途を強調した位置付けとなっている。

　長年にわたって，ボルボは安全性にこだわる顧客をターゲットに，車の開発や提供を行ってきた。そこで，同社は自社の車を最も安全な車としてポジショニングし，それに適合したデザインや広告のメッセージなどのマーケティング・ミックスを展開してきた。こうした効果的なポジショニングの努力を通して，顧客はボルボの車を安全な車と認識するようになっている。

　次に競争の視点である。ポジショニング戦略の狙いは，今述べたように，顧

客の心の中に自社の魅力をしっかりと認識してもらうことによって，競合他社の提供物ではなく，自社の提供物を優先的に選択してもらうようにすることである。そのために，競争環境において2つの要素が検討される。第1は，自社が競争する場所（ターゲット市場）について，さらに第2には自社がどのように競争すべきか（差別的優位性）について，競合他社との比較における位置付けが同時に検討される必要がある。自社のものが顧客にとって魅力があることを認知してもらうためには，競合する他社の製品やサービスのポジションを知る必要がある。それ以上のものを自社が提供して，顧客の心をつかみ，顧客の心の中に差別的優位性を確立しなければならない[2]。自社が対象にしようと考えているターゲットにはライバルがいるのか，いる場合にはどのような特徴を有するライバルなのか，あるいはさらに他からも参入する可能性があるのかという検討が不可欠である。そのうえで，顧客に自社の魅力を感じてもらうためにどのようなベネフィットを提供すべきかを考える必要がある。

　さらに，自社の視点である。これは自社の利用可能な経営資源に基づいたコアコンピタンスの発揮のことである。これによって競合との違いを明確にし，顧客に他社と異なる特別な存在と認識させる必要がある。自社が提案しようとする製品やサービスのカテゴリーが競合他社と比較して独自のものである場合は，新しい市場を創造することとなり，先発優位の強みで有利なポジションを確保できる。逆に十分な経営資源や強みが発揮できない場合は，トップ企業のポジションと重ならない空白地帯を狙うことや，トップ企業と異なった新たなポジションを提案することが必要となろう。しかしここで重要な点は，競合他社に対してどんなに自社の資源が優位にあり，技術的に優れた製品が実現できても，その製品やサービスがターゲット顧客にとって価値があると認められなければ意味がないということである。企業が陥りやすいわなは，独りよがりの優位性の追求に走り，無闇に競合との違いを意識して過剰品質を生み出し，顧客には競合との違いが理解されずに，ポジショニング戦略が適切に機能しないことである。

　イメージとポジションは必ずしも同じではない。イメージが製品や企業に関する総合的な印象であるのに対して，ポジションは顧客の心の中に価値として認識される場所を意味しており，一般的には競争との関係で比較された場所を意味している[3]。

　マーケターは，顧客が製品やサービスを購入する場合に何を重視するかをよ

く理解し，それをもとに製品特性を提案することが重要である。しかし，自社の製品の優れているポイントをたくさんアピールすればよいというものでもない。アピール・ポイントをたくさん列挙することは，かえってその製品の特徴を総花的にしてしまい，顧客の心にしっかりと残らないことが多い。せいぜい2つか3つぐらいの製品特性で，そのブランドをポジショニングすることが顧客にその製品を認識してもらうのに効果的といわれている。

　例えば，これまで洗濯における衣料用洗剤では，長く粉末洗剤が主流だったが，問題点として回転ドラムの裏側に洗剤カスが付着しカビや菌さらには異臭を発生させるという欠点を抱えていた。こうした問題への対応として，このところ節水型洗濯機の普及と共に，液体洗剤を使う人が増えてきた。それも大きな容器に入った液体洗剤よりも，買いやすく便利なコンパクトタイプのものに人気がある。花王のコンパクト洗剤アタックNeoは，2009年8月に最初に発売され，2.5倍に濃縮されたことで，1回当たりの使用量が従来品の半分で済み，台所洗剤かと見紛うほどのコンパクトサイズなパッケージとなった。洗浄成分が繊維に残りにくく，通常2回のすすぎを1回に減らせるので，製品の特徴を「驚きの白さ，すすぎ1回」を強調し，「節水・節電・時短」という明快なコンセプトをアピールしている。

　これに対して，ライオンは2010年1月に花王と同様にコンパクト液体洗剤トップNANOXを発売した。ライオンのトップNANOXもパッケージを小型・軽量化して持ち運びやすくし，泡切れも良いので1回のすすぎで済むという花王のアタックと同じような特徴を多数持っていたが，あえて販促を「洗浄力の高さ」に絞ってアタックNeoとの違いをアピールしている。これは，ライオンが後発であることを意識して，自社製品の優れた点をあまりにも多くの製品特性としてポジショニング戦略に付け加えると，顧客は混乱してしまう恐れがあり，また製品のポジションが不鮮明になってしまうためである。

　さらにP&Gの場合には，2014年4月に，アリエール パワージェルボールなどのブランド名で液体洗剤とは異なった切り口で，粉末でもない液体でもない第3の洗剤として指でつまめる形状のジェルボール型の洗剤を市場導入した。洗剤は，一粒の形状で，最大限まで含水率を下げて洗剤成分を超濃縮しており，表面には特殊な水溶性フィルム素材を使い，簡単には破れないがわずかな水で溶け出すという特徴を持つ。洗濯のたびに手に洗剤が付着するとか，洗剤の計

量や詰め替えがわずらわしいなどといったこれまでの不満を解決するために提案された。このように同じ衣料用洗剤市場で、それぞれの企業が製品の異なった特徴を打ち出して独自のポジションをアピールしている。

ここでは、ポジショニングを成功させるために、知覚（パーセプション）マップによって市場で競合する製品をプロットして相対比較する方法が利用されている。競合との違いを決定する主要な要因を2つ以上設定し、縦軸と横軸にしたマトリックスをつくり、それぞれの企業や製品の特徴をプロットする。

このマップによって、①顧客のニーズの分布を発見する機会となり、顧客が製品を選ぶ際の属性を明らかにすること、②市場でそれぞれの競合製品の位置が確認できること、③ポジショニングが類似していて直接競合する製品を明確にできること（このことは自社のブランド同士のダブリ〈共食い：カニバリゼーション〉を避けることにもなる）、さらには④誰も参入していない空白市場を発見できることなどの効果が期待できる。ここで重要な点は、知覚マップはそれを構成する次元（評価軸）が変わると、当然ながらポジショニングが変化することになる。どのような次元を用いて知覚マップを作成するかによって、そこから得られるポジショニングの理解も異なってくる。つまり、知覚マップが有効だからといって、どんな次元でも利用できることにはならない。各次元が表しているものが、ターゲット顧客の選好に関係するものでなければ意味がない。

図表5-1　液体洗剤のポジショニング：分析目的による軸の設定例
**　　　　事例1：コンパクト化とすすぎ時間**

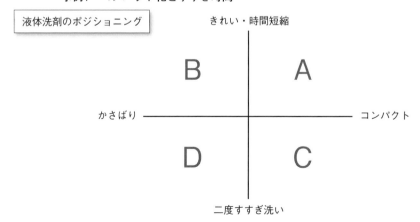

図表5-2　液体洗剤のポジショニング：分析目的による軸の設定例
　　　　　事例2：手の汚れ防止と柔軟仕上げの効果

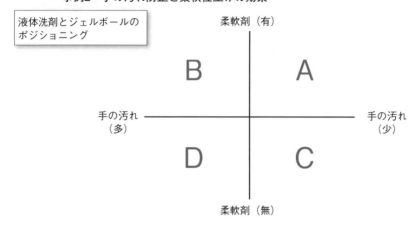

　ここで注意すべきことは，相互に関連しない独立した軸を用いることで，ポジショニングの特徴がより鮮明になるということである。有効な知覚マップを作成するためには，顧客が重視している選好を調査したり，顧客自身，気が付いていない魅力的な価値を独自に顧客観察などから発見したりして，それらを評価基準に反映させた形で，自社の製品がそうした選好のどのあたりを対象とすべきか，また現在の位置の見直しを行う場合も含めて，狙うべきポジションを判断することが求められる[4]。

2 ▶ ポジショニング戦略展開のステップ

　ポジショニング戦略の開発は，顧客のマインドを理解することと同時に，競争者の動向を十分に知ることに大きく依存する。適切なポジションを明確にする手順は次の5つの一連のステップを含んでいる。

(1) ポジショニングのコンセプトを設定する

　マーケターは，ターゲット市場の顧客が重要と考える属性について，自社製

品，競合製品や店舗をどのように見るかを観察することが重要である。多くの製品は人が必要とする，あるいは欲求する以上のことを満たそうとしている。

　ポジショニングの最初のステップは，その製品が満たすことが可能な顧客のニーズやウォンツをリスト・アップすることである。同じカテゴリーの製品でも，自社製品の特徴を洗い出し，その製品を取り巻く背景から顧客の求めている条件や競合が提供している属性と比較することで，機能面や感情面から独自性を追求することが求められる。チョコレート製品の例では，江崎グリコのGABAの場合，「ほっ」と癒されたい時に食べたくなる優しい味わいという，従来のチョコレート製品にはない新しい切り口でポジショニングし，メンタルバランス・チョコレートという独自のコンセプトを打ち出した。この製品は，チョコレート製品が多数市場に出回っている中で，味や香りあるいは甘みを抑えるなどの機能性ではなく，あえてチョコレートで仕事や生活からのストレスを解消するメンタルな働きを打ち出すことで，顧客に新たな価値や特徴を提案し差別化に成功していると考えられる。チョコレートは人々にエネルギー源，おやつ，軽食，プレゼント，気分転換，ストレス解消などをもたらす役割を果たす。このような点に注目することで，製品は多くの異なった市場でポジショニングすることができる。

　ポジショニングのコンセプト設定で重要なことは，顧客にどのようなベネフィットや生活のシーンを提供するのかを明確にすることであろう。コーラは好きだけれど，脂肪や肥満が気になるという人をターゲットに，キリンやペプシなどから特保（特定保健用食品）のコーラが発売されているが，コーラ市場という成熟市場の中にも独自のポジションを見つけ出せることを示唆している。ポジションは，ブランド名，スローガン，製品の外観，それが売られる店舗，従業員の表情，その他多くの方法と密接に関連しており，それらを通して顧客とコミュニケーションすることが求められる。

(2) 競争者よりも魅力的と顧客に認識させる

　ポジショニングの開拓者であるアル・ライズ（Ries, Al）は，『マーケティングをつくった人々』の中で，ボルボの例を挙げて，ボルボは安全性にフォーカスを狭めることで，そのブランドに対して深い信頼を得ることができたという。そのことによって，「ボルボには『安全性』があると知覚されています。米国道

路安全保険協会がクルマのテストをし，現在入手可能な10台の最も安全なクルマを選びました。そのうち何台がボルボ製だと思いますか？1台もありません。このテストの結果が人々の知覚を変えると思いますか？まったく変えることはありません。人々はなおもボルボが安全なクルマだと思っています。」[5]少し，長い引用であったが，ライズが強調したいことは，自社が自信を持って訴求したい特徴を顧客に一貫して認識してもらうことで，顧客が心理的にボルボに安全性の信頼を覚えるようになっていることであり，一貫したブランドのポジショニングの重要性を指摘している。

　自動車メーカーが従来のガソリン車に対して，電気自動車を販売するターゲットを，環境意識の高い顧客層にフォーカスする以外に，最近はペット好きの顧客を対象に訴求する例も見られるようになってきた。日産の電気自動車，リーフでは，犬は嗅覚に優れ振動に弱いことからガソリン車では車酔いしやすいため，電気自動車の特性を訴求しながら，ガソリンの臭いのない，振動の少ない安定した走行性能をアピールすることで，犬好きの人を対象にした電気自動車のライフスタイルの提案を行っている。この点では，ガソリン車と電気自動車との差別化を犬好きの顧客層というニッチなポジショニングで特徴づけている。

　すでに前の章で触れた例ではあるが，ノンアルコールビールがビールに代わって提案され，新たなターゲットが生み出されている。もともとノンアルコールビール開発の理由は，車を運転するため飲みたくても飲めない人をターゲットにしている。しかし，ノンアルコールビールの市場としては，もともとお酒が弱くて体質的に飲めないとか，妊娠中や子どもと一緒の場合でも飲んでいる雰囲気を楽しみたいという需要も存在する。

　一般的に競争者のタイプには，1次的な競争者と2次的な競争者の双方が存在する。一次的な競争者はコアのニーズを満たすために競争する者であり，ノンアルコールビールの各社のブランド同士がそれに当たるが，顧客と競争の関係では，ビール好きの人に飲んでもらいたいのか，ビールをもともと飲めない人にも飲んでもらいたいのか，この関係を各社のポジショニングで明確にすることで顧客のターゲットが違ってくる。さらには2次的な競争ではこれまでアルコールの代わりに飲まれていたウーロン茶やお茶あるいは甘い系の清涼飲料との違いを明確にすることで，競争上優位なポジションを獲得できる可能性が高い。この点の考察はすでに第2章の3節の「競争の広がり」で示した関係を

思い出してほしい。そこではアルコールビールの代替としてのポジションだけでなく，通常の飲料としてノンアルコールビールの新たな飲用シーンを探ることも，ポジショニングとの関係で検討課題となろう。

(3) 競争者がどのようにして認知されているかを知る

マーケターは競争者によって維持されているポジションを明確にしないといけない。このような地位は，製品属性，使用状況，あるいは使用者のグループに基づいている。選択される差別的優位性はターゲット顧客のマインドの中で信頼されないといけない。先の車の例でいえば，この業界でフォーカスされているブランドというのはほんのわずかである。たくさんの車がある中で，ボルボは安全性，BMWは乗り心地，メルセデスは高級感であるという特徴が訴求されてきた。しかしこれら以外の車の特徴はなかなかわからない。

トヨタの場合，そのイメージは大衆車というポジションにとどまっていた。高級車ブランドとしてのイメージは欠如しており，ブランド連想の意味するところで，トヨタといえばイコール大衆車というイメージが強かった。そこでトヨタが取り組んだブランド戦略は，最高級車のブランド・イメージを確立するためにあえてトヨタレクサスからトヨタという社名を外して，社名を訴求しないブランド戦略を選択した。社名なしの形でレクサスというブランドを生み出した。ホンダも同じような戦略を高級車モデルのために，アキュラというブランド名を使用した。このような例から，ブランドのポジショニングに際して従来の社名から生じるイメージとは異なった高級感のあるブランド名の訴求を重視する戦略に取り組んできたことが確認できる。こうしたポジショニングを確立するためのブランド戦略については，第8章の3節の⑤「企業からの独立ブランド戦略」においても論じられる。

このように，競合製品のポジションの分析は，多くの競合が存在する領域を明らかにするだけでなく，自社との距離やギャップの発見にも役立つといえる。図表5-3と図表5-4は，トヨタが自動車業界に新たな一石を投じた動きをポジショニング・マップで描いている。リンカーン，キャデラック，それにメルセデスによって維持されている高級車のポジションにレクサスを，また地球温暖化や原油の不足・高騰問題への対応としてハイブリッド車プリウスの投入を通して自動車業界に新たな提案を行ってきた。

図表5-3　自動車業界の全体図とトヨタのポジショニング：ブランドイメージの知覚マップ

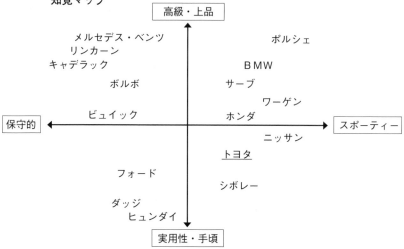

出所：Schewe, Charles D., and Alexander Hiam (1998) *The Portable MBA in Marketing*, Wiley, p.226をもとに作成。

図表5-4　トヨタのポジショニング戦略

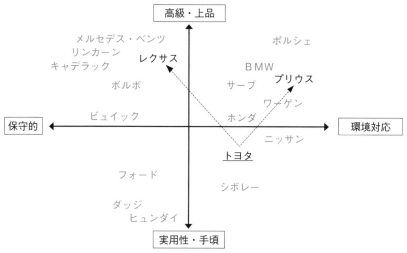

出所：Schewe, Charles D., and Alexander Hiam (1998) *The Portable MBA in Marketing*, Wiley, p.226をもとに作成。

第5章／ポジショニングと競争戦略

図表5-5　レーダー・チャートによるポジショニング分析：トヨタ「プリウス」の事例

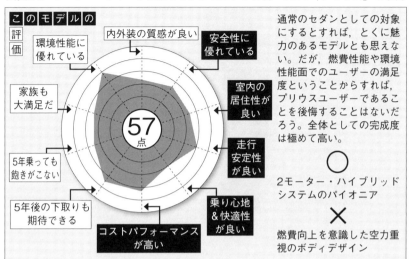

出所：『ザ・マイカー』2011年6月号，pp.44-46。

図表5-6　ホンダ「フィットハイブリッド」の事例

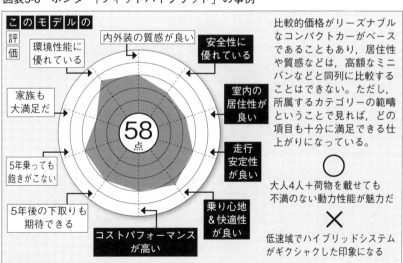

出所：『ザ・マイカー』2011年6月号，pp.44-46。

図表5-7 「ステップワゴン」ホンダの事例

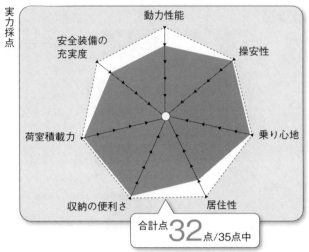

出所:『月刊・自家用車』2015年8月号, p.85。

図表5-8 「アルファード」「ヴェルファイア」トヨタの事例

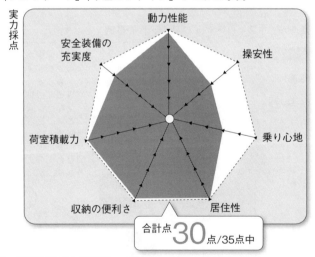

出所:『月刊・自家用車』2015年8月号, p.85。

　競合製品との比較をより詳細に検討する他の方法としては，知覚マップ以外に，スパイダーグラム（クモの巣状図）あるいはレーダー・チャート分析が有

効である。これは比較の軸を10個程度まで取り上げて，それぞれの属性の程度を5から10ポイントスケールの多次元尺度で表現し，ブランドごとの属性の重要度を知ることのできる効果的な方法である。

　ここでは，日本のハイブリッド車の代表ともいえるトヨタのプリウスとホンダのフィットを比較しているが，これを見るとそれほど大きな違いがないといえる。あらためて，両社にとって顧客に何がどのように違うのかというポジショニングの強化が求められている（図表5-5，5-6）。次のチャートは，ミニバンの事例である。ホンダのステップワゴン（中型ミニバン）と，トヨタのアルファード（大型ミニバン：ヴェルファイアはアルファードの兄弟車）を比較しており，顧客がどのような目的や用途で購入を決めるかについて，主要な比較軸が示されている（図表5-7，5-8参照）。

（4）ポジショニング戦略の計画と実行

　ポジショニングとターゲット市場との相互検討を通して，望ましいポジションが決定されると，マーケターは，顧客の心の中に意図した知覚を創造するように，市場に送り届ける製品もしくはブランドについてあらゆる情報を確かなものにするため，プログラムをデザインしなければならない。つまり，顧客に一貫したポジションを伝えられるようにマーケティング・ミックスの構成要素を活用しそれぞれを調整することが必要となる。製品差別化は，ライバルが真似できない顧客ベネフィットを提供するため特別の価値を訴求する努力が求められる。プロモーションの差別化は，広告から生み出されるユニークな価値を感じさせるイメージ，それに販売員によって提供される優れたサービスから創造される。特に，プロモーショナル・キャンペーンはポジショニング戦略の中心であり，プロモーショナル・メッセージは顧客に適切に伝えられることが重要である。流通チャネルの差別化は，顧客のために便利な購買状況を提供することで実現される。価格の差別化は，製品の特性や価格が望まれたポジションと一貫性があること，低コストの実現やカスタマイズすることでの希少価値と結合することで顧客に納得のできる価格選択を生み出すことで達成される。これらのマーケティング手段のミックスは統一性，一貫性それに信頼性が決め手となる。

（5）ポジションをモニターする

　マーケターは活動する環境が時間的経過でどのように変わっていくのかを観察していく必要がある。製品やブランドでは意図したポジションが実際に達成されることを確認しておくことが重要である。実際のポジションは継続してモニターされるべきであり，また何らかの調整が必要であればマーケティング・プログラムの変更を通して行われる。

　これまで述べてきたように，ポジショニングには明瞭性，統一性，一貫性および信頼性が重視されるべきである。このことで顧客の心に強く残る継続的な力が生まれ，競合との差別的優位性が明確になる。しかし，市場は時間と共に変化するのも常であり，明瞭性，統一性，一貫性それに信頼性を実現するためのポジショニング戦略は常に市場からのフィードバックを必要としている。

　もし，顧客ニーズや競争環境の変化によって，十分な業績が得られない場合は，ポジショニングの見直し（repositioning）が必要である。見直しは，ターゲット顧客や差別的優位性の変更の両方が考えられる。ポジショニングの見直しには，以下の4つの戦略のオプションが存在している。

① 製品浸透強化のリポジショニング：製品やターゲット市場は同じままで，製品の市場浸透を強化する方法である。使用頻度を増やすために，新用途の開拓やプレミアムなどのプロモーション・キャンペーンが採用される。
② 製品変更のリポジショニング：ターゲットは同じままで，製品を変更する方法である。IBMは，ビジネス向けの顧客は同じまま，コンピュータの製造からソフトウェアの供給に変更し，PC事業はレノボに売却した。

図表5-9　リポジショニング戦略

		製品	
		既存	新規
ターゲットマーケット	既存	製品浸透強化のリポジショニング	製品変更のリポジショニング
	新規	新規ターゲット市場でのリポジショニング	新規製品・新規ターゲットでのリポジショニング

出所：Jobber, David（2010）*Priciples and Practices of Marketing, Sixth Edition*, McGraw-Hill, p.289 を修正して作成。

③ 新規ターゲット市場でのリポジショニング：同じ製品でも異なった市場セグメントをターゲットにして提供する方法である。医薬品のケースで，医師向けの医薬品をOTC（over-the-counter）として一般家庭向けにドラッグストアで販売することがそれに該当する。
④ 新規製品・新規ターゲットでのリポジショニング：製品とターゲット市場の両方を変更する方法である。これまで対象としていない新しい市場をターゲットに，これまでにない新しい製品を開発することで新規参入を行う例である。富士フイルムは，フィルムの主原料であるコラーゲン，写真プリントの色褪せ防止に役立つ抗酸化技術をいかして，2006年に化粧品市場に参入した。当初は化粧品の販売ルートを持たなかったため通販からスタートし，のちに松田聖子などを起用したCMによるアンチエイジング（抗加齢）機能の訴求を行い，アンチエイジング意識の高いターゲット市場に注目されるようになった。江崎グリコの場合も，グリコーゲンについての研究成果を活用して，同じく化粧品市場で乾燥肌などで悩む50代前後の女性を中心としたターゲットにアピールしている。

3 ▶ 競争戦略による対応

　マーケティングは，顧客ニーズへの対応が重要課題といわれるが，顧客だけに関心を集中していれば成功するわけではない。市場の構成要素のもう1つの側面は供給サイドの変数であるが，この供給サイドには競争の関係が発生しているのが一般的である。競合の戦略によって自社の行動が制約を受ける傾向は年々高まっており，ライバルを特定し，それに対する対抗戦略をタイミングよく展開するうえで，競争関係のポジショニングの検討が重要となる。
　しかし，ポジショニング戦略は，競争戦略全体の枠組みの中では競争を有利に進める1つの断面にすぎないことも事実である。競争戦略が有効であるためには，ポジショニングと他の要因を総合的に評価して戦略を考え，行動に移すことが重要となる。
　これまで，経営学の競争戦略論では，ある企業の業績を左右する要因のどれかに注目して論理を組み立てるという方法がとられ，その主要な要因に基づいて

いくつかのアプローチが展開されてきた。その主なアプローチとは，①企業の外にある構造的な障壁に注目するポジショニング・アプローチ，②企業の内にある資源や組織能力に注目するリソースベース・アプローチ，③企業の外にいる他のプレイヤーとの相互作用のプロセスに注目するゲーム・アプローチ，④外部との相互作用を通じて企業の内に知識が蓄積されていくプロセスに注目する学習アプローチなどである。[6]

例えば，複数の企業の業績を調べたら，業績の良い企業は成長環境に置かれ，業績の悪い企業は成熟・衰退環境に置かれていることを発見した場合は，企業の業績は外部環境の影響がその要因であると捉えることで，有利な環境に企業のポジションを変えるといった戦略が可能となる。しかし，同じ成長産業に所属していて，同じ経営方法を採用している2つの企業で業績格差が発生する場合では，ポジショニング戦略での説明では十分でないこともある。それぞれの企業の経営資源や組織能力の違いによる差が要因であるとすると，その違いが特定できれば，業績の優位な企業の組織内部の要因を知ることは，対抗戦略を組み立てることに役立つであろう。

顧客は自社とのワン・トゥ・ワンの関係だけで製品やサービスの選択購入を決定するわけではない。自社を含む複数の提供企業の中から良いと思うものを選択購入する。このことを考えると，顧客が自社の製品やサービスを優先的に選択購入するようになるためには，自社のマーケティング行動とライバル企業のリアクションという相互作用を重視すべきである。時には，ライバルの思惑を見越した戦略やライバルが誤解しやすい戦略を行うことで，ライバル以上に優れた提案を顧客に示し，差別化・追随化の駆け引きを通すことによる戦略の展開がしばしば現実的に有効な方法といえる。

さらには，自社の内部の経営資源に依存するだけではなく，自社以上に専門能力やブランド力のある他企業から学習したり，そうした企業と提携したりすることで，知識の蓄積や経営資源の拡充を実現することで，競争力に結び付けようとする方法もある。

部品メーカーと完成品メーカーとの関係で，部品メーカーがブランド力のある完成品メーカーとの取引実績から，そのブランド力をテコに信頼性の高い企業の実績をつくり出すことができる。とりわけ，OEMやEMSでの部品の生産を受託する企業にとっては，コストや品質の面で実績を確立し，技術的な一定の

評価が生まれると，次第に自社ブランドでデビューすることも可能となる。この場合は，完成品メーカーが，部品メーカーにとってはリード・ユーザーという役割を果たしていることになる。その一方で，優れた技術力を有する部品メーカーと取引を継続することで，完成品メーカーは質の良いものづくりの実績を積み上げることができ，部品メーカーが完成品メーカーにとって品質向上や製品開発面での有益なヒントを与えたり，技術指導を行うキー・アドバイザーとしての役割を果たしたりすることになる。双方の企業が，品質や提供の仕組みづくりについて，相互学習を通してお互いに成果を高め合うことができる点では，こうした相互作用も戦略的に大きな力になることが多い。

　実際に企業の戦略を考えたり，実行したりする場合には，これらの4つのアプローチは状況によって組み合わせて利用される。

　マーケティングでは，議論をわかりやすくするため，自社のポジショニングは，顧客と競合との関係に依存しており，自社の経営資源および獲得している市場シェアの2つの軸を利用してポジショニング戦略を検討することが一般的に行われてきた。特に，マーケティングで注目してきたのは，自社の市場のポジションの明確化とそれに対応した戦略である。例えば，最大の市場シェアを保有する企業のポジションをマーケットにおけるリーダー，2番目に大きなシェアを有し，やがてはリーダーを目指す企業をチャレンジャー，さらにリーダーの戦略を模倣しリーダーにとってあまり魅力的でない市場セグメントを拾っていく企業をフォロワー，さらに特殊な技術やユニークなサービスを開発することで，まだ規模が小さく，限定された市場をターゲットに展開する企業をニッチャーとして位置付け，それぞれのポジションにふさわしい適応戦略をデザインしようとするポジショニング戦略の分類方法が利用されてきた。[8]

　リーダーは，市場シェアが最大で経営資源も最大というポジションにあり，市場と技術の両面でブランド・品質・信頼による優位性を確立している。自社で立ち上げたビジネスモデルが業界標準なっている場合は，市場拡大の恩恵を最も多く受ける立場にあり，市場が縮小してもすぐには影響を受けず，むしろ拡大の恩恵を受け続ける。リーダーの戦略目標は，市場規模の拡大とシェアトップの維持である。そのため，一方ではいっそうの市場浸透をはかるための使用率の向上，新用途開拓，それに新規ターゲットの開拓などがポイントとなる。他方，シェア維持には，ライバルからの追い上げ，特にチャレンジャーに対す

る有効な対抗戦略として，ライバルが打ち出す新たな製品，価格設定やビジネスモデルを早い時期から無効にするようなマーケティング展開がポイントとなる。例えば，リーダーは，チャレンジャーやフォロワーが仕掛ける低価格競争でも，総合力をベースに利益の上がる他の商品の利益を活用して，徹底的な低価格で対抗することも可能である。しかしながら，多くは自らのビジネスモデルを安売り競争で疲弊させるような轍を踏むことはまれであり，むしろリーダーのブランドの信頼性に働きかける展開が採用される傾向にある。

チャレンジャーは，市場シェアと経営資源の２つの軸でみると，トップブランドを有するリーダーと互角か，それより若干劣る位置に置かれている。リーダーに挑戦できる潜在力を持つ２番手企業，３番手企業はリーダーのシェアを切り崩して，トップに躍り出ようとシェア拡大を狙っている。その主たる戦略目標は，リーダーのシェアに追いつき追い越すことであり，そのためには２つの方向が考えられる。１つは，リーダーとの直接対決によるシェアの拡大，もう１つはリーダー以外からのシェアの奪取である。前者はリーダーからの反撃に耐えられるパワーとリーダーのビジネスモデルを転換させられるコストや利便性の面での強さが問われる。ここでの最大の狙いは，リーダーとは異なった自社の強みが発揮できるビジネスモデルを提案することで，リーダーとの競争の土俵を切り替える戦略である。もう１つの方向は，リーダーへの直接的攻撃を避けながら，他のライバルからのシェアを奪取して，自社のシェアを増大させる方法である。両者に共通する点は差別化であり，ライバルといかに違った価値を確立し，提供するかがポイントとなる。

フォロワーは，市場シェアと経営資源の面で，リーダーに対抗してシェアを奪取するとか，オリジナルなモデルで勝負するという進み方よりも，リーダーとの徹底した同質化戦略の追求が特徴といえる。その戦略目標は，リーダーの製品戦略を模倣し，開発やプロモーションのコストをかけずに比較的短期間で利益を確保しようとすることである。一般的には，後発企業としてリーダーの製品の特徴やビジネスモデルを模倣し，リーダーよりもワンランク下の品質や価格で提供し，低価格を好む顧客の支持を得ることで，スケールメリットを確保しようとする。しかし，競争環境が激化し市場が不安定化すると，これまでのフォロワーとしての戦略には限界が生じる。またリーダーによっては，フォロワー対策として，価格や品質の面で多様な選択肢を用意することで，フォロワ

ーの低価格製品のポジションを無効にしようとする傾向がある。そのため，模倣からの差別化を追求することも重要となり，リーダーの手が届きにくいところでのユニークさや差別性の実現によって，強烈な報復を招かないための工夫が求められる。

　ニッチャーは，市場シェアと経営資源の面で極めて小さな規模であり，限定された市場需要と特殊な生産や提供技術を特徴として成立している企業である。この企業の狙う市場は，その規模の制約から，大企業が参入できるほど利益も多くない。ニッチ（niche）とは，西洋建築で壁面に飾り物を置く際の壁のくぼみ（壁龕(へきがん)），生態学では生息地域や棲み分け，ビジネスでは市場のすきまを意味している。この戦略目標はユニークな価値創造であり，そのために市場や経営資源の集中が基本となる。大規模市場でフォロワーになる代わりに，ニッチマーケットでリーダーになる道筋を示唆している。規模の利益の小さい市場分野をターゲットとすることで，大企業との競争を回避することも考えられる。

　ニッチャーの戦略には，3つの取り組みが想定できる。すなわち，①特定顧客集中化戦略：自社の強みを発揮できる市場を特定顧客に限定し，そこに資源を集中する戦略（例えば，病院向け・学校向け・事務所向けなど），②特定技術集中化戦略：自社の強みを発揮できる特殊技術のいかせる分野に限定して，そこに資源を集中する戦略（例えば，小型モーター・極小ねじ・食品放射能測定など）。

　そして，③これら2つの統合的な戦略で，特定の顧客のために，特殊な技術や資源を適用して，他に追随を許さないユニークな製品やサービスを提供する戦略がある（例えば，介護施設に介護用食器を製造・提供するなど）。かつてヤマト運輸の宅急便は，当初公共サービス組織（郵便局や国鉄：現JR）や大手企業（日通や西濃運輸）といった当時のリーダーがそれほど重視していなかった家庭や企業からの小口荷物の宅配を焦点に，ニッチャーとしてスタートし，物流システムの全国展開を実現するにつれて，翌日配達が浸透し，やがてチャレンジャーからリーダーに成長してきた。またアマゾンの場合は，書籍のネット通販というニッチな市場からスタートして，現在では有店舗の書店業界の売上を凌駕する規模に発展し，書籍以外の様々な商品を取り扱い，総合的なネット通販ビジネスやインターネットモールを展開する大企業へと発展してきた。

■ 演習問題&討論テーマ

(1) 特定の製品やサービスのカテゴリーから関心のある複数の企業やブランドを選び,それぞれのポジションを評価するうえでどのような要素が特徴になっているか考えてみよう。
(2) 成功しているブランド,あるいは人気のあるブランドを取り上げ,そのブランドのポジショニング・マップをつくってみよう。
(3) あまりうまくいっていないと思われるブランドを探し出して,そのポジショニング・マップをつくって,問題点の発見や改善策を考えてみよう。

●注

1) Fahy, Jhon, and David Jobber (2015) *Foundations of Marketing*, McGraw-Hill, pp.131-134.
2) Ries, Al, and Jack Trout (2001) *Positioning : The Battle for Your Mind*, McGraw-Hill.（川上純子訳『ポジショニング戦略 新版』海と月社,2010年,pp.10-18)
   Jobber, David (2010) *Principles and Practices of Marketing, Sixth Edition*, McGraw-Hill, p.285.
3) Schewe, Charles D. and Alexander Hiam (1998) *The Portable MBA in Marketing, Second Edition*, Wiley, p.222.
4) 石井淳蔵・廣田章光編著 (2012)『1からのマーケティング 第3版』碩学舎,pp.47-48。
5) Mazur, Laura, and Louella Miles (2007) *Conversations With Marketing Masters,* John Wiley & Sons.（木村達也監訳『マーケティングをつくった人々』東洋経済新報社,2008年,pp.172-173)
6) 沼上幹 (2009)『経営戦略の思考法』日本経済新聞社。
7) 田口冬樹 (2016)『流通イノベーションへの挑戦』白桃書房,第6章。
   田口冬樹 (2011)「OEM戦略の研究:その役割と問題点」専修大学経営研究所『専修マネジメント・ジャーナル』白桃書房,Vol.1, No.1 & 2, pp.65-78。
8) 以下の展開は,フィリップ・コトラー,ゲイリー・アームストロング,恩藏直人 (2014)『コトラー,アームストロング,恩藏のマーケティング原理』丸善出版,pp.70-80を参考にしている。

第6章
消費者行動とソーシャルメディア

> **キーワード**
> - 購買意思決定プロセス　・代理購買
> - 認知不協和　・AISAS(アイサス)モデル・SIPS(シップス)モデル
> - 顧客関係管理（CRM: customer relationship management）

　日本の消費市場は，少子高齢化と人口減少の進行を背景に成熟しつつある。モノの豊富な社会で消費者が次に何を欲しがり，どのように手に入れようとするかを予測するのが難しくなっている。一方で，新興国では中間層の拡大やBOP（ベース［ボトム］・オブ・ピラミッド）市場の所得機会の増加といった形で消費市場の成長期待が高まっている。ここでは，消費市場を構成する消費者に焦点を当て，消費者とはどのような特徴を持っているのか，消費者行動とはどのようなことを対象にするのか，消費者はどのような意思決定のプロセスを経て購買するのか，さらには消費者行動に影響する要因について検討する。消費者自身でさえも，自分の購買行動にどのような要因や条件が影響を与えているのか十分理解していないことが多い。企業のマーケターにとっても，消費者の購買意思決定プロセスを的確に理解することで，効果的なマーケティングを展開し，ミスマッチを回避して的確にニーズに応えることによって顧客満足を実現できるようになる。

1 ▶ 消費者の特徴

　消費者とはどのような特徴を有するのかという基本的な問いについて考えてみよう。まず，消費の目的から捉えると，最終消費を目的に購入や使用を行う存在を最終消費者（final consumer）と定義するとことができ，個人や家庭が該当する。これに対して，消費という意味が，原材料，部品，それに機械設備のような資本財などの購入や利用を通して再生産を目的としたり，他の事業者や家庭への販売を目的としたりする購入の場合，これは最終消費ではなく，企業，行政組織およびNPO（非営利組織）などによる組織的購買や産業用使用を指している。この商品カテゴリーはすでに第１章で述べたように，ビジネス財と捉えられている。この場合，事業遂行を目的としたビジネス市場での活動主体として，一般にBtoB（business to business）やBtoG（business to government）と表現され，消費市場でのBtoC（business to consumer）やCtoC（consumer to consumer）とは区分され，マーケティングの展開においても異なった対応が行われることが多い。消費者（consumer）と顧客（customer）という表現も，日常的にはそれほど区分されずに利用されているが，厳密には消費者に関して消費という行為を強調する場合には，最終消費者を意味することが多く，顧客は購入者や利用者のすべてを含む用語であり，最終消費者のみならず，ビジネス購買者やユーザー（利用者），クライアント（依頼人）を含む包括的な概念といえる。

2 ▶ 消費者の対象と範囲

　消費者行動は，マーケティング活動のすべての出発点であり，終点であるという意味で特に重視されている。それでは，その行動の中身は何を指しているのだろうか。実は，消費者行動の内容は以下のように複数の次元から構成されており，その関心や分析の目的によって個々の考察が可能であるが，大切なことはこれらの全体像を踏まえて評価・判断することである。
　ここでは，消費者行動を４つのステージから明らかにしている[1]。

図表6-1 消費者行動の範囲

消費行動 (consuming behavior)	消費と貯蓄の配分・消費支出の費目別配分の決定。
買物行動 (shopping behavior)	買物場所の選択・店舗（無店舗を含む）の決定。
購買行動 (purchasing behavior)	製品カテゴリー決定・ブランド選択・数量・頻度決定。
購買後行動 (post-purchasing behavior)	使用・消費・廃棄・リサイクルの選択。

出所：杉本徹雄編著（2012）『新・消費者理解のための心理学』福村出版，青木幸弘（2010）『消費者行動の知識』日本経済新聞出版社より。

　まず，消費者行動を消費行動（consuming behavior）として経済的側面に注目して理解しようとするアプローチがある。消費行動と消費者行動は論者によって同じように使用されておりそれほど厳密には使い分けられているわけではない。あえて，区分するなら消費行動は消費動向を示すマクロ概念であり，消費者行動は個別主体的なミクロ概念として利用される傾向を持つ。消費行動は，消費と貯蓄の配分（消費性向・貯蓄性向），消費支出の配分（費目別家計支出配分）が主たる関心事となる。この次元は，マクロレベルでの家計調査（消費支出），経済全体の景気や消費需要の動向からも問題にされることが多い。近年では，社会的に税金の負担が増えることで国民の可処分所得（disposable income）が減少傾向にあり，国内需要の縮小に拍車をかけていることが問題となっている。さらに，ミクロレベルの消費者行動についても，限られた可処分所得から食費，光熱費，家賃，あるいは住宅ローンなど強制的に支出に向けられた後の残りの所得（裁量所得：discretionary income）の支出額では，消費者の財布をめぐる企業間での激しい顧客獲得競争が繰り広げられる。

　買物行動は，消費者がある商品やブランドをどの場所から購入するかを選択・決定することである。この場合は，有店舗かネット通販を含む無店舗かの選択，購買場所にアクセスするまでの距離，時間，手間，それにコストが問題となる。消費者にとって，どの場所から購入するか（小売店舗の選択）は，業種や業態のレベルでの利便性やコストなどが判断材料に利用される。近年のワンストップ・ショッピングやまとめ買い，コンパリゾン・ショッピング，それに深夜の買物といったニーズの高まりは小売業における買物場所をめぐる競争をいっそ

う活発にし，異業態間競争を加速している。

　購買行動は，これまで消費者行動の中心を占めてきた。特に，消費者はなぜある特定の商品やサービスに関心を持ち，どのようなプロセスを経て購入するのかといった疑問を明らかにしようとして，多くの企業やマーケターそれにマーケティング研究者の関心を集めてきた。中でも，消費者がどのようなメカニズムで購買を決定しているかをめぐっては，様々な解釈が行われてきた。さらには，商品としてよりもブランドとして選択する消費者に注目し，ブランドは消費者にどのような役割を果たしているのか，なぜ消費者は特定のブランドにこだわるのか，ブランドをエクイティ（資産）として継続的に経営活動に活用するためのマネジメントのあり方をめぐって多くの調査研究が投入されてきた。そこで，この局面ではブランド・ロイヤルティの構築や維持を行うためのマーケティング戦略が大きな焦点となっている。

　購買後行動とは，消費者が商品を購入し，使用・消費・処分するまでのプロセスを対象としている。これまで多くの企業や消費者行動研究の関心は，購買に至るプロセスには向けられるものの，購買後の消費者に関心を向けることは少なかったといえる。しかし，近年の消費者行動は，むしろ購買後の行動から全体の評価をするように変化してきている。環境・資源問題や人々の健康と安全性を重視する消費者ニーズの高まりは，使用や処分という購買後の局面から，消費者行動のありかたを規定するようになってきている。インターネット上のブログで様々に発信される使用に関する評価やつぶやきは，他の消費者の購買行動に大きな影響力を与えるようになっており，従来のような特定のブランドに対する消費者個人のロイヤルティからの購買意思決定にとどまらない変化を示している。また，購買行動で特定の商品の実売価格が低価格であり，確かにその段階で安く買えたとしても，消費者にとって本当に安い買物だったかどうかは，購買後の使用のための維持コストと廃棄・リサイクル処分のためのコストまでを含め，その商品のトータルな費用対効果が他の商品の場合と比較評価して安いといえるかどうかを考慮する必要があり，消費者行動が購買行動までのコスト（交通費や移動時間など含めた購入総費用）にとどまらないという点にも注目すべきである。[2)]

3 ▶ 消費者とは誰か

　一口に消費者といっても，実は多様な主体が存在している。消費者という場合，マーケターは誰に働きかければよいのか，購買に影響力を発揮するキーパーソンを明確にしたマーケティングが重要である。消費者のそれぞれの役割を明確にできれば，短期的なピンポイントでの働きかけや長期的な企業やブランドのイメージの育成にも効果的である。

　例えば玩具の市場には，様々な役割を持った主体が存在する。ある家庭で玩具を使って楽しむのは子どもであるが，その玩具を子どもの誕生日や子どもの日にプレゼントしようと発案するのは，孫を思う祖父母かもしれない。敬老の日になぜか小学生のための新入学用のランドセルのテレビのコマーシャルが多く流されるのは，決して偶然ではなく，今述べた関係が働いている。しかし，玩具やランドセルの種類によっては，子どもたちの両親，あるいはその一方の親が反対したり，賛成したりする場合もあるだろうし，母親が子どもの代わりに店を訪れて購買するかもしれない。この場合，母親が子どもの代理購買を行っており，孫へのプレゼントの資金源は祖父母であっても，この場合代わりに購買する関係が形成されている。同時に，その際，どの玩具が子どもの知能の発達に有効かがテレビのコマーシャルや番組で取り上げられ，そこに知育玩具の専門家や評論家が解説し，特定の商品やサービスを推奨することが母親に影響している場合には，こうした関係も無視できない。

　マーケティングでは，これらの役割の担当者を明確にしておくことが戦略的

図表6-2　玩具のケース：乳幼児・子ども用品の代理購買

主体	例	思考と行動
提唱者	祖父母	「孫の誕生日には，プラモデルを買ってあげてはどうか。」
購買決定者	父親	「（おじいちゃん，おばあちゃんの提案）それは良い考えだ。ぜひ買ってあげることにしよう。」
購買実行者	母親	「（代理購買として）私が仕事の帰りにデパートで買っておくわ。」
使用者	子ども	「とても楽しみ，早く組み立てて遊びたい。」
影響者	テレビ広告，有識者など	「プラモデルは子どもの創造性をはぐくむ効果があり…」

観点から重要である。それぞれの役割に合わせたマーケティングの働きかけが求められる。このケースでは，子どもの関心を引きそうなテレビアニメのスポンサーとなって子どもの商品に対する認知を高めるだけでなく，親に対し商品の有効性を訴求したり，子どもの誕生日や子どもの日にどのようなプレゼントが孫に喜ばれるかについて祖父母へメニュー提案を行ったりすることが求められる。また，影響者に対する取り組みとしては，実際の玩具の情報や現物の提供を通して商品の有効性や価値のお墨付きを発信してもらう，パブリシティを促す働きかけも重要であろう。さらには，企業が子どもたちの音楽やスポーツなどの活動のスポンサーになって，様々な支援活動を行う働きかけも，長期的には子どもたちにとって企業の認知やブランドの存在を意識させ，購買時に親に「せがむ効果（pester power）」となって影響力を形成する発信源といえる。商品によっては，食品や家庭用品の購買決定には妻の発言権が強く働く傾向があり，夫の下着の購買決定まで主導権を握って代理購買が行われていることが多く見られる。それに対して自動車や電子機器類では，実際に商品を使用することが多いと考えられる夫の方に主導権が発揮されやすい傾向がある。

　また，国によって購買者と影響者の関係が大きく異なっていることも，グローバルなマーケティングを展開する際に考慮すべきポイントとなっている。例えば，中国では家族の概念が日本よりもはるかに広く構成されており，家族用の製品の購入に際しては，夫や妻，それに子どもに限定されず，祖父母といった拡張された家族，さらには遠く離れた親戚さえも家族という認識が強く働くために，購買決定にそれぞれの影響力を見極めることが重要といわれる。[3]

　ビジネス財の組織購買のケースでも，この点は重要である。ある部品の購買がこれまでは購買部の窓口で決定されていても，次第に商品のデザインを重視する動向が増加しており，部品の選択や購買をデザイン部や開発部の意見によって決定するようになった場合には，部品の営業担当者は，そうした動きを踏まえて，むしろデザインや開発の担当者に働きかける方が効果的ということになる。通常，企業における購買では決定に影響を与える人間の数が多く，重要な製品の購買には技術面の専門家だけでなく，経営幹部まで参加した購買委員会が組織されるため，この複数の購買影響者の関係やキー・パーソンを考慮に入れた働きかけが重要といえる。

4 ▶ 消費者の購買意思決定プロセス

　消費者行動は消費者によって様々に異なるだけでなく，同じ消費者においても状況によって異なり，いつも同じとは限らない。それでは，消費者はそもそもなぜ商品を購入するのだろうか。消費者は特定の商品をどのようにして選択し，購入するのだろうか。消費者は商品を購入した後にどのような心理や行動を起こすのだろうか。マーケティングは消費者に満足を提供するというミッションを有しているが，どのようにしたら満足を実現できるのだろうか。マーケターは，消費者が特定の商品やサービスを選択したり購入したりすることを，消費者が直面する問題解決プロセスと捉えることが重要となる。マーケターは，消費者がなぜその商品やサービスを買うのか，その意味を理解する必要がある。ここでは，消費者の購買意思決定プロセスを5つの段階に分けて考察することで，行動の全体像を明らかにしておきたい。[4]

(1) 問題（ニーズ）の認識

　購買意思決定プロセスの最初のステップは問題の認識であり，消費者がニーズを自覚することである。ニーズという問題の自覚は，消費者にとって理想の状態と現実のギャップを見出すことから始まる。家にプリンターのインクカートリッジやティッシュペーパーがないということから，広い住宅や気ままに出掛けられる海外旅行の購入に至る様々なニーズの認識は，このギャップを充足する行為のスタートといえる。問題の発生のタイプにはいくつかの特徴がある。不満や不足といった点での生理的なニーズや在庫切れから，自己実現のための夢や希望の追求など様々な形で問題は出現する。消費者の日常生活の中でいつも食べている米やパンの在庫がなくなれば補充が必要になるだろう。進学や就職，あるいは結婚などといった新たな生活環境に入ることで新規に必要な商品やサービスが発生することからもわかるように，問題の発生とニーズの自覚は様々な状況で生み出され，商品やサービスはそれぞれの問題の解決に利用されるという役割を持っている。この問題認識は漠然とした願望からはっきりとした不満までの広い範囲に及んでいる。消費者は，絶えず自己の心の中にある程度理想的なあるべき姿や品揃え，行為体系を想定し，実際の不均衡を明確にす

るために，置かれた状況を絶えず調べ，足りない項目に優先順位を付ける。ここで注意しておきたいのは，消費者の理想的な品揃えや解決のイメージはア・プリオリ（先天的）なものではなく，企業のマーケティング活動や周囲の人々などによって刺激されることが少なくないことである。

(2) 情報の収集

問題が認識されると，解決のための情報が求められる。情報収集の量，範囲，時間やコストは，問題解決に対するこれまでの消費者の経験，問題の複雑さ，それに重要度や緊急性に依存する。田中（2008）は，消費者の情報収集が図表6-3に示された条件に依存することを指摘している。[5]

すでに購買や使用の経験がある商品やサービスを求めようという場合は，あえてあらためて情報を収集することはまれであろう。内部的な情報収集は，消費者がこれまで蓄積した記憶の中から過去の情報を想起することによってもたらされる。これは主として消費者が過去に商品やサービスを利用してきた経験から引き出される。これに対して外部環境から求められる情報収集がある。外部からの収集は，過去の経験や知識では不十分である場合，もしくは失敗した時のリスクが高い場合に行われる。

これには，個人的情報源（家族，友人，仕事仲間，所属グループのオピニオンリーダーの意見），公的情報源（政府機関，企業とは独立した調査機関からの情報提供や比較テスト，テレビ・新聞・雑誌・ラジオからの新商品・企業につ

図表6-3　情報収集の程度

事前の情報保有度	どの程度専門情報を持っているかで情報探索の量が異なる。
知覚リスク	選択決定が間違っている時にこうむる損害の量。
関与度	購買決定関与と継続的関与（購買が終わっても持ち続ける商品への関心の程度）。
熟知度	過去の経験からその商品についてよく知っている程度。
専門性	消費者がこれを有する場合は情報探索は行われない。
時間的プレッシャー	多忙であれば情報探索を削減するように働く。
ブランド不明確性	ブランドの不確実性が高いほど情報探索が行われる。
機能的性質vs表現的性質	表現的・情緒的な選択によることが多いほど属性情報や特徴情報を求めない傾向がある。

出所：田中洋（2008）『消費者行動論体系』中央経済社，pp.70-71。

いてのパブリシティなど），企業のマーケティング情報源（広告，販売員，プロモーション，店頭でのPOPディスプレイのような狭義の販売促進など）がある。また近年では，インターネット情報源の利用がますます増加しており，商品や価格の比較情報，企業が所有するホームページ，ネット上の広告，さらにはソーシャルメディアでつぶやかれている商品・サービス・企業に対する評価情報やクチコミなどが用いられるケースが多くなっている。消費者の商品やサービスに対する関与度が高いほど，情報検索が積極的で多くの探索が行われやすい。

(3) 代替案の評価

　消費者は収集した情報をもとに学習し，問題解決のための代替案を評価する。問題解決のための情報の獲得や代替的な商品の想起集合（evoked set）から優先順位を決定する。想起集合とは，購買時に検討の対象となる代替案の集まりのことであり，おおむね1つから5つ程度のブランドの集合を意味する。消費者は評価基準を開発するため，記憶に蓄積された情報や外部の情報源から獲得された情報を利用する。消費者は商品によって問題を解決するために一定のベネフィットを求めており，そのベネフィットを提供する商品の属性（product attributes）[6]に注目する。属性には，品質，性能，価格，耐久性，安全性，原産地，成分，ブランド名，保証などの客観的な属性，さらには主観的な属性（好き・嫌い，面白い・つまらない，かわいい・かわいくないなど）も含まれる。

　このような属性を基準にして，消費者は様々な代替案を評価し，かつ比較しようとする。想起集合の中から選択を行う1つの方法は自分の必要とする商品属性を選び出すこと，さらには特定の属性をもたない商品を排除するやり方もある。例えば冷蔵庫の購入選択を考えた場合，価格や各冷蔵・冷凍スペースの大きさと位置，性能だけでなく，デザイン，台所の設置スペースに収まるサイズであるかどうかや年間消費電力，ドアの開閉の向きなど，家庭の事情によって考慮すべき事項は実に多岐にわたる。消費者が単身世帯で，自身で料理をしない場合，考慮する事柄は手に入れやすい価格や設置スペースの小ささが重要となり，むしろ野菜室が個別に付属しているタイプは除外されるだろう。家族の多い消費者ならば，冷蔵・冷凍・製氷など機能の付随した，より容量の大きいものを選択するようになるし，高齢者であれば使いやすい野菜室の位置（食料品を出し入れする際にかがまずに済む真ん中）やタッチするだけで開閉でき

るドアなどの機能を重視するかもしれない。

　このように，消費者は自らが必要とする属性を考慮し，それらに優先順位を付けることで購買する商品の選択を行っているという考え方がある。1つの商品には，通常複数の顕出属性が存在している。これに対して，代替商品や代替ブランドと比較した場合に，異なっていると知覚され，なおかつブランドの購買を決定するような属性は決定要素属性と呼ばれる。マーケターは，消費者に自社商品のブランドのユニークな特徴，ライバルにはない野菜室や製氷室の性能や位置を訴求することで決定要素属性を変化させることができる。[7]

(4) 購買行為と決定

　消費者は，想起集合の中からいくつかの評価基準を利用して代替案を評価した後，この段階で最終的に1つの対象に絞り込む決定を行い，購買をするに至る。この段階には，購入対象自体（商品やサービス，ブランド）に関する決定のみならず，購入場所（店舗選択や無店舗販売の利用），購入方法（支払いや受け取りの方法），購入時期についての決定も含まれている。購買の決定と実際の購買行為の間には時間的なズレが入るような場合もある。購入決定をしてもまだ資金が不足しているとか，家族の反対にあうとか，店頭での店員の対応の不手際，欠品，値上がりなどに直面することで，必ずしも購買行動へと結果しないかもしれない。時には，希望していた商品とは異なった類似品や，より価格の低い商品や高額なものを選ぶことになることも考えられる。

　また，実際の購買では(3)と(4)の段階がオーバーラップしている場合がある。というのは，代替案の評価は有店舗で行い，購入は値段の安いネットで行うというパターンや反対にネットで商品の価格や評判をチェック・比較し，購買は有店舗で価格交渉しながら行うというようなクロスオーバー化が生じているからである。前者はショールーミング，後者はウェブルーミングと呼ばれている。

(5) 購買後の評価

　購買決定プロセスは購買をもって終わるわけではない。消費者は，購買が行われた後にも，購買によって満足したか，不満が残るかを，予期していた状態と現実の状態との違いの大きさで評価し，将来の購買に経験として活用しようとする。購買が期待通りかそれ以上であれば，次の再購買（リピート）を生む

だろう。またそうした商品の購買結果は，関連した商品やサービスの購買に繋がる他，満足度が高ければワンランク上の機種の商品の購買を生む可能性もある。マーケターは，消費者の満足の実現を図ることで，こうしたクロス・セリングやアップ・セリングの展開も視野に入れた対応が求められる。

　反対に，不満はブランド・スイッチや他の購買者への否定的な情報の提供となり，ネット上でのブログやフェイスブックなどへの書き込みから，予想外の広がりで批判の対象となることもある。不満にも様々なタイプがあり，購入した商品やサービスの欠陥，使いにくさなどの消費者の期待とのズレ，商品説明（書）のわかりにくさ，店員の商品知識のなさ，不親切な接客など多様に考えられる。この際マーケターにとって重要なことは，商品やサービスに対する不満を，消費者の誤解や一方的な思い込みによるクレームとして処理するのではなく，期待されたことに応えられなかった商品やサービスの開発課題として，次の開発や提供方法の改善に活用する真摯な姿勢である。消費者からの不満に適切に対応できない場合，商品の不満だけにとどまらず，さらにクレーム対応の不手際による2次的な不満・クレームを誘発することとなる。そうなれば商品や社員，それに企業への不満は一層増大し，不満は不信に変わって，ウイルスの感染のようにソーシャルメディアなどを通して他者への悪影響の伝播や炎上となって拡大する。

　消費者の心理として，満足と不満との間には不安の状態も存在している。果たして購入した商品やサービスは良いものだったのかという葛藤を抱えている心理状態を認知不協和（cognitive dissonance）と呼ぶ。これは，高額な商品や類似した代替案が多数存在する商品，選択に多くの基準が存在して迷いが生じやすい高関与商品の購入において，購買後に自分の購入した商品とは別の商品が優れた存在であることを知る場合に起こりやすい。こうして生じた不協和に対して消費者は，実際に購入した商品に関する有利な広告やクチコミ情報を集めることで自らの購買行動の正しさを補強しようとする。あるいは購買商品以外の優れた商品の情報に触れることを回避しようとする。

　こうした事態を踏まえて，マーケターは購買決定プロセスが購買行為で終わらないことを理解しておく必要がある。購買者へのアフターケア，例えば自社ホームページに購入者の利用満足の声（カスタマーレビュー）などを紹介するコーナーの開設や運営を行うことが考えられる。他にも，フォローアップのため

のメールや手紙，電話などで，競争商品との比較の中で当該製品の優位点を購買者にアピールしたり，保証やアフターサービスの実施をしたりするなど，消費者にその商品の購入の正しさを裏づける信念や安心感を与え，満足実現のための働きかけが大切である。消費者の不安を満足に変えるか，不満に転換させるかは認知不協和に対するマーケティング活動にかかっているといっても過言ではない。

5 ▶ 消費者の意思決定のタイプと関与概念

　消費者が購買行為を行う場合には，こうした決定プロセスを踏まえていると見ることもできるが，人によってはこのプロセスを無意識に行っていたり，かならずしもこの順序どおりに進むわけではない。そこで以下では，消費者が問題に対する関心や経験からどの程度情報収集に積極的であるかを3つのレベルで捉えておこう。[8]

(1) 習慣的問題解決 (habitual or routinized problem-solving)

　消費者の日常的な使用のために高い頻度で購買される商品やサービスの場合，その意思決定は習慣的な形で処理され，先に述べた購買意思決定プロセスを段階的に踏んで購買行動が行われるわけではない。すでに特定の商品に対する購買決定を経験・学習して何度かの購買や使用の知識を持っているとか，リスクがそれほど高くない（購買単価が低い）購買である場合は，いくつかの段階をスキップする。いつも購入している商品に満足している限り，その購買に際しては，あらためて情報収集や代替案の評価を行う段階は省略され，購買に時間をかけない。こうした購買意思決定の特徴は低関与（low-involvement）商品に見られ，毎日の新聞や牛乳，あるいは缶コーヒーなどのように馴染みの対象を選ぶことが多い。

　関与（involvement）とは，興味や関心の程度を意味し，ここではこだわりの程度を意味している。そのため消費者がある商品カテゴリーや特定商品に高い関与を持つ場合，購入に際してはそれだけ慎重になり，調査，検討それに決定にかける努力と時間が多くなりがちである。これに対して，低関与商品は習

慣的な購買行動になりやすく，いつも購入しているブランドに満足している限り，それを選び続ける傾向がある。そのため広告は消費者の心の中にそのブランド名を維持させ，強化させるのに効果的な活動といえる。

(2) 限定的問題解決 (limited problem-solving)

　消費者が商品に対して部分的無知の状態に置かれている場合である。多くの消費者はこの状態にあるといえる。例えば，電気掃除機については知識があっても，新製品として発売されるロボットタイプとなると，十分な知識や使い勝手がわからない場合，消費者はどのブランドを選ぶか決定するまでに，個人の内部的な掃除機の使用経験だけではなく，外部的な情報源からそれぞれの機能やコストパフォーマンスなどを調べる必要があるだろう。新製品についての不足している情報を補うためには，外部からの一定の情報収集の努力と時間の投入が求められる。マーケターにとっては，こうした情報提供を効果的に行うことで，新製品への買い替えやブランド・スイッチを刺激するチャンスとなる。

(3) 広範囲的問題解決 (extensive problem-solving)

　消費者が，商品カテゴリーにおいても，個々のブランドについても，まったく無知の状態に置かれている場合である。この問題解決が行われるには，3つの条件が必要となる。すなわち代替案が多く存在しそれぞれ差別化されていること，評価するために利用できる時間が十分に存在すること，購買に高い関与が伴っていることである。[9]

　具体的には，今までの市場にはないまったくの新製品，あるいは自動車，住宅，墓地・墓石，結婚式場の選択のように消費者の購買経験が乏しい商品やサービスで，しかも購買リスクや購買の重要度が高い場合に，このタイプの広範囲な問題解決が求められる。このためには商品カテゴリーについての理解はもとより，複数のブランドの評価，店舗の比較，購買の時期などについて，すでに述べたように外部的情報源を通した情報収集が試みられる。そこには相当の時間やコストが伴うことも多い。消費者は高関与商品ほど徹底した情報収集を試みるといえる。関与の程度は，先にも触れたように一般に消費者の関心やこだわりの程度，購買リスクの程度（価格の高低，資金損失の可能性，社会的評判など），状況（贈り物や自家使用などのTPOに応じて）などに依存している。

図表6-4 消費者の意思決定プロセスと購買関与の水準

		関与水準	
		低関与	高関与
段階	問題意識・ニーズ感覚	少ない	大きい・個人的に重要
	情報収集	限定された収集	本格的収集
	代替案の評価	わずかな代替案	多数の代替案
	購買決定と行動	わずかな基準での評価	多数の基準からの評価
	購買後の行動	限定された評価	メディア調査を含む本格的調査

出所：Jobber, David（2010）*Principles and Practices of Marketing*, McGraw-Hill, p.122 を一部修正して引用。

 この問題解決のタイプに対するマーケターの役割として，印刷媒体による広告，インターネットでの詳細データや共感情報，十分に訓練された販売員からの的確な情報提供を試みることで，広範囲な問題解決に貢献できるアプローチを準備することが重要となる。

6 ▶ ソーシャルメディアによる消費者の購買意思決定プロセスの変化

 インターネットの普及とソーシャルメディアの利用が活発化しており，消費者行動にも新たな変化が生み出されてきている。例えば，消費者が「ネット上のクチコミとして投稿する」ことで別の消費者に影響を与えていく動きが加速している。他の消費者からすると，オンラインの情報を参照でき，さらに消費者同士が情報を共有（シェア）することもできる。そのため多くの人々の中には何かアクションを起こそうとすると，「とりあえず，検索する」というライフスタイルが定着している。企業からの情報よりも，実際の購入者や使用経験者からのクチコミ情報が重視されるようになっている。
 このことにより，従来では得られなかった消費者からの評価がソーシャルメディアを介して他の消費者の購買の意思決定プロセスに大きく影響を及ぼすようになってきた。消費者が商品やサービスを購入する際の情報ルートとして，ク

チコミサイトと呼ばれる価格比較サイト，ユーザーレビューや消費者の声など関連情報のサイトが多く利用されており，実際に使用した人の評価を見て自分の購入の参考にするという意思決定プロセスをたどるようになっていることがわかる。

　消費者の評価が低いものは売れなくなる環境が成立してきている。いかに企業が上手なマーケティング活動を行ったとしても，ネット上に流される消費者の実体験に基づく商品の評価によっては商品が選ばれなくなる可能性が高くなってきた。企業の広告やSEO（search engine optimization），検索連動広告や行動ターゲティング広告などによる企業サイドからの情報だけではなく，ユーザーレビューや消費者の声を参考にする行動に見られるように，消費者からの評価が購買の意思決定過程に大きく影響を及ぼすようになってきた。

（1）ソーシャルメディアの役割と購買意思決定プロセスの変化

　ソーシャルメディアとは，インターネットを通して，不特定多数の人々がフラットでオープンな関係で結び付くことで，自主的にコミュニケーションし合う手段や空間を意味している。ソーシャルメディアには，ブログ，ミニブログとしてのTwitter，SNSとしてのミクシーやFacebook，電子掲示板の2ちゃんねる，価格.comやAmazonカスタマーレビュー，Q＆Aサービスなど様々なタイプが存在し，進化してきている。これらはCGM（consumer generated media：消費者発信型メディア）という略語で表現され，消費者が自ら情報を発信するメディアを指している。特に，近年ではこうしたソーシャルメディアの利用によって，企業と消費者との関係が大きく変化してきた。消費者は，マスメディアが主流の時代には情報の受け手にとどまっていたが，ソーシャルメディアの登場とその利用が進むにつれて，情報の利用からさらに進んで，自ら情報を発信する送り手や相互に情報を共有する能動的な消費者へと変化しつつある。消費者はお互いに繋がることで力を発揮する存在に変身しつつある。

　ソーシャルメディア上で消費者から発信される意見や書き込みは，人々の購買意思決定のために利用される情報源となっており，従来の質問紙調査に見られる情報とは異なっている。こうした情報源はリスニングプラットフォームと呼ばれ，企業もソーシャルメディアによるクチコミを無視できなくなっており，消費者の声に耳を傾けることから消費者との協働やオープン・イノベーション

に取り組む動きまで生まれている。[12]

　伝統的な消費者行動のプロセスとして，消費者がある商品について認知し，購買に至るまでの過程を表現したAIDMA（アイドマ）がある。これは，1920年代に米国の販売・広告の実務書の著作者であったサミュエル・ローランド・ホール（Samuel Roland Hall, 1924）が著作中で示した広告宣伝に関する消費者の心理プロセスの略語である。後に，消費者行動のプロセスを説明する方法として，また販売員が商品販売に至るまでの接客のアプローチとしても利用されてきた。

　「AIDMA」は消費者の各行動を頭文字で表しており，以下のようなステップを踏んで進行すると仮定されている。

　　Attention（注意）──　広告などによって注意を引かれる
　　Interest（関心）──　商品に対する興味を持つ
　　Desire（欲望）──　商品を欲しいと思うようになる
　　Memory（記憶）──　商品やブランドを覚える
　　Action（行動）──　購買行動を起こす

　その後，ネットを通しての購買行動のプロセスモデルをAIDMAに対比されるものとして，日本の広告代理店の電通によりAISAS（アイサス）モデルが提

図表6-5　AIDMAモデルとAISASモデルの比較

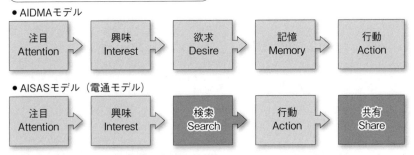

注：両者の違いは，AISASにおいて消費者が購買に至るまでに触れる情報の質やタイミングも様々になっていることを示している。

図表6-6　SIPSモデルの提唱

（ソーシャルメディア時代の消費者行動）
- SIPSモデルの提唱（電通コミュニケーションラボ）

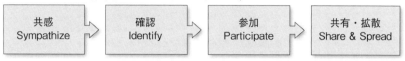

唱された。[13] これによると，ソーシャルメディアを利用する消費者行動は，注目や興味を持ったことで検索を行い，それを踏まえて購買行動へと進むことを特徴としている。さらにAIDMAとは違って購買行動では終わらず，消費者同士が購買や使用の体験に関する情報を共有することで，これまでとは異なった消費者行動プロセスを展開している。この点では，従来の消費者行動に対して新たな研究の枠組みの必要性を提起している。

　AISASモデルにある検索・行動・共有というプロセスの特徴は明らかに，消費者が限定された範囲の情報で行動する存在ではなく，消費者同士の広範囲な相互関係がますます次の消費や購買行動に影響を与えることを示している。従来の地域的に限られた人間関係から口頭で発せられるクチコミではなく，インターネット上のソーシャルメディアから発信されるクチコミが不特定多数の消費者に，時には地球規模で効力を及ぼすこともある。さらにソーシャルメディアをよく利用する人にとっては，友人や知人などから発信された情報や商品に共感を覚え，自分の価値に合っているかを軸に確認したうえで行動を起こすなど参加を行い，さらに他の消費者に共有・拡散をする。これはSIPSモデルとして同じく電通から提起された（図表6-6参照）。この場合，遠隔地に住むソーシャルネットワーク上の見知らぬ他人同士の共感・確認は，トラックバック，ツイートやリツイートによるまったく別の地域の次の消費に対する参加や共有を通して，企業の商品やサービスのあり方にも少なからず影響力を及ぼすまでになっている。SIPSを提起した電通での発案リーダーの佐藤尚之によると，SIPSのみならず，AIDMAやAISASは，ネット時代であっても併存して説明力を発揮するものと捉えている。ネットを利用しない人はAIDMAの行動で説明できるし，ネットを使う人でも日常的に買っている馴染みの商品の場合はいちいち検索して買うこともないのでAIDMAで説明できる。家電や車といった高額商

図表6-7　消費行動モデルの変化・多様性

リアルで（コンビニで3秒で並ぶような商品/ネットを利用しない人）

リアル＋ネット上で（主に高額商品，高機能商品など/ネットも利用する人）

特にソーシャルメディア上で（あらゆる商品で/ソーシャルメディアを利用する人）

商品，生活者の状況によって，この3つが同時に起こる。

出所：佐藤尚之（2011）『明日のコミュニケーション』アスキー新書，p.233。

品や高機能商品の場合はAISASモデルを活用でき，ネットをよく利用する人にとっては友人や知人の勧める商品やお店に共感を覚えて行動する場合にSIPSモデルで説明がしやすくなるという。消費者の置かれた状況に応じて，それぞれのモデルによることで行動が説明しやすくなるという。[14]

　インターネットにレビューが登場したことで，これまでの消費者行動は大きく変化してきたといわれる。消費者は，関心のある商品やサービスについて，最初に行うことはサーチエンジンによる検索であろう。多くの人々の中では何らかの商品やサービスに関心を持った場合には，先に述べたように「とりあえず，検索する」というライフスタイルが定着している。実際の購入者や使用経験者からのクチコミ情報が企業の提供する情報よりも評価されるようになっている。他の消費者からの生々しいレビューを閲覧できるし，他の人とのレビューの比較も容易にできる。自分と感覚の合う消費者が，その商品やサービスにどのような評価を行っているかをかなり詳細に確認することも可能である。こうしたブログやクチコミから話題性が生まれヒット商品になるケースも生まれている。

　消費者にとって関心のある商品やサービスに不確実性やリスクを感じたり，他人の目が気になったりする場合にはクチコミを利用する割合が高い。今やクチコミは知っている者同士の口頭の会話だけではなく，ソーシャルメディアの利

用によって見ず知らずの者が書き込んだネット上のメッセージを指すことが多くなっており，それらの情報の伝播する範囲も格段に広くなっている。

　ブラックウェル，ミニアードおよびエンゲル（Blackwell, Miniard and Engel）それに杉谷は，クチコミが消費者にとって利用される状況として，①消費者が商品について十分な知識を持っていない場合，②消費者がその商品やサービスの良さを判断する知識や能力を持っていない場合，③商品を評価する客観的基準を持っていない場合，④広告のような情報源が信頼できない場合，⑤商品が他者から見えるものである場合を挙げている。[15]

　マスメディアが全盛であった時代は，多くの人から「アテンション」を獲得することが重視されてきた。多くの人から「アテンション」を獲得するにはマスメディアの中でのテレビ広告が最も効果を発揮した。しかし近年では，若者のデジタル志向やスマートフォンへの依存によって，次第にテレビ広告よりもソーシャルメディアからピンポイントの情報を得るように変化しており，「共感」によって行動が生まれることが増えてきたといわれる。[16]

　企業がマスメディアを通して自社の都合でつくり出したブランド・イメージやベストショットの情報を手掛かりに購買を決定させてきた従来のモデルとは明らかに異なった環境での購買消費の姿が形成されつつある。ソーシャルメディアによる消費者への情報活用の特徴として以下の点が指摘できる。[17]

① テレビや新聞といったマスメディアの情報と違って，一方的に流されるわけではなく，膨大な情報が氾濫しており，いつでも必要な情報を必要な時に入手できる。

② 企業やマスメディア主導で送り手にとって都合のよいベストショットの情報提供ではないこと。

③ 消費の対象となるものはすべて消費者のクチコミにさらされる。それらは肯定的な情報だけでなく，否定的な情報はもちろん，やらせ，偽情報，炎上を含むこと。

④ 消費者の関心に応じて，他の消費者のレビュー（体験や観察あるいは意見）など多様な商品情報に即座に触れることができ，自らも発信することができる。

⑤ 消費者同士の情報交換を通して，多くの参加者の情報が集まるほど，消費者コミュニティの集合知としての有効性が高まることが期待できる。たと

え匿名であっても情報の価値や信憑性が経験的に評価できるほど，その集合知は多くの参加者を惹きつける。

こうした点からも，このところマスメディアやCMの影響力が低下してきた背景の一端を知ることができる。その一方で，こうした企業と消費者との関係の変化は，一般消費者を対象としている企業にとっては，強力なクチコミの発信源であるソーシャルメディアをマーケティングにいかに活用するのかが重要な課題となっている。

(2) 3つの主要なマーケティングメディア

リベリヒト（Leberecht, Tim）は，マーケティングメディアのタイプを近年成長しつつあるソーシャルメディアを含めて3つに分類し，相互に連携させることでコミュニケーションの効果が高まることを主張した。[18]

その3つのメディアの特徴を検討してみよう。

① ペイドメディア（paid media）

意味：買うメディア（広告）

役割：「関心をつくる」

特徴：支払いを必要とする広告の出稿により利用できるメディアである。主に，従来から存在するマス4媒体や交通広告・サインボード・タイアップ広告に加えて，ディスプレイ広告や検索連動広告，スポンサーシップを前提としたweb広告といったものが分類される。これまでは，広告宣伝費用を掛けることが顧客の認知・購買効果を高めることに繋がりやすいと考えられてきたが，このところ反応率が低下している。[19]

② オウンドメディア（owned media）

意味：所有するメディア（自社HPやブランドサイトなどの自社メディア）

役割：「理解を促す」

特徴：自社が所有しているメディアのことで，企業自身のwebサイト，モバイルサイト，メールマガジンといった自社で管理・運営するメディアであり，リアルなメディアとしては商品パッケージや自社従業員や店頭のPOPなども含めて考えることができる。メリットは比較的コントロールしやすいという点であるが，問題は消費者の信頼を得るのには時間がかかること

である。しかし，消費者との直接的なコミュニケーションメディアとして大きな可能性を有しており，長期的には顧客との緊密なコミュニケーションの場を創る有効な方法を提供している。

③　アーンドメディア（earned media）
　意味：獲得するメディア（ソーシャルメディア）
　役割：「生の声や共感を得る」
　特徴：このメディアは，顧客に直接聞くことのできない，あるいは聞いても本音が出にくい潜在ニーズを吸収することが可能なメディアであるといえる。消費者が発信する商品やサービス，企業の評判や信用などに関する肯定的あるいは否定的な情報を内容としている。従来のクチコミと違い，消費者は相互に会ったこともない状態で，必要ならこのクチコミ情報を共有し，お互いに影響を与え合う関係となることができる。企業にとってソーシャルメディアはコントロールすることができない。しかし，ソーシャルメディアの影響力や将来の可能性を考慮すると，企業にとってソーシャルメディアの情報に対する本質の理解とその活用に積極的に取り組む価値は大きい。特に，消費者の評価や評判を示すソーシャルメディアを活用して，広告メディアや自社メディアに連動させ，ブランドの認知拡大やファンの育成を促進するマーケティングの展開はますます重要となっている。

　このように，それぞれのメディアは長所と短所を補完している。広告メディアで広く認知させ，自社メディアで理解・販促をはかり，ソーシャルメディアで拡散・ファン化させる，という基本的な役割分担を構想することもできる。従来のように一方的にカタログ的な情報を発するのではなく，ペイドメディアで醸成した空気感を踏まえたうえで，アーンドメディアから得た体感情報，ファン育成へ向けた継続的なコミュニケーション，購買欲求を後押しするユーザー・エクスペリエンス（顧客経験）等，生活者のニーズに沿ったコンテンツの提供が求められている。[20]

　最近では，ソーシャルメディアの情報をオウンドメディアに取り込む動きも見られる。企業が自社のウェブサイトにソーシャルメディアを開設し，ファンコミュニティを形成する方法や自社サイトに顧客関係管理（CRM：coustomer relationship management）の一環としてサイトを運営する方法などで，消費者

との関係を緊密にしようとする試みも行われるようになった。これらは「スポンサード・ソーシャルメディア」あるいは「企業コミュニティ」と呼ばれる新しいタイプのマーケティング手法として注目されている。[21]

　さらに今後はデジタルメディアにとどまらず，これまで既存のインターネット通販，店舗，販売員，消費者相談窓口やカスタマーセンターなどで担っていた生活者とのコミュニケーションやマーケット情報収集も含め，消費者理解や消費者起点を意識した中長期的な関係構築のためのコミュニケーションのデザインが，企業ブランディングに大きな影響を与えると考えられる。特にオムニチャネルが展開されるようになると，こうした各メディアの連動や統合が重要となっていくことが予想される。

　ソーシャルメディア利用の広がりは，企業にとってのマーケティングの目標とそこに到達するまでの消費者とのコミュニケーションのストーリーの中で，どのメディアをどこでどのように使用すれば目標を達成でき，最大の効果を発揮できるかを考慮することの必要性を示している。このことからも，これらメディアの特徴を踏まえ，メッセージの質の変化を消費者の検索・行動・共有あるいは共感・確認・参加・共有・拡散と関連づけて理解し，クロスメディアというメディア間の連携での相乗効果を高めながら，消費者への適切なアプローチを開発することが求められている。[22]

　このところ，ビッグデータという用語がよく使用されるようになっている。IoT（Internet of Things：モノのインターネットとも訳されており，あらゆるものがネットに繋がっている状態）から発信されるデータ，消費者のつぶやきなど消費者のソーシャルメディアからの発信情報，POSデータ，TV放送・広告，気象に関するデータ，交通データ，医療データなど様々なデータのデジタル発信が可能となっており，それらの活用が容易な環境が形成されてきている。マーケターにとって，そうした情報の選別能力と活用能力が求められている。そして重要なことは，たくさんの情報を集めることが目的ではなく，その情報は消費者のどの部分を捉えることができるのかを常に問いながら，消費者の生活に貢献できる条件を発見し，いっそうの消費者行動理解を深めるための努力が求められている。

7 ▶ 顧客関係管理
（CRM：customer relationship management）

　CRMとは，顧客をよく理解することで優良顧客を選別・育成し，顧客と企業との良好な関係を構築し，それを長期にわたって維持していくことで，顧客の生涯価値（LTV：lifetime value）を最大化しようという考え方や手法のことである。LTVとは，顧客が生涯にわたって企業にもたらす利益のことであり，企業やブランドに高いロイヤルティを持つ顧客ほどLTVは高くなるといえる。ここで重要なことは，CRMはなぜ必要なのか，ということへの答えを明確に持つことである。

　CRMは，顧客を大切に扱いたいという考え方が基本にあることはいうまでもない。顧客を大切にする経営は何もCRMなどといわなくても，多くの老舗企業が長い経験の中で顧客との緊密な関係をもとに実践してきたことである。あえてCRMというためには，ICTの進歩を積極的に活用しながら，たくさんの顧客の中から自社が最も重視したい顧客を選別・育成するために，どのような顧客をターゲットにしどのように育成するかという企業の顧客戦略の方針をしっかりと持つ必要がある。これまで，企業によってはCRMというシステムを導入することが目的になって，ポイントの発行と販売促進に終始しているケースが多く見受けられ，肝心なCRMによって優良顧客を育て良好な関係を継続していくという重要なミッションが果たされていないという指摘がなされてきた。[23]

　CRMがことさら取り上げられるようになったのは，ICTの時代であるという理由からだけではない。むしろ日本のような先進国の消費市場の大きな変化が影響している。情報処理技術の進歩と共に，CRMを重視する背景として以下の点が指摘できる。

① 市場の成熟化：日本の場合，少子高齢化や人口減少は，新規の消費需要を抑制するように働き，消費市場の規模縮小を強める傾向を生み出している。このため，競争相手の需要を奪わないと自社の市場が確保できないゼロサム状態に陥りやすく，顧客はこれまで使い続けてきたものやブランドにも馴染んでおり，他のものにスイッチ（切り換える）するには抵抗があるという厳しい現実が存在している。

② 顧客との力関係の変化：消費者のニーズの個性化・多様化，ICTによるコミュニケーション手段の発達や豊富な情報収集の可能性，商品知識が豊富で目の肥えた消費者の増加，様々な品揃えによる競争の激化などは，それだけ需要サイドの顧客の選択する力を向上させてきた。
③ 費用対効果：成熟市場では，顧客獲得コストが顧客維持コストよりも総じて高くなるため，既存顧客は新規顧客よりも売上や利益への貢献度が高いといわれる。2：8の法則のように，特定・少数の優良顧客が売上の多くを生み出す現象が注目されている。
④ ICTの進歩：ICTの進歩により，これまで把握できなかった顧客の詳細情報，購買実態，広告や販促活動への反応などがリアルタイムで入手可能となった。従来のPOSシステムに対して，顧客ID付きのPOSシステムの進化は，商品の販売動向のみならず，顧客データとのヒモ付けを可能にし，「誰が，何を，いつ買ったか」という購買情報を収集できるようになってきた。ID-POSのデータを蓄積すると膨大な規模のデータベースになる。顧客の購買行動をきめ細かく分析できるため，重要な顧客の識別や関係構築のための取り組みが容易になっている。このことのメリットは，顧客開拓型マーケティングだけではなく，顧客育成型マーケティングへの誘導，それにワン・トゥ・ワン・マーケティングも比較的低コストで実施可能になることにあると期待されている。
⑤ アフター・マーケットの拡大：顧客との関係で長期継続という視点を重視することに関連して，製品・サービスの販売後，それに付随して生じる修理や部品交換といった保守・点検などの需要を対象に市場の深耕・拡大に取り込むチャンスがあると考えられる。少子高齢化を背景とした需要の変化に注目することで，家族構成やライフスタイルの変化が，例えば，住宅メーカーにリフォームやバリアフリー，介護ケア付きマンションの建設，自動車メーカーには小型車や軽自動車へ，またガソリン車からハイブリッド車や電気自動車への乗り換えのチャンスを提供することもできよう。

新規顧客が創造しにくい市場環境の中では顧客維持の重要性が強調されるようになっている。[24)]その取り組みの前提は，企業がその顧客から得られる価値の総和（顧客シェア）の最大化である。そのためには，顧客との関係性を重視し，

顧客生涯価値（LTV）の最大化が求められる。さらにこの目的を達成するには，1人ひとりの顧客への個別対応に重点を置いたワン・トゥ・ワン・マーケティングの推進も不可欠であろう。もちろん，ワン・トゥ・ワン・マーケティングの代表例としては，すでに第5章で述べたようなマス・カスタマイゼーションによる，顧客への個別対応の低コストでの実現が知られている。

　本来，ワン・トゥ・ワンの関係や関係性の重視は，BtoB企業で一般的に実施されてきた。そこには，①特殊性，②個別対応，③継続性という特徴が存在している。①特殊性とは，顧客となる企業やユーザーは異なるニーズを持っており，すべての顧客に対して同じアプローチが通用するわけではないことを意味している。②個別対応は，こうした特殊なニーズを持つ個々の顧客に対して，原材料・部品・設備機械などに関する専門性，販売後のメンテナンスやフォローアップ・サービスなどの必要性が高く，しかもそれらを直接的な接点を持って行われなければならないことを示している。③継続性とは，BtoB企業と顧客企業の取引が長期的に継続することを表している。②のように，顧客を識別したうえで特定顧客への臨機応変な対応が求められることは，裏を返せば，買い手側企業の品質やブランド，設備や業務は一度採用されれば，デザインの変更やモデルチェンジがない限り，取引が長期的に継続する傾向があるということである。近年では一般消費財のマーケティングでも，特定の顧客との関係の維持に注力することの重要性が増大し始めている。

　優良顧客の発見や育成には，いくつかのステップが必要となる。
① 顧客データベースの構築：顧客情報の収集，顧客ニーズの把握・特定（誰が，いつ，どこで，何を，どれくらい，いくらで買ったのかのデータベース化により，顧客1人ひとりの購買パターンなどの「儲けに繋がる意味のある情報」を抽出する仕組みを構築する）。
② 自社にとっての重要な顧客の選別：階層化とランクづけ（顧客データベースを用いた「顧客離れ抑止策」の採用であり，具体的にはFSP（frequent shoppers program）の実施である。購入金額や頻度に応じたポイント発行による割引などの恩典の提供で，顧客に利用の継続を動機づける）。
③ ターゲット顧客のニーズへの対応：重点顧客に適合した製品やサービスの開発・提供（顧客のランクアップ・プログラムの実施である。ランクに応

じた恩典や優遇措置での動機づけが行われる。航空会社のマイレージ・サービスや小売店でのポイントカードの発行やポイントの操作・管理がこの例となる)。
④ その顧客を維持するための取り組み：顧客1人ひとりの購買特性に応じた個別のマーケティング対応（それぞれ業界によって，独自のプログラムが展開されている。小売業界：FSP（frequent shoppers program），航空業界：FFP（frequent flyers program），ホテル業界：FSP（frequent stayers program）などである）。

FSPには，ロイヤルティの高い顧客が増えるほど企業は安定的な売上を確保できるという認識がある。そのため，優良顧客を識別して一般顧客と区分し，優良顧客を優遇する戦略を展開する。

顧客のランク付けの手法としては，以下で説明するRFM分析が代表的なものとして挙げられる。

Recency：最終購入日（1番最近の購入日）
Frequency：購入頻度（一定期間に購入する頻度）
Monetary：購入金額（一定期間内や1回当たりの購入金額）

これらの3つの指標に優先順位を付け，企業や店舗独自の重要度に見合ったウェイト付けを行って顧客のランクごとに区分し管理する。ここでは自社の扱っている製品特性を踏まえ，各指標の比重を設定することが重要となる。

誤解されがちであるが，顧客を選別することは，必ずしも下位顧客を無視してよいとか，切り捨ててよいという意味ではないことに注意されたい。むしろそのように判断してしまうと，「CRMのわな」と呼ばれる状況に陥ってしまう。現在多くの利益を生み出してくれる既存顧客のみに手厚い対応を行っていても，いずれそうした顧客の年代が上昇していくと共に顧客層は枯渇してしまうだろう。新規顧客獲得のチャンスを失うことは，新しい発想や新製品の需要に結び付かないという問題を発生させることにもなる。

むしろ大切なのは，ID-POSなどを活用して，顧客をRFMポイントや購入商品・ブランドに関する嗜好データをベースにセグメント化し，顧客別のカテゴリーを類型化し，顧客と店舗，顧客と商品との関係の深さを明確にすることで，

それぞれ違ったアプローチで働きかけることである。これまでは，上位顧客の存在を把握しきれず，通常の顧客と同じ扱いをしてきた企業が多かった。最近は，ID-POSを活用して，ポイントカードから得られる購買履歴データをベースに個々の顧客にフィットした商品の割引クーポン券やサンプル引換券，広告商品をレジから出力できる仕組みが整備されている。ランクごとの顧客への働きかけを示しておこう。

下位顧客 ⇒ 購入機会を増やすための施策
中位顧客 ⇒ 購入頻度や購入金額を増やす施策
上位顧客 ⇒ 顧客内シェアやロイヤルティを高めるための施策

以上のように，CRMのミッションとしては，優良顧客の識別と育成が重視されてきた。それに加える形で，もう1つの狙いは自社や自店舗にとっての利用顧客の実態把握とそれぞれの利用顧客にマッチした顧客対応をしっかりと図りながら，その地道な顧客満足の提供をベースに優良顧客への誘導をアプローチするためのマーケティングが考慮されるべきであるといえる。

■ 演習問題＆討論テーマ
(1) 代理購買が行われている事例を探して，どのような理由でそのような行動が生まれるか検討してみよう。企業はそれに対してどのようなマーケティングで働きかけているのか，それが適切か否かも含めて検討してみよう。
(2) 消費者行動における認知不協和とは何か。なぜ発生するのか，これを解決するためのマーケティングにはどのような活動が必要となるかを考えてみよう。
(3) SIPSモデルが有効となる消費者，製品やサービスの条件とはどのような場合かを検討してみよう。

●注

1) 杉本哲夫編著（2012）『新・消費者理解のための心理学』福村出版, pp.12-15。
 青木幸弘（2010）『消費者行動の知識』日本経済新聞出版社, pp.43-53。
2) 田口冬樹（2016）『体系流通論（新版）』白桃書房, 第2章。
3) Guo, Guoqing（2013）"China : Consumer Behavior in China," in Paliwoda, Stan, Tim Andrews and Junsong Chen（Eds.）*Marketing Management in Asia*, Routledge, pp.21-22.
 楊陽（2015）『変化する中国の小売業』専修大学出版局, pp.75-87。
4) 青木幸弘（2010）「購買行動と意思決定プロセスの分析」池尾恭一・青木幸弘・南知恵子・井上哲弘『マーケティング』有斐閣, pp.142-156。
 田口冬樹（1999）「市場と消費者行動」中村孝之・小堀雅浩・田口冬樹・他『マーケティング論』商学研究社, pp.52-56。
5) 田中洋（2008）『消費者行動論体系』中央経済社, pp.70-71。
6) Kotler, Philip and Kevin L. Keller（2006）*Marketing Management, Twelfth Edition*, Pearson Education.（恩藏直人監修『コトラー&ケラーのマーケティング・マネジメント 第12版』丸善出版, 2008年, p.242）
7) 田中, 前掲書, pp.70-71。
8) Howard, J. P. and J. N. Sheth（1969）*The Theory of Buyer Behavior*, John Wiley & Sons.
 Perreault, W. D., and E. J. McCarthy（2005）*Basic Marketing: A Global-Managerial Approach*, McGraw-Hill, p.169.
9) Jobber, David（2010）*Principles and Practices of Marketing, Sixth Edition*, McGraw-Hill, p.121.
10) 武田はソーシャルメディアの特質をフラット, オープン, オンリー, ロングタームとして双方向のコミュニケーションの集合体と捉え, FOOLなスタンスを指摘している。武田隆（2011）『ソーシャルメディア進化論』ダイヤモンド社, pp.80-83。
11) 新井範子（2007）『みんな力：ウェブを味方にする技術』東洋経済新報社, pp.144-163。
12) Kotler, Philip, Hermawan Kartajaya and Iwan Setiawan（2010）*Marketing 3.0: From Products to Customers to the Human Spirit*, John Wiley & Sons.（恩藏直人監訳・藤井清美訳『コトラーのマーケティング3.0：ソーシャル・メディア時代の新法則』朝日新聞出版, 2011年, pp.26-27）
13) 電通が2005年6月に商標として登録。商標登録番号第4874525号。
14) 佐藤尚之（2011）『明日のコミュニケーション「関与する生活者」に愛される方法』アスキー・メディアワークス, pp.148-156。
15) Blackwell, R. D., P. W. Miniard and J. F. Engel（2006）*Consumer Behavior, 10th Edition*, Thomson South-Western. 杉谷陽子（2012）「情報の伝播と消費者行動」杉本徹雄編著『新・消費者理解のための心理学』福村出版, p.184.
 なお, 杉谷によるとクチコミを発信する人の動機や特性として, ①他者のために良い商品やサービスを紹介し他者のために役立ちたいという返報性と利他行動, ②商品に高い満足を感じたり, 知識があることを誇示したいなどの自己表現や集団内地位の向上, ③単に会話のネタとしてしゃべること自体を目的としている, おしゃべりとしての楽しさ, ④購入した商品に満足できなかったことで, 同じ思いをする人が出ないように警告するタイプと,

⑤企業やブランドを傷つけようとする攻撃的な意図をもって行うタイプに分かれることを指摘している（杉谷，pp.184-186）。
16）佐藤，前掲書，pp.157-168。
17）武田，前掲書，p.19。
18）ティム・リベリヒト（Tim Leberecht：米国Frog Designのチーフ・マーケティング・オフィサー）は，2009年5月に「Multimedia 2.0: From paid media to earned media to owned media and back」というタイトルのブログを発表し，マーケティングメディアとして3つの分類を提起し，メディア相互の連携を強調し注目された（http://www.itmedia.co.jp/enterprise/articles/1203/05/news001.html 2012-9-3現在）。
横山隆治（2011）『トリプルメディアマーケティング』インプレスジャパン，pp.24-40。
19）横山，前掲書pp.24-40。
20）同上（http://www.itmedia.co.jp/enterprise/articles/1203/05/news001.html 2012-9-3現在）。
21）武田，前掲書pp.21-22。
「日経MJ」2012年9月24日。
22）http://blog.sinap.jp/2011/06/post-32.html 2012-9-4現在。
23）南知恵子（2006）『顧客リレーションシップ戦略』有斐閣，第6章および第7章。
24）Reichheld, F. F.（1996）*The Loyalty Effect: The Hidden Force Behind Growth Profits and Lasting Value*, Harvard Business School Press.（伊藤良二監訳・山下浩昭訳『顧客ロイヤルティのマネジメント』ダイヤモンド社，1998年）
25）本藤貴康・奥島晶子（2015）『ID-POSマーケティング』英治出版。

第7章

製品開発の過程

> **キーワード**
> - 派生需要とミシュランガイド　・ニーズ発想＆シーズ発想
> - 製品のライフサイクル　　　　・キャズム
> - PPM（product portfolio management）

　企業が成長・発展するには，消費者が必要とする製品やサービスを開発し提供しなければならない。企業によるそうした提供物が消費者に認められ，継続して受け入れられて初めて企業の利益が確保できる。製品やサービスは企業にとって利益の源泉である。製品開発の巧拙が企業の成長や発展にとっていかに重要かは，アップルとコダックの例に象徴されている。アップルはデジタル技術の特性とデザインをいかして優れた製品開発を行い，世界中の消費者を虜にしてきた。これと対照的に，コダックはデジタルカメラの重要性を早い時期から認識していながら，フィルムカメラにこだわり過ぎたことによって転換が遅れ，経営危機に陥ってしまった。2つの事例は，時代をリードする優れた製品開発が企業の成長や発展にとっていかに重要かを物語っている。ここでは，製品・サービス，それにブランドを中心に，企業の成長や発展をつくり出すためのイノベーションを考察していきたい。

1 ▶ 消費財とビジネス財：
　　ミシュランガイドはなぜ生まれたか？

　一口に製品やサービスといっても，実に様々な種類が存在する。製品やサービスは，その利用する目的によって，いくつかの種類に分類することができる。大きくは最終消費者が個人や家庭で利用する目的で購入する場合を消費財といい，企業や行政あるいはNPO（非営利組織）が生産や事業運営のために購入する場合をビジネス財や産業財，あるいは業務用財などと呼んでいる。同じ高級車のレクサスでも，一般の家庭で購入すれば消費財であるが，タクシー会社が事業目的で購入するとビジネス財になり，それぞれマーケティングの展開も異なってくる。

　消費財は，消費者の購買態度や商品情報獲得の視点から，伝統的に3つのタイプに分類されてきた。すなわち，①最寄品（convenience goods）：購買頻度が高く，単価は低く，習慣的に購入され，価格比較や品質比較にそれほど時間や手間をかけない商品カテゴリー，②買回品（shopping goods）：比較的購買単価が高く，購買頻度は最寄品ほど多くはなく，複数の製品や店舗をチェックし商品情報を収集して比較購買することで買物が行われる商品カテゴリー，③専門品（specialty goods）：購買単価が高く，購買頻度は上の2つに比較してさらに少なく，購買に伴うリスクが高く，専門知識や専門サービスが求められるため購買上の努力を惜しまない形で買物が行われる商品カテゴリーである。しかしこれらの分類は絶対的な基準で区分されているわけではない。かつて専門品であった商品が現在では最寄品に位置付けられるようになっていたり，時代や国の経済発展段階あるいは消費者の主観的な判断によっても変化したりする。マーケティング努力によって，最寄品にこだわりの素材を取り入れ，ブランドを設定し，贈答用として高級な専門品の扱いに格上げすることも可能である。

　ビジネス財の区分には共通の分類体系が確立されているわけではないが，工業製品を例にとると，①材料・部品（そのほとんどが他の製品に加工・変換される。材料・部品はさらに原材料と加工材料・部品に分けられる），②資本財・設備品（工場やオフィス，機械装置，付帯設備などで，研究開発・製造組み立て・営業活動を支援するためのものである），③備品・サービス（作業用・事

務用消耗品といった財の他，保守・点検・修繕，調査，相談などのサービスが含まれる）に分類できる。ビジネス財の商品特性としては，消費財の購買行動と比較して，機械設備や重要部品については①需要の価格弾力性が小さい，②購買動機が合理的である，③組織的な意思決定が行われる，④1回の購買金額・購買量が大きい，⑤顧客が少数で，地理的に集中している，⑥顧客ごとの開発設計や受注生産が多い，⑦需要が他の関連産業に依存しやすく，派生需要（derived demand）を特徴とする。さらには⑧技術的知識を備えたセールスエンジニアや営業担当者が対応することが多いといった点が指摘できる。[1]

　ビジネス財の特性の1つに，関連産業に対する依存と派生需要ということを指摘したが，これを説明する事例としてミシュランガイドのケースを取り上げておこう。このガイドは，多くの人にとってはレストランの評価を星の数で表した格付けと理解されているだろう。それではこのガイドは何のために始められたのかと質問されても，多くの人の答えはたぶん，消費者に味の優れたレストランを紹介するためとか，レストランのメニューの品質や味の向上のためとか，シェフの人材育成や施設の管理能力を高めてレストラン業界を発展させるためと考えるのではないだろうか。現在ならそうした役割に期待する面が強くなっているだろうが，そのスタートはまったく別の狙いによるものだった。ミシュランガイドとはフランスのタイヤメーカー，ミシュラン社が発案したアイディアである。なぜタイヤメーカーがレストランガイドをつくったのかと疑問に思うかもしれないが，この会社は自動車のタイヤが売れるには，フランスの人々に自動車を乗り回してもらい，自動車を買い替えさせたり，タイヤをすり減らしたりして，できるだけタイヤ交換の需要を多く生み出すようにと考えたのである。週末にリヴィエラやプロヴァンスをドライブしてもらうために，南仏の高級レストランを多数紹介したガイドブックを配ったことが始まりであった。タイヤという部品は自動車産業の需要に依存しており，それはめぐりめぐって消費者の自動車の利用やタイヤ消耗から派生して需要が生まれる関係を想定してミシュランガイドを考え出したのである。[2]

2 ▶ 商品と製品の違い，および新製品開発

(1) 商品化の条件

　ここでは，製品の開発から検討してみよう。まず，よく耳にする製品と商品という用語について，2つの言葉は実際にはそれほど区分せずに使用されているが，厳密には，異なった条件で成り立っている。どのような違いがあるのだろうか。製品とはつくられたモノということができる。それでは会社や自宅で事務作業に使っているパソコンやペンなどは，製品なのだろうか，商品なのだろうか，あるいはどちらでもあるのだろうか。この例でいえば，これらは製品や自分の所有しているモノではあっても商品と呼ぶことはできない。商品とは，①製品に対して売る目的や買う目的が与えられて初めて商品というポジションを獲得する。販売過程に置かれていることと言い換えてもよい。それをさらに具体化するために②使用して価値があると期待できること，③それを売ることで利益が得られる，つまり交換価値が期待できることが商品であることの条件である。さらに，そのモノの④存在する数が限られている，つまり稀少性を伴うことで商品としてのポジションは強化される。お金を払ってでも手に入れたいくらい欲しくなったり，売って利益を得ようという期待が介在したりすることが商品を製品という用語と区分する要素であるといえよう。

　その意味でこれから製品の開発過程を論じるに当たり，こうした商品化の狙いを込めたマーケティングの働きかけで製品を市場で商品としてデビューさせているということを前提としておきたい。

(2) NB商品とPB商品の開発主体

　一般的に，製品開発という仕事はもっぱらメーカー（製造企業・生産者）によって担当されるというイメージが強い。NB（national brand）商品というのはメーカーが開発した製品にメーカーのブランドを付与して販売する商品のことを意味している。しかし今日では，小売企業に代表される流通企業（ここでは小売企業だけでなく，卸売企業も対象となる）によっても商品の企画や開発が行われている。これはPB（private brand, store brand）商品と呼ばれ，流通企業が商品の企画や開発に携わることで自社のチェーン店やグループ企業を通

した販売が行われている。ユニクロを展開するファーストリテイリングは，小売企業でありながら東レと共同で開発し独自の新素材を用いたヒートテックを自社独自の商品（PB商品）として提供している。セブン＆アイHDも，セブンプレミアムやセブンゴールドというPB商品を複数の大手メーカーと共同で開発し，セブン-イレブンだけではなく，総合スーパーのイトーヨーカドーや百貨店の西武とそごう，他にもネット販売といった複数のチャネルで販売している。総合食品卸売企業の国分も素材缶詰などでK＆KというPB商品を開発し提供していることを見ると，商品開発や企画という仕事はメーカーの独占物ではないということもわかってくる。ファーストリテイリングに限らず，ニトリ，GAP，良品計画（無印良品），IKEAではSPA（specialty store retailer of private label apparel）という製造小売のビジネスモデルを展開している。これは小売企業でありながら，独自の商品コンセプトを特徴とし，製造はメーカーに委託するものの，商品の企画・開発を流通企業自らの責任で行い，自社店舗で販売している。かつて日本では，メーカーのブランド力が消費者から圧倒的な支持を受けてきたが，最近ではPB商品について，小売企業のリーダーシップのもとで大手メーカーとの共同開発が進み，品質面でNB商品に並ぶPB商品の増加と共に，PB商品の消費者受容の割合が拡大している。[3]

(3) 製品開発の範囲

　製品開発の範囲を明らかにしておこう。ここでは，主にメーカーの視点から，次の4つのカテゴリーを取り上げる。

　(1) 新製品開発
　(2) 既存製品の改良
　(3) 既存製品の新用途開拓
　(4) 既存製品の廃棄・撤退

(1) 新製品開発

　まず新製品とはどのような条件で捉えられるのだろうか。いくつかの捉え方が存在する。①まったく新しい発明品，②既存製品の組み合わせ，改良による新しい形式の製品，③その企業にとって新しい扱いとなる製品が考えられる。また従来のタイプに比べて，技術の新しさ，原料・素材の新しさ，製造方法の新

しさ，販売や提供方法の新しさ，新用途への対応などからも新製品を捉えることができる。このように一口に新製品といっても，実際には多様な解釈や捉え方がなされ，様々な条件で新製品が存在していることになる。これは，捉える目的が異なっているからである。また「新しさ」の意味が誰にとってのものであるかを考えると，当該新製品の売り手である企業と，買い手である需要サイドとに分けられる。売り手と買い手という2つの視点を加味することで，企業にとっても消費者にとっても新しい独創性のあるタイプのもののデビューが本来の新製品と呼ぶことも考えられる。この世の中に初めて生み出されたモノというイメージの新製品は極めて少なく，何らかの形で既存のベースからの進化形が多いこともわかる。掃除機というカテゴリーは新製品ではないが，掃除ロボットは人手を必要としない用途で新製品と呼べる。しかし，これも時間が経過すると製品ライフサイクルで導入期から成長期に入る頃には新製品ではなくなってしまう。そこで，改良を重ね，音声を発したり，自動的に充電場所に戻ったりする機能が付加されたことで新しさを強調するタイプが出現し，この段階では次に検討する「既存製品の改良」とオーバーラップする。ここでは企業によっては新製品という表現に対して，新発売や当社初という言い回しが使われるかもしれない。日本の消費文化では，食品に限らず衣食住全般に鮮度や季節的な旬が重視されるため，企業にとっては消費者にアピールする条件として，また競合するライバルとの製品差別化のため，常に「新」を付けた製品やサービスを開発・提供することが常態化してきた。

(2) 既存製品の改良

　既存製品も，顧客と競合の立場から必要に応じて種々改良・改善されなければならない。既存製品といえども，ライバル企業が増加するとコモディティ化に陥るリスクがあり，それを避けるため，加えて顧客に飽きられないための工夫として，製品の差別化が必要となり，品質の見直しや数量の調整，それにパッケージの変更が求められる。あるいは，自社自ら価格競争を仕掛ける狙いで既存製品の低価格化のための改良に着手することも必要となる。

　既存製品の改良には，様々な狙いや理由からいくつかの方法が採用されている。①品質・性能・機構の改善，②原材料の変更，③生産技術や製造工程の変更，④デザイン，ネーミング，スタイル，カラーの変更，⑤パッケージの変

更,⑥高級化・低価格化・小型化・大型化,⑦法改正への対応などが挙げられる。多くの製品開発の実態は,新製品と名乗ることの事例を含めて,大半はこの(2)のカテゴリーか,次の(3)のいずれかに該当する。すでに成熟商品といわれている白物家電の代表である電気洗濯機や電気冷蔵庫では,ドラスティックな新製品という形ではなく,目立たないが,絶えずインクリメンタルな改良・改善が長期にわたって進められ蓄積されており,結果的にはイノベーションを実現している。

(3) 既存製品の新用途開拓

現在の使い道(用途)や使う顧客(ターゲット)を見直し,新たな方法と対象を見出そうとする進め方である。これには,新用途の条件を,同じ顧客層に提案する場合と異なった顧客層に提案する場合の,2つの側面が考えられる。同じ顧客層に対しては①新しい使い道や利用目的の提案が考えられる。これまで仏壇や墓地で多く使われていたロウソクを結婚式用のキャンドルサービスで使う用途を提案したことでロウソクの需要が大きく上向いたことはよく知られている。納豆という商品を考えた場合,これまでの食べ方以外に,納豆鍋や納豆パン,あるいは納豆そば,といった形での食べ方の提案で需要を拡大する方法も見受けられる。異なった顧客層の開拓という意味では,②これまで男性対象の商品やサービスを女性向けに提案するケース(女性向けのドリンク剤の提案,女性用の日用大工道具の提案など),逆に女性対象の商品・サービスを男性向けに提案するケース(男性向けのメイクアップ化粧品,子育てのイクメングッズなど),あるいは高齢者に向けたおむつややわらかレトルト食品などが考えられている。さらには③従来とは異なった新たな地域や国を対象に提供することで,その地域や国の消費者の新規需要を取り込むことができる場合も考えられよう。これらはマーケティングの手法としては,用途をベースにした市場細分化戦略として発展してきている。

(4) 既存製品の廃棄・撤退

特定の製品が長期にわたって売上に貢献しなくなったり,利益を確保できず,逆に赤字になったりしている場合は,製品構成(プロダクト・ミックス,品揃え)全体との関連で見直しが必要となる。どうして売上が伸びないのか,なぜ

利益が得られないのかについての原因を把握することが求められる。製品ライフサイクルで，成熟期を過ぎて衰退期にある製品や，長期間にわたって売上目標を達成できない製品については，ライバルとの差別化，顧客へのアプローチの変更，あるいは対象顧客の変更などを行うといった対処が考えられる。しかし新しい代替技術の出現や顧客の嗜好の変化，強力なライバル企業の活躍が長期的な趨勢になる場合は，既存製品の販売が困難になることが予測できる。そこで，再度のポジショニングでも復活が難しいと判断されると，その製品市場からの廃棄や撤退が検討されることになる。その原因が自社の製品上の問題なのか，顧客の好みに合致していないのか，それともライバル店の品質や価格（特にセールの影響など）や品揃えの影響なのか，問題の原因や因果関係を明確に判断する必要があろう。売上が下がり続けて回復できそうにないという判断になった場合は店頭から撤去されることになる。大きな赤字になる前に撤退することでリスクを最小限に抑えるという判断も時には求められることがあるが，代替品が利用できる場合は，そちらに顧客を誘導する手立ても必要になるだろう。

　しかし，売上高減少イコール廃棄や撤退とはならない場合もある。特に，赤字商品でも顧客にとって品揃え上不可欠な場合は廃棄や撤退は避けなければならないこともある。多くの自動車ディーラーが普通乗用車に加えて軽自動車を販売しているが，これは乗用車を2台併有する場合，1台目は普通乗用車でも，2台目は軽自動車を選ぶ傾向があること，軽自動車ユーザーは軽自動車から軽自動車へ乗り継ぐ割合が高いと見られているためである。かつてマツダは軽自動車の自社工場での製造で赤字が続いていたことから1998年に工場を閉鎖した。しかし，販売店（カー・ディーラー）での品揃え上は軽自動車からの撤退ができないことから，スズキからのOEM調達で販売しているという事情がある。日産の軽自動車参入・販売も，すでに述べたように販売店にとって品揃え上不可欠という理由から行われてきた。[4] 法規制の影響で，市場から商品を撤退させることになったケースもある。スパイクタイヤが挙げられよう。スパイクタイヤは，スノータイヤに金属製のピンを埋め込んでつくられていたが，1990年6月から「スパイクタイヤ粉じんの発生の防止に関する法律」が施行され，販売できなくなった。これは自社の問題だけではなく，ライバルも含めて業界全体で販売できなくなったケースである。新しい技術が既存の技術を駆逐する形で製

品の撤退を推し進めた例は，東芝や三菱電機など大手家電メーカーによる白熱電球からの撤退が挙げられる。しかしこの場合でも，白熱電球の需要がすべてLED照明に置き換えられるわけではなく，自動点灯器具，それに白熱電球の発する熱を利用したビニールハウス栽培では白熱電球の需要は存在している。これに対して，多くの撤退のケースは，個々の企業の製品やサービスの売上と利益の減少傾向が影響している。この問題は製品のポートフォリオ戦略という視点で節を改めて検討することになる。

(4) 新製品の開発過程

ここでは新製品の開発の手順を5つのステップに分けて検討してみよう。
① アイディアの創出と収集
② アイディアの選別
③ 事業性の分析
④ 製品・市場テスト
⑤ 商品化・市場導入

① アイディアの創出と収集

アイディアの源泉には，大きく分けて企業の内部と外部とがあり，どちらからも創出・収集される。内部では従業員，トップ・マネジメント，各部門（人事，会計，調査，研究開発，設計，購買，製造，営業など），外部では消費者，取引先企業，競合企業，業界団体，コンサルタント，研究機関，発明家，学会などが対象となる。企業によっては，提案制度を通して社内の従業員から定期的にアイディアを募集し，優れたアイディアやそれが商品化された場合に報奨金を与えることで，従業員の経営参加や働くモチベーションを高めるのに活用している。新製品開発に積極的な小林製薬では，従業員からの提案制度によって従業員の経営への参加意識を高めることを狙っており，毎年15,000件ものアイディアが提案され，アイディアが新製品として採用された場合，13か月で市場デビューを実現させている。[5]

アイディアを創出・収集するためには，事前に消費者ニーズ，競合商品の実情，技術，規制の動向を探り出す方法，事後的に顧客の満足度，意見，苦情，市場の反応（フィードバック）などを分析調査する方法の他，グループやチーム

で5-10人ぐらいのメンバーが自由にアイディアを出し合うことで，相互の連鎖反応でアイディアを刺激する会議方法であるブレーン・ストーミング（brain storming）が利用される。

　新製品のアイディアの起点は，ニーズ発想（こんなものがあったらいいな）とシーズ発想（こんなものがあるが何か利用できないか）が存在している。マーケティングではこれまでどちらかというと，ニーズ発想を重視してきた面があるが，どちらの方がより重要ということではなく，両方がバランスよく組み合わさって新製品が実現されるべきであると強調しておきたい。ニーズ発想による新製品開発でよく聞くのは「お客様の声を取り入れた新製品です」といったキャッチコピーを添付して市場デビューさせるタイプであろう。痛くない注射針，水を流すごとに掃除してくれるトイレはその例といえる。また，雪降る夕方のパリで，タクシーがつかまらずに困っていた際に思いついたのが，アプリのボタンをタップするだけで車を呼ぶことができるというシンプルな配車サービスである。[6] ウーバー（UBER）という配車サービスは，2009年3月にトラビス・カラニック（Travis Kalanick）とギャレット・キャンプ（Garrett Camp）がパリ在住時に思いつき，米国に戻って会社を設立，2010年に米サンフランシスコでサービスが始まった。通常のタクシーの配車に加え，一般人が自分の空き時間と自家用車を使って他人を目的地まで運ぶ仕組みが特徴となって発展してきた。

　これに対して，シーズ発想というのは，ニーズを見出せない状態で，技術やノウハウはあるが何に役立つかわからない状態からのスタートである。3Mのポスト・イットの開発はまさにこの例でよく取り上げられている。1969年に3Mの中央研究所の研究員が接着力の強い接着剤を開発する要求を受けて開発したが，出来上がったのは「よくつくけど，簡単に剥がれてしまう」失敗作であった。この失敗作を知った別の研究員がその接着剤のことを気にしながら，教会に聖歌隊として参加し，賛美歌集のページをめくろうとした時に，目印に挟んでいたしおりが滑り落ちた。その瞬間に失敗作だったはずの奇妙な接着剤の用途がひらめいて1980年にポスト・イットとして市場デビューし，今日おなじみの製品として普及するまでになっている。[7] この事例は本書の第11章でもイノベーションの関連でさらに深く考察することになる。

　花王の洗濯用液体コンパクト洗剤であるアタックNeoの開発の場合は，スー

パーでの買物客の行動を観察したり，消費者への調査を行ったり，さらには一般家庭を訪問したりした結果，消費者が求めているものがコンパクト化した液体洗剤であると確信したことから誕生した。聞き取り調査から得られた消費者の声は，「洗剤が重くて，買物が大変」「洗濯で使う水がもったいない」「できるだけ洗濯の時間を減らしたい」という声だったという。しかしニーズがあってもそれを実現する技術やノウハウというシーズが伴っていないと新製品は実現しない。従来の洗浄成分は低温時に固まってしまう性質があったため，開発の当初は技術的な壁に突き当たる。それに対して新洗浄成分「アクアW（ダブル）ライザー」という低温時にも固まらず，透明で流動性が良い，早く溶ける濃縮洗剤を開発し，容器は台所用洗剤かと見紛うほどの超コンパクトサイズでありながら，従来の液体洗剤と同じ回数洗える新製品を市場に送り出した。それによって，買物が楽（従来品より2.5倍濃縮され容器が軽くて小さい），洗浄力の向上（泡切れが良く・低温でも早く溶ける），洗濯の手間が省ける（すすぎが1回で済む），エコへの貢献（製造・輸送時のCO_2排出を20％削減，洗濯時に環境にもやさしく，省スペースで済む）という数々の効果を実現した。[8]

② アイディアの選別

多くのアイディアの中から自社にとってふさわしいものを選び出すには，一定の基準が必要となる。小林製薬では，たくさんの新製品に関するアイディアを消去法で絞り込んでいる。生活者に新しい生活を提供し得ないものは開発しない。他社の製品との違いをひと目で識別できないものは開発しない。この方針のもとに意味のないアイディアをいかに早い段階で捨てるかを重視している。

一般的には，新しいアイディアが絵に描いた餅にならないように市場性，企業目的や経営理念，経営資源，収益性，競争優位性，合法性（特許侵害の防止），地球環境や資源適合性（リサイクル可能性・環境適合設計）などの観点からチェックされる。競合他社の取り組んでいない市場や製品となると，時には常識を疑う姿勢でチャレンジすることも必要となる。そのためにアイディアの要素を点数化し，ウェイト付けを行うことで評価することが有効となろう。

1 Real：その製品に対するニーズは存在するか，顧客は購入できるか，その製品のコンセプトは具体的か。
2 Win：その製品は競争優位性を実現し得るか，その製品を成功に導く経

営資源を自社は有しているか。
3　Worth：採用する価値があるか，その製品は全体的な成長戦略に貢献するか。

ここで注意すべき点は，可能性の高いアイディアを誤って除去すること（ドロップエラー：drop error）、逆に可能性の低いアイディアを採用し，開発段階に進めてしまう危険性のこと（ゴーエラー：go error）である[9]。

③　事業性の分析

ここでは定性的分析と定量的分析でバランスよく事業可能性が評価される必要がある。①定性評価として，誰にどのようなベネフィットを与えるかを明確にすることが求められる。ターゲットは誰か，ニーズに照らしたベネフィットはどのようなものになるか，それを製品コンセプトと突き合わせ，顧客や競合の中での新製品のポジショニングを見極める。これと並行して，②事業性の定量的分析として，予想売上高，原価，利益，環境適合性に関するシナリオ分析を楽観的，現実的，悲観的という3つのパターンで検討し，投資収益率を算定する。

さらに，コンセプトテストとして，①誰がこのコンセプトに共感するか，②競合製品に対する優位性は何か，③従来の製品やサービスに比べて改良されている点や優位な点は何か，④購入決定者は誰か，⑤使用者は誰かなどをチェックする。またブランド・ネーム決定でのポイントは，簡単に思い出せること，製品イメージにマッチしていること，発音しやすいこと，短い単語や言葉で表現できることなどが挙げられる。伊藤園のブランド「おーいお茶」はネーミングの効果が大きかったといわれる。家庭の会話の一部を切り取ったネーミングで，親しみをもって消費者に受け入れられた例である。

小林製薬のヒット商品の1つに，「チンしてこんがり 魚焼きパック」という商品がある。これは商品の使い方と効果がわかりやすいブランド名となっている。

この新製品アイディアの出発点は，「マイクロ波で発熱するシート」という技術・シーズを使って，電子レンジで魚を焼いてみてはというアイディアが提案されたことにある。「チンしてこんがり 魚焼きパック」というブランド名が設定され，①コンセプト開発：「レンジ機能で素早く，こんがり魚が焼ける電子

レンジ用熱調理パック」，②ターゲット設定：「30-40代前半の共働き主婦」「健康意識の高い単身男女」，③ネーミング開発：「レンジ機能だけで魚が焼けること」が理解できるネーミング，④仕様開発：「安全で，一度で両面焼きが簡単に，しかも焼き加減が楽に調整できる」，さらに⑤デザイン開発：「脂が滴るように，おいしく魚が焼き上がることを想像できる」という形で事業化に対する具体的なイメージやシナリオがつくられていった。

④　製品・市場テスト

　新製品が市場導入されるにふさわしいかどうかは，実際に試作品（プロトタイプ）をつくって，技術的可能性，生産可能性，市場可能性について検証する必要がある。技術部門（製品設計，製造モデル，プロトタイプの計画と予算内製作），製造部門（生産テスト，製品を生産するための場所や設備，手順），マーケティング部門（技術へのアドバイス，顧客情報の追加，市場でのコンセプトやポジショニングの確認とフィードバック）などがそれぞれに連携しながら取り組むことになる。新車でいえば，走行試験で性能，安全性，耐久性，生産性，環境適合性，開発に伴う特許の申請などが検討される。乗用車のリコールの原因としては，設計自体に不備があるもの，作業工程に不備があるもの，耐久性に不備があるものが指摘されており，ライバル企業との開発競争の中で迅速さが要求されるとはいっても，安全性や耐久性が商品の信頼性や満足を支えるので，事前のテストがいかに重要かは強調すべき点といえる。

　市場テストの実施では，新製品の発売に先立ち，４Ｐを軸に顧客や販売店の反応をチェックすることで，新製品やそのマーケティングの改善を図ることが求められる。テスト・マーケティングは地域を限定して行うことが多い。テストがライバルに知られることで，ライバルが対抗措置を講じる場合もあり，そうしたリスクを織り込んで取り組む必要がある。

⑤　商品化・市場導入

　新製品の市場導入が正式に決定され，発売が開始されるには，事前に資金調達，新製品製造の設備投資が進められ，製造が開始されていることが前提となる。発売に際しては，事前に価格設定，販売チャネルの選定，物流センターでの在庫管理，広告・販売促進，マスコミやパブリシティ対策が手当てされなけ

ればならない。これには2つの配慮が重要である。1つは顧客への働きかけで，新製品の認知をいち早く確立することである。もう1つはライバル企業に先立ち，特に当該新製品が初めて市場のカテゴリーを形成する場合には，迅速なタイミングで市場導入を図ることである。先発優位性を発揮するには，ライバルが簡単に模倣できないイノベーションをベースに新規性・独自性を打ち出して，販売店の協力を取り付けることも重要となる。新しい商品の商品化・市場導入は，次に述べる製品のライフサイクルの導入期と重なっている。

3 ▶ 製品ライフサイクル（PLC：product life cycle）

　製品ライフサイクル（以下単にPLCと略称する）とは，製品の売上高と利益の動向をもとに，新製品が市場に導入され，市場から姿を消すまでのそれぞれのステージ（段階）によってマーケティング戦略の対応を検討するビジネスツールである（図表7-1）。PLCは，産業レベル，企業レベル，事業レベル，製品レベル，ブランドレベルといくつかのレベルで捉えることができる。

　製品のライフサイクルが重視される理由として，①製品ライフサイクル自体が短縮化していること，②新製品ほど多額の開発や設備投資，マーケティングコストを必要としており，その動向を注視する必要性があること，③消費者ニーズ・競争関係・流通業者の動きや法律の変化が激しく，常にマーケティング活動の調整が求められること，④企業が提供すべき製品ミックス（新製品、成長商品，成熟商品の組み合わせ）のバランスを配慮する必要があること，⑤製品やブランドの種類の増加に対応するためにポートフォリオを検討しなければならないことなどが指摘できる。

① 　導入期（introduction stage）

　まず，新製品を市場に受け入れてもらうために，需要創造が必要である。新製品が顧客の生活に必要だと思ってもらう働きかけを通して，新製品の存在そのものの認知を確立することが重要となる。そのためには，製品レベルでは新製品の便益それに使用方法などを広告やプロモーション，SNS，それにクチコミを通して関心を刺激したり，試用（トライアル）をしてもらったりすること

図表7-1　製品のライフサイクル：4つのステージ

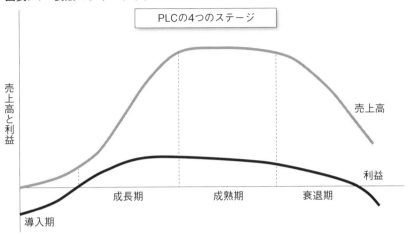

　が求められる。価格設定としては，この段階では開発費，生産コスト，広告宣伝費などが多くかかり，回収に至っていない状態なので，一般的には高価格になりやすい。特に生産面では規模の経済性を実現できるほど大量に生産したり販売したりできていない状況では，コストダウンはまだ期待できない。

　新製品の価格政策の特徴的な進め方としては，早期にコスト回収を狙った初期高価格戦略（上澄み吸収価格戦略：skimming price strategy），あるいは特にライバルからの参入や対抗を防ぎ，早期に市場浸透を狙う初期低価格戦略（浸透価格戦略：penetration price strategy）のいずれかの進め方も考慮する必要がある。しかしこの段階では赤字覚悟で，フリーの見本配布や早期購入割引などトライアルを起こさせ，新製品の良さをわかってもらうことや新製品への抵抗感をなくす努力も必要となる。新製品のメッセージも，マス広告を駆使してその製品の使用効果や利便性などを発信する報知的な広告が基本となる。販売店も当初は新製品の取り扱いに抵抗があったり，不慣れな状況を生み出したりすることもあり，販売店の確保が困難である場合も起こるが，新製品を販売することでの販売店の優位性確立やインセンティブの提供によって，協力関係を築くことが求められる。

　現実的には，多くの新製品はこの段階で終わっている。このことに関連した重要な指摘として，米国のマーケティング・コンサルタントのジェフリー・ムー

図表7-2　キャズムの存在

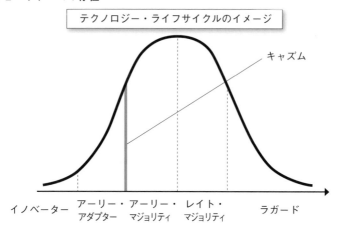

　ア（Geoffrey A. Moore）によって提起されたキャズム（溝・亀裂）がある。新製品が普及する際には新しいことやモノに飛びつく人々と，一般に生活の中に新製品を受け入れて利用する多数派の間に溝や壁が存在するということをキャズムとして表現した（図表7-2）。この図表でいうと，アーリー・アダプターとアーリー・マジョリティの間に簡単には超えられないキャズムがあることを指摘した。この発想は，新製品の普及を研究していた社会学者のエベレット・ロジャース（E. M. Rogers）によるイノベーションの普及プロセスをベースにしている。ロジャースは，イノベーション・新製品はみんなに一様に受け入れられるわけではなく，経済力，知識力，冒険心から構成される個人的要因によって採用に違いが見られることを指摘していた[10]。

　ロジャースは，新製品の購入態度から見て購入の早い順に，イノベーター（革新的採用者）：2.5％，アーリー・アダプター（早期採用者）：13.5％，アーリー・マジョリティ（前期多数追随者）：34％，レイト・マジョリティ（後期多数追随者）：34％，ラガード（採用遅滞者）：16％と分類した[11]。

　なお，ここでのイノベーターとは，製品カテゴリーによって異なる人がイノベーターになることが多く，冒険好きで社会経済的地位が高く情報通と見られる。アーリー・アダプターは，オピニオンリーダーに多く，イノベーターと違って社交的で流行に敏感な人という印象を持たれる。アーリー・マジョリティ

は慎重だが，平均よりは早く採用するタイプと見られる。レイト・マジョリティは新しいものに懐疑的で平均よりも遅く採用する。ラガードは，一番遅れて採用する人たちでのことで，新しいものを受け入れない，最後まで採用しない人も含まれる。[12]

　これを踏まえて，ムーアはイノベーターやアーリー・アダプターまで普及が進んでも，すぐにはアーリー・マジョリティに浸透が進まないことを問題にしている。多くの新製品やイノベーションが一般市場に浸透しないのは，このキャズムという溝・壁を乗り越えられなかったからだと指摘したのである。このポイントは，このキャズムを超えないと小規模市場のままで消滅してしまうため，アーリー・アダプターへのマーケティングだけではなく，アーリー・マジョリティへのマーケティングによる働きかけが重視されるべきであり，イノベーターやアーリー・アダプターを味方につけるマーケティングを工夫する必要があるという。この点については，第3章においてパナソニックの食洗器の事例で普及のためのマーケティングを紹介したが，早期に採用した人たちをどのように活用するかという課題もあるが，普及しない理由は供給サイドの一方的な都合で決められるものではなく，使う側の事情をエスノグラフィーのような調査方法でじっくりと観察することで，使用しない理由，どうしたら採用するようになるかのヒントの発見が求められる。

　なお，新製品の普及過程とPLCの捉え方には，共に時間軸で新製品の普及を表現している点で共通している。しかし異なっている点としては，縦軸がPLCは金額ベースの売上高と利益であり，新製品の普及過程のほうは新製品の新規採用者であらわされている。売上高を縦軸とするPLCでは，ある顧客が反復購買すれば複数回カウントされるのに対して，普及理論は1度採用者としてカウントされれば2度とカウントされることはない。普及過程はイノベーター（2.5％），アーリー・アダプター（13.5％），アーリー・マジョリティ（34％）というように各期の領域が明確であるが，PLCは各期の領域は必ずしも明確に区分されておらず恣意的である。[13]

② 成長期（growth stage）
　企業の売上高が拡大し，利益が実現できる時期である。顧客の認知拡大や先発ブランドの知名度を通して新製品の市場が成長してくる。生産規模も拡大で

きるようなり，量産による規模の経済性が期待できるようになる。売上高や利益の増加は競争者の参入や類似品の増加を生み，業界が成立するまでになり，競争関係が次第に激しくなる。各社とも自社のシェアの獲得が重視され，自社製品の特徴をより一層明確にする必要に迫られる。さらに製品差別化が強調され，プロモーションも説得型のマス広告の採用が多くなり，自社ブランドの訴求やブランド・ロイヤルティの向上を狙うマーケティングが活発化する。販売店のネットワークも拡大され，価格は次第に低下傾向に推移する。企業にとって成長期を長く維持することが理想であるが，少子高齢化の時代には，マスマーケットが形成されにくくなっており，同じ製品が持続して大量に売れるよりも，分散的に特定の顧客層に受け入れられ，すぐに普及のピークになりやすい。競争の激化によって成長期の後半にはすでに利益のピークが生じる。

③ 成熟期（maturity stage）

それまで伸びていた売上高がピークから鈍化し始める。この段階では，新規需要より，反復（リピート）購買の促進、買い替え・買い増し需要が主流となる。そのため，他社ブランドから自社ブランドへのスイッチを狙った他社ブランドのシェアの奪取以外に，自社ブランドのシェアが伸びない状況が生まれやすい。しかも各社の製品の強調点は，製品の技術的な違いが薄れ，コモディティ化が進行しやすく，価格で競争する機会が増加する。説得的広告より，イメージや感性に訴えた広告が利用されやすくなり，市場細分化や製品差別化によって独自の市場ポジショニングが重視されるようになる。これには，次の諸点が検討課題となる。①製品の変更として，デザイン，機能特性の追加，性能向上，品質改善，パッケージの変更などが対象となる。特に技術的対応や感性的対応が図られる側面である。②市場ポジションの見直しとして，ターゲットの再検討，新たなポジショニング，新用途開拓などが対象となる。これは特に顧客対応が図られる側面であり，リピート顧客と新規顧客の開拓が対象となる。③マーケティング・ミックスの修正としては，値下げ，イメージ広告，イベントマーケティング，量販チャネルの活用，刺激的販売促進などが対象となって検討される。この段階では，競争への対抗上，マーケティングの支出が増加し，利益率は低下する傾向がある。

④　衰退期（decline stage）

　売上高がさらに低下傾向を示し，利益の確保をさらに圧迫するようになり，最悪の場合は業績赤字が続くようになる。この背景には，製品の高い普及が需要を制約していること，ライバルの増加，ニーズの変化，自社のマーケティングの不適切さ，法律の変更，新しい強力な代替品の登場などが既存市場を縮小させていることなどが考えられる。すでに製品の廃棄・撤退の項目で説明したように，市場が衰退期にあることが即，撤退や刈り取りを意味するわけではない。自社製品の愛用者との関係を維持することの効果の検討が重要である。取扱製品の品揃え上，顧客維持のために必要ということであれば，他の稼ぎ頭の製品から利益を配分してもらうことも配慮しなければならない。衰退期が自社だけの衰退ではなく，業界全体としての衰退期であるなら，ライバル企業も撤退する可能性がある。ライバルが撤退した場合，限られたニッチ市場となってかつてのような規模の市場ではないまでも，存続可能な水準の市場として新規参入のないレアなビジネス・チャンスを手にすることもあり得る。しかし長期的にそうしたことが不可能ということになると，まだ損失が大きくならないうちにタイミングを計って刈り取りによる撤退が有効になることもある。

　PLCの問題点にも触れておこう。まず，自社ブランド群がPLCのどの段階に位置するのか明確に判別できないという批判がある。特に導入期から成長期への変化の時点，成長期と成熟期の判別は難しい。それにPLCは，マーケティング活動の結果であって，原因ではないという見解がある。つまりマーケティングによって決定される従属変数であって，PLCはマーケティングを適合させるべき独立変数ではないという見解である。しかし，こうした批判や問題点の指摘はあるが，マーケティング戦略によって，製品のライフサイクルを変化させていくことが重視されていることも事実であり，マーケターにとってPLCの仕掛けや弱点を理解したうえで活用することが必要と考えられる。PLCの仕掛けを次に論じる製品ポートフォーリオマネジメント（PPM）と関連付けることで，製品や事業のポジションをより的確に把握し，効果的なマーケティング展開に役立てることができる。

4 ▶ PPM(product portfolio management)の分析

　多くの企業は，成長と発展を維持するため，取り扱う製品（事業）やブランドの種類や規模を拡大し多様化する傾向にある。ちなみに日立製作所の場合，その事業範囲は，法人向け事業として①情報・通信，②電力，③産業，④公共・都市・交通，⑤電子装置・システム，⑥建設機械，⑦高機能材料，⑧自動車機器，⑨金融・サービス，⑩その他（物流・サービスなど），さらに個人向け事業として⑪家電，⑫住まい・生活サービスと広範多岐に及んでいる。[14]

　日本を代表する大手企業の場合，特に法人と家庭向けの両方を同時展開している企業では，経営者が目視で確認できる事業は限られている。まして製品やブランドレベルになると，直接担当しているマーケターのレベルでもその動向を的確に把握していくのが容易ではない。そこで，本書の第2章でGEの事業多角化の弊害としてマーケティング遠視眼について論じたように，消費者やユーザーが期待するベネフィットをもとに事業や製品を考える場合，一定の条件を設定しないと，事業が無制限に拡大し，製品や事業の対象がやみくもに広がり，企業の進むべき方向や製品（事業）の役割が曖昧になってしまう。企業にとって経営資源は限られており，製品・ブランド（事業）間の最適な経営資源の配分を決める仕組みが必要となる。製品（事業）・ブランドに対して，投資を続けるべきか，撤退すべきか，あるいは投資を続けるならどれくらいの水準の投資を行うのかを決定しなければならない。ここでは製品レベルのポートフォリオ戦略を検討していこう。

　通称，PPMと略語で表現されるが，これはproduct portfolio management（matrix）のことで，米国のボストンコンサルティング・グループによって開発された手法なので，BCGのPPMとも呼ばれる。複数の製品（あるいは事業やブランド）を全体として管理するための手法であり，縦軸に市場成長率，横軸に自社の相対市場シェアを取ることで，成長を目安に資金投入のバランスを考慮するところに特徴がある（図表7-3）。

　これによって，収益を稼ぐ「金のなる木」を確保する一方，未来を支える成長候補として「花形（スター）」や「問題児」に資金を投入することで，長期の課題と短期の課題を調和させることが可能となる。

図表7-3　製品ポートフォリオ・マネジメント（PPM）

	相対市場シェア 高	相対市場シェア 低
市場成長率 高	② 花形 (stars)	① 問題児 (problem children)
市場成長率 低	③ 金のなる木 (cash cows)	④ 負け犬 (dogs)

① 問題児（problem children）：市場成長率は高いが，自社の相対市場シェアが低い
② 花形（stars）：市場成長率と自社の相対市場シェアがともに高い
③ 金のなる木（cash cows）：市場成長率は低いが自社の相対市場シェアは高い
④ 負け犬（dogs）：市場成長率も自社の相対市場シェアもともに低い

　成長期は需要の伸びが大きいので，その分多くの投資が必要となる。この投資を十分に実施しているかどうかによって市場地位が容易に変動する。相対市場シェアは，短期的には規模の経済によって，長期的には経験効果によってコスト優位が確保できるかどうかの判断材料となる。規模の経済の源泉は固定費にあるといえる。現在の花形製品はもちろん，問題児や負け犬からも次代の金のなる木候補を選抜していくように考えることが製品ポートフォリオのポイントである。多くは「問題児」としてスタートし，成功すれば「花形」へと移る。その後は市場成長率の鈍化に伴って「金のなる木」となり，製品ライフサイクルの最後には消え去るか，「負け犬」となる。企業は継続的に新製品や新事業を立ち上げ，そのうちのいくつかを「花形」に，さらには他の製品（事業）の資金源となる「金のなる木」に育てていかなくてはいけない（図表7-4）。

　ただし，PPMにも問題点がある。市場成長率が市場の「魅力度」を示すには不十分であり，市場規模や市場の安定性を考慮する必要がある。また市場シェアの「市場」の定義が曖昧であり，市場の切り分け方によっては市場における相対シェアは一定ではない。加えてこれから乗り出そうとする新規事業はいきなり問題児に置かれており，それを事前に評価する手掛かりが得にくい。さら

図表7-4　PPMの類型

	事業目的	企業内ミッション	基本戦略
金のなる木	事業利益	資金供給	シェア維持
問題児	成長/撤退	成長：次世代花形への投資	成長：シェア維持
		撤退：資源移転	撤退：シェア刈り取り
花形	市場シェア維持	成長：成長維持のための資金投入と金のなる木の育成	シェア獲得・維持
負け犬	撤退	余剰資源の移転	シェア刈り取り

に製品（事業）間の相乗効果（シナジー）が考慮されていないことや投資収益率ではなく，キャッシュフロー（短期の資金の流れ）を事業の評価基準にしていることから，短期の資金管理が優先されやすいことなど注意しなければならない。[15]

■ **演習問題&討論テーマ**

(1) 派生需要という概念を使って，ある特定の製品やサービスの需要拡大を図るためのマーケティング活動を提案してみよう。

(2) 新製品開発の市場導入で成功していると思われる企業の事例を取り上げ，その成功要因を明らかにしてみよう。

(3) NB商品とPB商品を比較して，低価格以外で消費者に選ばれるためのPB商品のマーケティングの条件について検討してみよう。これに対してNB商品は何が必要となるか合わせて考えてみよう。

●注

1) Kerin, Roger A., Lau Geok Theng, Steven W. Hartley, and William Rudelius (2013) *Marketing in Asia,* McGraw-Hill, pp.160-166.
2) Kotler, Philip (1999) *Marketing Management, Millennium Edition,* Prentice-Hall.（恩藏直人監修・月岡真紀訳『コトラーのマーケティング・マネジメント ミレニアム版』ピアソン・エデュケーション，2001年，pp.284-285）国末憲人（2011）『ミシュラン：三ツ星と世界戦略』新潮選書。

ミシュランガイドのスタートは，1900年にドライバーのために無料配布された冊子であった。国末によると，旅行者用のガイド自体はミシュランの発明ではないという。ミシュランに先行するガイドは19世紀にいくつか存在しており，英国やドイツでも19世紀前半から英仏独語によるガイドが発行されており，お勧めのホテルに星を付けるなどミシュランの手法を先取りするような試みがなされていたという。

3) PB商品開発をめぐる小売企業とメーカーとの共同開発の関係については，田口冬樹（2016）『流通イノベーションへの挑戦』白桃書房，第8章を参照されたい。
4) 同上書，第7章参照。
5) 小林製薬（http://www.kobayashi.co.jp/ir/strategy/）2017-2-10現在
6) ウーバーの創業と会社概要（https://www.wantedly.com/companies/www-uber/info）2017-2-10現在
7) 3M製品開発ストーリー（http://www.mmm.co.jp/wakuwaku/story/story2-1.html）2016-12-27現在
8) 花王アタックNeo（http://www.tv-tokyo.co.jp/rubicon/backnumber/100603.html）2016-12-18現在
9) フィリップ・コトラー，ゲイリー・アームストロング，恩藏直人（2014）『コトラー，アームストロング，恩藏のマーケティング原理』丸善出版，pp.203-204。
恩藏直人（1996）「製品対応」和田充夫・恩藏直人・三浦俊彦『マーケティング戦略』有斐閣アルマ，pp.174-175。
10) Moore, Geoffrey A.（1991）*Crossing the Chasm: Marketing and Selling High-Tech Products to Mainstream Customers,* HarperBusiness.（川又政治訳『キャズム—ハイテクをブレイクさせる「超」マーケティング理論』翔泳社，2002年）
Rogers, Everett M.（1962）*Diffusion of Innovations, Fifth Edition,* The Free Press.（三藤利雄訳『イノベーションの普及』翔泳社，2007年）
11) 各用語の説明としては以下のような特徴が見られる。
1. イノベーター（Innovators：革新的採用者）：
冒険心にあふれ，新しいものを進んで採用する人。市場全体の2.5%。
2. アーリー・アダプター（Early Adopters：早期採用者）：
流行に敏感で，情報収集を自ら行い，判断する人。他の消費層への影響力が大きく，オピニオンリーダーとも呼ばれる。市場全体の13.5%。
3. アーリーマジョリティ（Early Majority：前期多数追随者）：
比較的慎重派の人。平均より早くに新しいものを取り入れる。ブリッジピープルとも呼ばれる。市場全体の34.0%。
4. レイトマジョリティ（Late Majority：後期多数追随者）：
比較的懐疑的な人。周囲の大多数が試している場面を見てから同じ選択をする。フォロワーズとも呼ばれる。市場全体の34.0%。
5. ラガード（Laggards：採用遅滞者）：
最も保守的な人。流行や世の中の動きに関心が薄い。イノベーションが伝統になるまで採用しない。伝統主義者とも訳される。市場全体の16.0%。
12) Moore，前掲訳書。

13）井上哲浩（2010）「製品ライフサイクル」池尾恭一・青木幸弘・南知恵子・井上哲浩『マーケティング』有斐閣，pp.362-365。
14）http://www.hitachi.co.jp/products/category/index.html#products_category　2016-12-18現在。
15）石井淳蔵・栗木契・嶋口充輝・余田拓郎（2013）『ゼミナール　マーケティング入門』日本経済新聞社，pp.162-172。

第8章

製品からブランドへの進化

キーワード

- ブランド要素
- ブランド・エクイティ
- 先発ブランド優位vs後発ブランド優位
- ブランド・ロイヤルティ
- ブランド戦略

　現在，多くの製品は商品化のポジションに置かれている。しかし，その多くの製品は，単に商品化のポジションに置かれるだけではなく，消費者からこだわりの目で受け取られ，選ばれることを目指しているといっても過言ではない。つまり製品・商品がブランドとして消費者から評価されるかどうかが問われているのである。消費者の多くは，自分が大切にしているこだわりやテイスト（好み）をもとに，ブランドで商品を選ぶようになっている。それでは，ブランドとは何を意味しているのか。消費者はなぜブランドにこだわるのかを検討してみよう。

1 ▶ ブランド設定の対象とブランド要素

　米国マーケティング協会の定義では，ブランドを「ある売り手の商品もしくはサービスを他の売り手の商品もしくはサービスとは異なったものとして識別させるための名称，用語，デザイン，シンボルあるいは他の特徴」と捉えている。歴史的に，「ブランド」という言葉は，古代ノルド語（スウェーデン人，ノルウェー人，アイスランド人，デンマーク人が共通に話していたとされる言語）

の「焼き付ける：brandr」という言葉が語源で，家畜の所有者が他者の家畜と区分するために，家畜に焼印を押す（burned）ことに由来していたといわれている。欧州では，14世紀頃には手工業者によってギルドが組織され粗悪品の出所追求と処罰のための統制手段として生産組合のマークが利用された。近代的な意味でのブランディング（ブランド設定や付与）やブランド・ネームの利用が普及したのは，産業革命以降であるが，米国に始まった大量生産がマーケティングという手法を生み出し，マスメディアの発展と共にライバル企業との差別化を実現するためにブランドが有効な競争手段になっていく。ブランディングの対象は，耐久消費財のような工業製品だけでなく，本来製品差別化が難しいと思われた農産物にも採用された。1908年には，カリフォルニア州とアリゾナ州の農業生産者組合が初めてサンキスト（「太陽がキスした果物」の意味）というブランド・ネームを設定し，1926年からは小売店の店頭で目立つようにとサンキストのロゴを1個1個のオレンジやレモンにスタンプして発売していた。

今日では地方の農産物や水産物がブランディングの対象となるのは珍しいことではなくなったが，サンキストというブランドを立ち上げたことで，この農業生産者組合がマーケティングとブランドをいち早く導入したイノベーターであったといえる。

このようにブランドは他者（他社）との識別や差別化の手段として利用されてきた。それは定義にも示されたように，1つの要素で構成されているのではなく，複数の要素がブランドを成り立たせている。ブランド要素としては，①ブランド・ネーム：製品コンセプトを表現する名称，②ロゴ・シンボル：企業名やマークなどのビジュアル的表現，③キャラクター：架空ないし実在の人物，④メッセージ：簡単なフレーズやスローガン，⑤ジングル：音楽によるメッセージやコマーシャルソング，⑥パッケージング：製品の容器や包装などが挙げられる。ケラー（Kevin L. Keller）によると，こうしたブランド要素には強みと弱みがあり，バラバラに利用するのではなく，要素を適切にミックスさせ，意味の共有によって相互に強化し合う強いブランドになるように選択しマッチさせる必要があることを指摘している。企業や消費者にとって，ブランドはどのような役割や機能を果たしているのだろうか。先ほど述べた①識別機能（他社との違い）以外にも，②出所表示機能（製造業者や流通業者の明示），③品質保証機能（品質を一定水準で保持），④情報伝達機能（ブランドによるアナウンス

効果),⑤想起機能（ブランドの再生と連想：特定の製品カテゴリーに当てはまるブランドの再生や特定ブランドに対するイメージの連想のことで，例えば，「ビール（カテゴリー）といえば？」→「スーパードライ」というブランドの再生や「レクサス（特定ブランド）といえばどのようなイメージ？」→「高級車」というイメージの連想のこと）が挙げられる。ちなみに，消費者が高額な商品を購入しようとした場合，商品知識を十分に持ち合わせていない消費者にとっては，とりあえず知名度の高いブランド商品に走る理由もブランドの持つこうした機能に由来している。信頼できる企業か，何かあったら保証してくれる企業か，社会的評判という点を考慮して有名ブランドを選ぶのである。なぜブランドを選ぶかという質問に，多くの消費者はブランドが信頼や安心感をもたらすと期待しているという解を見出すことができるだろう。

　それでは，どのようにしたらブランドとなるのだろうか。企業がその製品やサービスにネームやロゴなどを付与したら，すべてブランドになるのだろうか。ここで消費者にとってのブランドとはどのようなものを指すのかを検討してみよう。ブランドとは，単にネームやシンボルのバラバラな要素のことではなく，ケラーの指摘のように要素のまとまりとして消費者に影響を与えるものである。加えて企業と顧客とのリレーションシップ（関係性）をつくり維持するためのカギをなしており，ある製品やサービスが消費者にとってどのような意味を持つのかを表現していると考えられる。まず，ブランドが単なる製品と違った意味を持つのにはいくつかの前提や条件が働いている。製品にネームを付与してもブランドにはならないということは，まず消費者サイドの受容（acceptance）の問題が影響している。

2 ▶ ブランド化の条件：
　　ブランド・ロイヤルティおよびブランド・エクイティ

　次の図表8-1に注目していただきたい。①において示されたように，消費者にとってのブランドとは製品が消費者にとって品質・性能・耐久性などで「役に立つものである」という実績が大前提になる。もちろん，ネーミングがユニークで話題を集める商品もあるが，そうはいっても使用や飲食に耐えられること

図表8-1　ブランドの進化

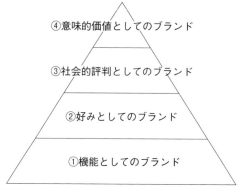

出所：鳥居直隆（1996）『ブランド・マーケティング』ダイヤモンド社，p.69 から作成。

が継続的な購買には不可欠であろう。その大前提のうえで，②自分のこだわりやテイストに結び付き，継続して購入したり長く使い続けたりすることができる。そして③自分が良いと思うモノを友人に紹介したり，何を買えばよいかわからない時は周りの評判で選んだりすることが起こる。こうした行動は，消費者にとって粗悪品を選ぶリスクの削減にも結び付いている。そして究極は，④ブランドが付与された商品は自分にとってなくてはならない，自分の個性を表現する道具や自分そのものであるという意識を生み出す。それほどまでにそのブランドへの思い入れが起こることがある。この段階にある消費者は，これまでもシャネラーやグッチャー（シャネルやグッチの熱狂的な信奉者）と呼ばれて注目されてきたが，マーケターにとってはこうしたブランド・ロイヤルティの高い消費者は企業の強い味方といえるだろう（図表8-1参照）。

① 製品・サービスの機能としてのブランド：品質，性能，効能，耐久性（良い商品）
② 好みとしてのブランド：使用感，デザイン，見た目，パッケージ（好きな商品）
③ 社会的評価としてのブランド：世間の評判，安心，信頼，高級感（評判の良い商品）
④ 意味的価値としてのブランド：自我関与，愛着，自己表現，憧れ（なくてはならない商品・こだわりの商品）[6]

ブランドにこだわる消費者は一見合理的ではないように思われている。ブランドに盲目的になり，高い価格を支払うのは無駄になっているという批判もある。しかし，まったくの無駄ともいえない一定の合理的な行動や理由が存在している。

① 商品選択を容易にする：たくさんの有名・無名の商品がある中でも，興味があったり，自分の好みに近かったり，とりあえず名前だけは知っているという特定ブランドがあれば選択は短時間かつスムーズに行えるだろう。
② リスクの回避：その製品やサービスの安心や安全，最低限の品質を保証する役割がある。ブランドは，特に購買決定時に製品属性が評価できない場合に品質のシグナルとして機能する。
③ 社会的関係：自分自身を表現したり，他者と違うことをアピールしたりする役割もある（自己表現・自己顕示）。
④ ブランド・ロイヤルティ：そのブランドでなければ他に代替できない執着を抱かせることがある（不可欠性・継続性）[7]。

　このように，ブランドは消費者がモノを選択する時の基準としての役割のみならず，その選択の動機を生み出していたり，消費者がモノに対して特別な意味づけをすることを促したりしている点を指摘できる。この場合，ブランドへのこだわりは個々の消費者にとって同じではない。消費者ごとに，ロイヤルティに強弱や程度が生まれている。ブランド・ロイヤルティがどのように発生するのかを段階的に見ていくと，①「他に良い選択肢がなかった」，②「何となく決まっていて，習慣的に買う」，③「他に乗り換えるには時間やコスト，手間がかかる（スイッチング・コスト）」，④「愛着がわいていて，他のブランドに乗り換えにくい」，⑤「ブランドに惚れ込んでいて，ユーザーであることに誇りを持っている（ブランド・アイデンティティ）」というように，後になるほど積極的・能動的な態度での支持が示されている[8]。

　製品にネームやロゴを付ければブランドになるわけではなく，消費者からその製品の良さが認められ，消費者の思いや意味づけが与えられて初めてブランドとして認知され支持されることになる。高いブランド・ロイヤルティはそうした企業と消費者との約束や信頼の結果ということができる。その意味で，ブランドは一朝一夕には出来上がらない。様々なマーケティング努力を長期的に展開して初めてブランドが消費者に認められる。新ブランドが誕生した時，ブ

ランドはマーケティングによって育成される。しかしやがてこうしたブランドが支持され，高いロイヤルティを獲得すると，その後はブランドが様々な機能を通してマーケティング活動を支援するようになり，同時に相補的な関係に置かれる。

　かつて，LVJ（ルイ・ヴィトン・ジャパン）前社長の秦郷次郎は，「人の持っているものは，みなが欲しがる。誰も持っていないものは，もっと欲しくなる」[9]と発言していた。この発言は，消費者の欲望とブランドの関係をうまく説明している。一般に，他者の消費が増えるほど需要が増加する現象をバンドワゴン効果という。当初は皆が持っているブランドが欲しくなるが，やがてそれが普及するにつれて，他者との違いを強調したくなる。次第に，他者の消費が増えるほど需要が減少する現象としてのスノッブ効果が出現し，他者の持てないブランドを持ちたくなる。さらには富裕層の消費者行動に見られるように，価格が高いほど顕示的消費が増加する現象であるヴェブレン効果も表れてくる。これらの3つの効果は，物質的に豊かな社会となった現代の消費意識の主な傾向を表している。ブランドは，いつまでも同じ状態で維持されることが重要なのではない。伝統（tradition）と革新（innovation）を巧みに組み合わせながら，稀少性や高級感，あるいは特別さを訴求し，結果として消費者の心になくてはならない存在として位置付けられるようにすることがマーケターに求められている。

　このようにして形成される消費者からのブランドの認知や支持は，企業にとっては大切な資産と位置付けられる。アーカー（David Aaker）は，ブランド・エクイティ（資産）という考え方を提起した[10]。ブランド・エクイティとは，ブランド・ネームの認知がもたらす，製品やマーケティングに対する顧客反応の差異効果のことである。消費者があるブランドに対して，同一製品のノーブランド品よりも好意的な反応を示す場合，そのブランドにはプラスのブランド・エクイティがあり，逆にノーブランド品よりも好意的でない反応なら，マイナスのブランド・エクイティがあると捉えることができる[11]。ブランド・エクイティを構成する要素としては以下の5つが挙げられる。

① ブランド・ロイヤルティ：顧客満足によって生み出されたブランドに対する忠誠度は，商品の継続的購入に影響する。
② ブランド・ネームと認知度：ブランド名をどれだけの人が知っているか。

③ 知覚品質：そのブランドが他のブランドと比較して優れていると感じる程度。
④ ブランド連想：ブランドに結び付いた特定の連想，ステータスやセンスの良さ，さわやかさなど多岐にわたる。
⑤ その他の所有資産：そのブランドに関する商標やデザイン，ノウハウもブランドの資産であり，それらは商標法や特許法で保護されている。また，流通チャネルなども含まれる。[12]

　ブランド・ロイヤルティはブランド・エクイティの一部となって概念化されている。コトラーはブランド・エクイティの根底には，ブランドがつくり出す顧客とのリレーションシップの価値，すなわちカスタマー・エクイティが存在すると捉えている。つまり顧客がそのブランドに価値があるという評価や支持をしてくれていることがブランド・エクイティの本質ということになる。[13]
　アーカーによるブランド・エクイティの提案には当時の時代背景が影響している。1980年の半ば頃，米国企業の経営幹部は株式市場の投資家のプレッシャーを受けて短期志向に陥っていた。それを受けてアーカーは反対に長期的な視点から資産を構築・管理する必要性を痛感した。その優先事項の１つとしてブランドに着目し，ブランドの資産的価値を高めるために，それを構築し管理するためのツールや方法を開発しようと決心したと述べている。[14]さらにこれに加えて，米国でのウォルマートやKマート，ターゲットといったディスカウントを訴求した大規模小売企業の成長を背景に，NB商品のディスカウント販売によるメーカーブランドのイメージダウン，ブランド商品を抱える企業を対象としたM&Aの活発化もブランド・エクイティへの関心を高めることになった。[15]
　ブランドは，単なる製品や商品をこだわりの存在へと変化させ，たくさんのライバル製品の中から選ばれる存在へと押し上げてくれる。そしてブランドの活用によって，われわれの生活や消費のあり方も大きく変わってきた。ブランドには，２つの特徴を見出すことができる。[16]１つは，ブランドが情報としての役割を持っているという捉え方である。ブランドは消費者の意思決定や選択を容易にし，リスクを削減してくれる手段である。この場合，購買に焦点が当てられ，ブランド知識が関心事となる。２つ目のブランドの捉え方は，ブランドが意味としての役割を持つという捉え方である。この場合，ブランドは人々の生

活や人生と密接に結び付いており，意味を与える手段となる。そのため使用や消費に焦点が当てられ，ブランドの経験的，象徴的な意味が関心事となる。優れたモノづくりから発信された情報としてのブランドに対して，さらにはモノへの意味づけというブランドが果たす新たな役割が重視されるようになってきた。それだけに，ブランドをベースに意味や価値を消費者のマインドに伝えるマーケティングやコミュニケーションの活用が重要となっている。[17]

3 ▶ ブランド戦略のタイプ

これまで述べてきたように，ある製品やサービスについて，そのブランドとしての認知が高まり，ブランドの品質が高いものであるということが理解され，そのブランドから連想する内容が具体的になればなるほどそのブランドは世の中での存在感が大きくなる。このことは，特定のブランドの認知や連想がポジティブなものであれば，安定して購入される可能性が高まることを示唆している。ブランド・エクイティを長期にわたって維持向上させるためには，周到なブランド戦略を準備する必要がある。そこで，ブランド戦略のタイプを以下で検討しておこう。[18]

① 個別ブランド戦略
② 統一ファミリー・ブランド戦略
③ 分割ファミリー・ブランド戦略
④ 統合ブランド戦略
⑤ 企業からの独立ブランド戦略
⑥ ブランドの共同利用戦略
⑦ 複数企業による統一ブランド戦略
⑧ 成分ブランド戦略

まず，①個別ブランド戦略は，1つ1つの製品に対して個別にブランド名を付ける方式である。メリットとしては，個別製品にベストのブランド名が付与できる，1つの失敗が全体に及ばない，消費者のブランド・スイッチを自社の独立ブランド間でカバーできることが挙げられる。これに対してデメリットは，

初期投資が大きい，それぞれ独立したブランド名が設定されるので認知や浸透に時間がかかるという点が指摘できる。

②統一ファミリー・ブランド戦略は，1つの核となるブランドにいくつかのサブブランドを持つ方式であり，1つの強力なマスターブランドの下に同一コンセプトの複数のサブブランド（さらにその下位ブランドであるレンジブランド）を設定する方式といえる。メリットとしては，新製品の市場導入コストが少なくて済む，既存のブランド名が強いほど新ブランド発売の効果も高く，コミュニケーション効率が向上しイメージが統一しやすいことといえるだろう。デメリットとして，個性的な商品ほど全体のブランド・イメージに左右されやすいし，サブブランドの失敗が全体に波及しやすいことに注意せねばならない。

③分割ファミリー・ブランド戦略は，共通のファミリー・ネームを使う方式であり，事業ブランドやカテゴリーブランドのレベルで捉えることができる。②の統一ファミリー・ブランドに対して事業ごとに異なったファミリー・ブランドを配置する方式である。メリットとしては，イメージの混乱を防ぐ，選択のしやすさ，対象事業と顧客が明確になる。デメリットには，ブランド・イメージの混乱は防げても，企業としての統一的イメージが分散しがちとなるという点が指摘できる。具体例では，複数の種類の飲食店を運営している「レックス・ホールディングス」の場合，「牛角」「しゃぶしゃぶ温野菜」「レッドロブスター」といったように事業ごとに著名なブランドを展開しているが，多くの人はこれらが1つの親会社によって経営されているイメージまでは得にくい。

④統合ブランド戦略は，個別の製品名と社名を組み合わせる方式で，企業名は新製品が当該企業のものであることを示し，個々の名称は新製品を特徴付けることで，消費者の認知や理解を助ける。標的市場は同じであるが，製品ライン間のイメージが異質である場合に，すべての製品に共通する企業ブランド名を設定し，製品ごとには適切なイメージを適用しようとする場合に有効とされる。[19]メリットとしては，企業の名声で個別のブランドを保証（endorsement：裏書）し，統一感を訴求できる。デメリットには，会社名のイメージが強調され過ぎると，製品名の特徴が埋没し新しいターゲットに適合しないことが起こるという点が指摘できる。

⑤企業からの独立ブランド戦略は，あえて会社名を出さずにブランド名を強調する方式である。アウト・オブ・ブランド，アウト・オブ・コーポレートと

も呼ばれる。メリットとしては，その企業の従来とは異なったイメージを演出し，これまでと違った顧客層にアピールしようとする場合に有効である。デメリットには，企業名が明示されないことで企業名を手掛かりに購入しようとする顧客には選択しにくくなるという点が指摘できる。

⑥ブランドの共同利用戦略は，企業間の連携によって，自社のブランドと他社のブランドを併記する方式であり，ダブル・ブランド戦略ともいわれる。メリットとしては，単独では実現しにくい製品やサービスが提供でき，双方を組み合わせたブランドは幅広い顧客にアピールする力を持つことからブランド・エクイティの向上が期待できる。デメリットには，どちらかの企業イメージやブランドの個性が強い場合は，それぞれの企業のブランド・イメージが錯綜して混乱を生み出すという点が指摘できる。

⑦複数企業による統一ブランド戦略は，企業や業種の枠を超えて，それぞれの企業の商品に1つの統一ブランドを設定して共同利用する方式である。これは，単にブランドだけにとどまらず，企業間の業務提携や店舗の共同利用にまで発展することもある。メリットとしては，複数企業の後押しによって支えられたブランド・イメージは話題性を生む。デメリットには，個々の企業が展開する製品・サービスとそのイメージとの不一致が生じることもある。

⑧成分ブランド（ingredient co-brand）戦略は，コ・ブランディング（共同ブランディング）の一種で，製品に含まれる優れた原材料や部品のブランド・イメージを利用したブランディングのことであり，通常は素材や部品の品質や性能などの面で競争優位性や価値をアピールする方式である。メリットとしては，製品の品質や性能の良さを訴求しやすいし，素材・部品・完成品の関係でお互いに相乗効果や話題性が期待できる。デメリットには，成分ブランドの良さが消費者に認知されていないと複雑で難しい商品と思われてしまう。[20]

4 ▶ マトリックスに基づくブランド戦略の展開

ブランド戦略の展開に際して，戦略の目的に応じていくつかの選択肢を示しておこう。縦軸は市場レベルで新規と既存の区分，横軸はブランドレベルで新規と既存の区分という形で4つのセルを内容としたマトリックスを描いている

図表8-2　ブランド基本戦略のマトリックス

	既存ブランド	新規ブランド
既存市場	ブランド強化 ● 流通やプロモーションの見直し ● 従来のものとの違いを明確にした製品改良	ブランド変更 ● 市場への迅速なブランド浸透 ● 過去のブランド・イメージとの切り離し
新規市場	ブランド位置の見直し ● 新しいブランド・コンセプトを消費者に伝える ● 反復的なプロモーション	ブランド開発 ● 先発者の場合はブランド連想の確立とブランド名声の維持 ● 後発の場合はブランドの差別化

出所：恩藏直人（1995）『競争優位のブランド戦略』日本経済新聞社。

（図表8-2参照）[21]

　順に見てみよう。ブランド強化戦略は，既存のブランドを既存の市場に提供し続ける戦略である。一見何も変えない戦略に思われがちであるが，顧客が継続的に購入してくれている大切な市場であり，ライバルに顧客を奪われないようにするには従来以上に自社ブランドの良さを浸透させる努力が不可欠である。長期的にブランドを育成するにはここでの対応強化が基本となる。この戦略における課題は，自社ブランドの浸透が弱いエリアに向けた流通やプロモーションの強化の他，競争激化への対応や顧客との緊密な関係構築のための（ブランド変更を前提としない）成分や品質の見直しによる微調整などが挙げられる。

　次に，ブランド変更戦略は，既存市場に新規ブランドを投入する戦略である。対象市場を変更せず，ブランドのみ変更する方式である。このような対応が必要となるのは，①値崩れしてきたブランドを破棄する場合，②不祥事を起こしたブランドを立て直すため，あるいは③消費者にとってブランドに鮮度感を与える場合などが該当する。[22]

　ブランド位置の見直し（リ・ポジショニング）戦略は，既存ブランドを新しい市場に導入することでブランドの新たなポジションを創造する戦略である。このような対応が必要となるのは，ターゲット市場が変化し，ブランドのポジショニングが適切でなくなった場合である。例えば，製品ライフサイクルの成熟期で，製品がコモディティ化している場合には新たなターゲットを見出したり，新しい用途を発見・提案したりすることで既存ブランドの活路を創造することになる。特に，新興国市場の成長は，日本企業のブランドを展開するビジ

ネス・チャンスを提供している。ただしその場合，日本のブランドや成分をそのまま提供できるとは限らない。現地適応化のための成分やパッケージなどの変更が必要となることに配慮しなければならない。

　ブランド開発戦略は，新規市場に新規ブランドを導入する戦略である。未経験の市場に，消費者認知がまったくないブランドで新規参入する。4つのブランド戦略の中で最もリスクが高いが，その分リターンも大きくなる。新製品カテゴリーに進出する際に，既存ブランドのネームがどれも似つかわしくないことがあるため，まったく新規のブランドで進出することになる。さらには，過去のイメージを払拭して，新たに成長可能性のある市場を獲得しようとする場合にも，この戦略が採用される。特に新規市場というリスクに対しては，市場成長の見通しを踏まえて，自社の先端技術や新素材などの強みとなる経営資源をいかした形での進出が行われる。

　ブランドは，顧客の支持を得ることで長期にわたって企業の発展に貢献することが期待できる。そのため企業は，顧客のブランド・ロイヤルティを構築・維持し，ブランド・エクイティの向上を目指してブランドの活用を積極的に推進している。特に，ブランドを既存市場と新規市場で活用するためには，企業は拡張戦略を展開する（図表8-3参照）。このブランド拡張（brand extension）には2つのタイプが存在する。[23]

　その1つがライン拡張（line extension）である。これは，既存の親ブランドと同じ製品カテゴリー内で拡張を行うものである。その狙いは，同じブランド名を使って同一の製品カテゴリーに新たなアイテムを加えることである。同一のブランドで多様なアイテムを提供することで，ライバルへの対抗と消費者選択の幅を確保することができる。全体として，すでに消費者認知が浸透したブランドの活用により，前のファミリー・ブランド戦略で述べたように，ブラン

図表8-3　ブランド拡張戦略

	既存製品	新規製品
既存ブランド	ライン拡張 ●ブランド・イメージの一貫性 ●導入コストの節約	カテゴリー拡張 ●知名度による信頼性 ●消費者選択の拡大

出所：Kotler, P., and K. L. Keller（2007）*A Framework for Marketing Management, Third Edition*, Prentice-Hall.（恩藏直人監修・月谷真紀訳『コトラー&ケラーのマーケティング・マネジメント 基本編 第3版』丸善出版，2008年，pp.182-184）。

ド自体の強化・補強・延命を果たすことも可能となる。

　これに対して，カテゴリー拡張（brand stretching）と呼ばれる戦略がある。すでに成功したブランド名を，異業種の製品やサービス・カテゴリーに使用する方式である。すでに認知されたブランド名で異業種の新規市場に参入することで，顧客からの購買抵抗を減らす効果が期待できる。特に新規市場では，新規ブランドを立ち上げる膨大な時間や資金が必要となるが，そうした負担を減らす効果がある。既存ブランドのブランド連想が，新しい製品カテゴリーにも有効である場合にはメリットも多い。言い換えれば，これはブランド・エクイティを活用した戦略と表現できる。

5 ▶ 先発ブランド優位 vs 後発ブランド優位について

　ブランドを市場に進出させる時期やタイミングが早いか遅いかで，競争上どのような利点や問題点が発生するかということを検討してみよう。他社に先駆けて，ある製品カテゴリーに真っ先に参入することで獲得できる優位性を先発ブランドの優位性（first mover advantage）という。

　その特徴は，新技術・新素材・新用途といったイノベーションによって新規市場や新規事業カテゴリーを提案することにあり，最初に顧客にその存在を知ってもらうチャンスが大きい。そのためカテゴリーファーストとして個別企業のブランド名が事業カテゴリー名として使用される。宅急便という名称は，ヤマト運輸の商品ブランド名であるにもかかわらず，それが最初につくり出した事業であるがゆえに，小口荷物（30kg以下）を企業から家庭（BtoC）あるいは家庭から家庭（CtoC）に送るための事業カテゴリー名として最初に認知された。宮崎駿監督の『魔女の宅急便』という映画タイトルも，その原作の絵本の題名も宅配便とはしなかった。事業カテゴリー名としては宅配便という名称があるにもかかわらずである。

　それでは，先発ブランドにはどのようなメリットがあるのだろうか。[24)]
① 他社に先駆けて技術のリーダーシップを発揮することで，製品やサービスの規格・標準を決定し主導できる。ディファクト・スタンダードの確立にもなる。

② 経験効果の活用でコスト削減や市場で最も有利な地位の確保が実現できる。ブルーオーシャン市場での展開が可能となる。
③ 消費者に「最初として」の関心・興味を引き起こし，ブランド認知や使用体験を獲得させられる。それによりスイッチング・コストを発生させやすい。
④ 調達先や流通チャネルにおいて限りのある資源を先取りしやすい。

逆にそのデメリットとしては，
① 市場の創造に伴う不確実性やリスクが大きい。同時に膨大な広告宣伝費が必要となる。
② 研究開発やマーケティングのコストそれに時間の負担が大きい。
③ 独自性や暗黙知などの高い参入障壁がなければ，ライバルからの追随や模倣は容易である。

これに対して，後発ブランド優位性というポジションも存在する。[25]

後発ブランドの優位性（late mover advantage, second-mover advantage）とは，他社がすでに確立している市場に2番手以降で参入することで獲得できる優位性のことである。後発に優位性が生まれるのは，市場の不確実性が先発企業によって解消され，需要の存在や顕在化の見通しが確認できるからである。またライバルとの違いを明確にすることで，差別化と集中化によってライバルを超える能力を意図的に発揮することも期待でき，顧客からその違いが理解され，評価されることで市場地位を築くことが可能となる。言い換えれば既存需要獲得・奪取型である。一般には，新興国の企業が先進国の市場で確立した技術を活用することで，低い賃金をベースに低価格訴求で後発優位性を発揮してきた例が指摘できるだろう。

後発ブランドのメリットとしては，
① 先発企業の動向から需要の不確実性を見極められる。
② 研究開発やマーケティングのコスト，特にプロモーション・コストへの投資が少なくて済む。
③ 先発企業をベンチマークし，ライバルの特徴と弱点を理解しやすい。それ

を踏まえた選択と集中により自社の強みを強調できる
④ ライバルが対象としていない顧客や技術の変化を活用できる。新たな土俵・ビジネスモデルの提案による挑戦も可能である。

デメリットとしては，
① 独自性がないと単なる模倣や二番煎じに見られてしまう。
② 先発企業との違いが明確でない場合，先発企業のシェアを増加させることに終わる。
③ 先発企業と同じ顧客を対象にした単なるフォロワーのポジションに終わる場合，価格競争に陥りやすい。

このように先発ブランドにも，後発ブランドにも，それぞれの優位性を実現するチャンスが確認できるが，どちらかに必ず有利になるということを一般化するのは難しい。[26] 重要なことは，リーダーになるための優位性を先出しであれ，後出しであれ，環境の変化を読み解きながら，自社の強みとすり合わせることであり，常にイノベーションを継続して実行していく経営者能力や組織能力が問われているということである。

■ 演習問題＆討論テーマ
(1) ブランドの役割を明らかにし，どのようにすればブランドといえるようになるのかを考えてみよう。
(2) 特定の企業，製品もしくはサービスを事例に，ブランド要素を調べ，どのような特徴を持っているかを検討してみよう。
(3) 複数のブランド戦略の中から関心のあるブランド戦略を選び，その具体的な展開の特徴と課題を検討してみよう。

● 注

1) Bennett, P.D.（Ed.）（1995）*Dictionary of Marketing Terms*, American Marketing Association/NTC Business Books, p.27.
2) Keller, Kevin L.（1998）*Strategic Brand Management*, Prentice-Hall.（恩藏直人・亀井昭宏訳『戦略的ブランド・マネジメント』東急エージェンシー，2004年, p.37）

3）https://www.sunkist.com/about-us/#cooperative-history　2017-2-10現在
　　清水徹朗（2002）「米国の果実農協サンキストの組織と事業」『農林金融』8月号，pp.57-61（https://www.nochuri.co.jp/report/）。
4）Keller，前掲訳書，p.213を参照。ブランド要素の詳しい研究は，恩藏直人・亀井昭宏編（2002）『ブランド要素の戦略論理』早稲田大学出版部。
5）石井淳蔵・栗木契・嶋口充輝・余田拓郎（2013）『ゼミナール　マーケティング入門』日本経済新聞社，pp.434-438。
6）鳥居直隆（1996）『ブランド・マーケティング』ダイヤモンド社，p.69。
7）小川孔輔（2009）『マーケティング入門』日本経済新聞出版社，pp. 667-672。
8）グロービス経営大学院編著（2009）『グロービスMBAマーケティング』ダイヤモンド社，pp.158-159。
9）長沢伸也「ブランドを育てるルイ・ヴィトンの新たな挑戦」（http://www.waseda.jp/student/shinsho/html/74/7435.html）2017-2-10現在
10）Aaker, D.A.（1991）*Managing Brand Equity*, The Free Press.（陶山計介 他訳『ブランド・エクイティ戦略－競争優位をつくりだす名前，シンボル，スローガン』ダイヤモンド社，1994年）
11）フィリップ・コトラー，ゲイリー・アームストロング，恩藏直人（2014）『コトラー，アームストロング，恩藏のマーケティング原理』丸善出版，pp.189-190。
12）Aaker，前掲訳書。
13）コトラー，アームストロング，恩藏，前掲書，pp.189-190。
14）Mazur, Laura, and Louella Miles（2007）*Conversations with Marketing Masters*, John Wiley & Sons.（木村達也訳『マーケティングをつくった人々』東洋経済新報社，2008年，pp.172-173）
15）小川，前掲書，p.629。
16）金成洙（2013）「消費者購買行動とブランド構築―情報処理プロセスを中心に―」日本商店街学会会報『商店街研究』No.25, pp.21-22。
17）青木幸弘（2010）「ブランド政策」池井恭一・青木幸弘・南知恵子・井上哲浩『マーケティング』有斐閣，pp.415-417。
18）鳥居直隆（1996）『ブランド・マーケティング』ダイヤモンド社，pp.157-179。
19）橋田洋一郎（2013）「ブランド戦略」橋田洋一郎・須永努『マーケティング』放送大学教育振興会，pp.179-180。
20）Fahy, John, and David Jobber（2015）*Foundations of Marketing*, McGraw-Hill, p.158.
21）恩藏直人（1995）『競争優位のブランド戦略』日本経済新聞社，pp.34-43。山口正吾監修・木下安司編著（2010）『ブランド・マーケティング』同文舘出版，pp.62-81。
22）恩藏，同上書，p.43。山口，同上書，p.70。
23）Kotler, Philip P. and K. L. Keller（2007）*A Framework for Marketing Management, Third Edition*, Prentice-Hall.（恩藏直人監修・月谷真紀訳『コトラー&ケラーのマーケティング・マネジメント　基本編　第3版』丸善出版，2008年，pp.182-184）
24）恩藏，前掲書，pp.19-26。山口，前掲書，pp.50-51。．
25）恩藏，同上書，pp.27-32。山口，同上書，p.57。
26）Walker, Orville C. Jr. and John W. Mullins（2014）*Marketing Strategy: A Decision-Focused Approach*, McGraw-Hill, pp.289-290.

第9章

マーケティング・ミックス

> **キーワード**
> - 複数製品の価格決定
> - ハイ・ロー・プライシング（high-low pricing）とエブリデー・ロー・プライシング（EDLP）
> - 垂直マーケティングシステム（VMS）
> - インターネット広告
> - 統合型マーケティング・コミュニケーション（IMC）

　これまで，マーケティング活動を通して，標的市場から望ましい反応を引き出し，顧客の関心を製品からブランドへ移行させる働きかけのプロセスを述べてきた。その場合の重要な考慮点が，顧客からの望ましい反応は単にいきなり製品やブランドのレベルでのみ引き出せるものではなく，それらと関連付けて展開される他のマーケティング手段との適切な組み合わせによるトータルな働きかけによって実現できるということである。

　このマーケティング手段の組み合わせのことをマーケティング・ミックス（marketing mix）と呼ぶ。マッカーシー（E.J. McCarthy）はこの手段の中から製品（product），価格（price），プレイス（place：多くはチャネルや流通と訳されてきた），プロモーション（promotion：多くは広義の販売促進と訳されてきた，本章ではマーケティング・コミュニケーションとして捉える）の4つを代表として取り上げ，4Pと分類した[1]。企業においてこうした手段は統合的に組み合わされ，企業内外に対して一貫性をもって展開されることが不可欠である。また，サービス・マーケティングの領域では，4Pに加えて，人（people），物的証拠（physical evidence），プロセス（process）からなる7Pとして取り上

げることもある。マーケティングとは，企業にとってふさわしい標的市場を明確にし，利用可能な手段を駆使して，標的市場に働きかけることで顧客満足を実現する活動である。この標的市場の設定と手段の組み合わせの展開はマーケティング戦略のエッセンスとして捉えられてきた。すでに製品については，第7章と第8章で取り上げたので，この章では価格，流通，プロモーションの戦略的な手段に焦点を当てて考察を行う。

1 ▶ 価格戦略

（1）価格決定の意味と役割

　価格は，企業の立場と顧客（消費者・ユーザー）の立場でその意味や役割が異なっている。企業の立場では，価格は費用の回収とそれによる利益の創出を実現するものであるのと同時にライバルへの競争手段ともなる。また，企業は価格を他のマーケティング手段との相互関係のもとに決定・運用している。これに対して，顧客はその商品への関心や関与の程度，所得や資産の程度と密接に関係させながら価格の評価を行う。その際に価格はその商品やサービスの価値を表現する働きを持ち，品質のイメージにも影響力を発揮する。このように価格は，費用をカバーするだけでなく，ライバルとの価格比較から選択される手段ともなっている他，顧客の心の中に製品・サービスの価値を認めさせる役割を担っている。

（2）価格決定の方法

　価格はどのように決定されるのだろうか。そこには，企業の達成すべき目的が関係している。例えば，売上高最大化を目的としている場合には価格を低めに設定して大量に販売する方法が挙げられる。利益最大化を目指すのであれば高品質をアピールして高価格を正当化する方法，市場シェア最大化が狙いであればライバルが設定できないほどの低価格で多くの顧客を獲得する方法が考えられるだろう。このように，価格には企業の達成すべき目的に適した決定方法が存在する。具体的にどのような方法があるかを検討しよう。まず，利益を確実に確保したいのであれば，コスト・プラス法が採用されるだろう。

これは実際にかかったコストに利益を上乗せして価格を算出する方法である。製造業では製造原価＋粗利益＝出荷価格，流通業では仕入原価＋粗利益＝販売価格となる。しかしこの価格決定法では，供給サイドでかかった費用をそのまま上乗せしていくため，顧客の支払い能力を超えてしまうことにも繋がりかねない。そのため顧客がどうしても欲しい状態に置かれているブランド品や技術力のある製品にはこの価格決定が通用するが，それ以外の場合は顧客が支払ってもよい価格水準に焦点を当てる必要がある。

その商品やサービスの購入に支払ってもよいと思える水準の価格を付与する方法は，市場受容法と呼ばれる。消費者がその商品やサービスに対してどのように感じているかという知覚価値に対して，妥当に感じられる価格を設定する方法である。顧客は自分にとって必要性が高く価値があると認めた場合は，支払意思価格や内的参照価格（顧客が自らの期待や過去の記憶から想起する妥当と考える価格）となって顧客の心の中で値ごろ感を形成する。しばしば顧客が支払おうと考える価格の上限となることがある。

その他に，価格を需要の強弱に基づいて設定する方法もよく利用されている。顧客層（シニア・女性・学生などの割引）や時間帯（早朝・深夜・タイムサービスなど），期間（季節割引・早期購入割引など），場所（ファーストクラス・グリーン車・特別席など）によって，需要が多く発生している場合に高価格に設定することで多くの利益を獲得する狙いがある。これには高価格の設定によって顧客の需要を抑制したり，反対に需要の少ないところを低価格に設定することで需要を刺激したりする狙いも含まれている。

さらにこの他に，競争者の価格水準や業界の価格慣行を意識した競争対抗法というべき方法も存在する。これには実勢価格をもとに，業界の平均水準と同じか，競合企業の価格水準を踏まえた価格を設定する方法である。ガソリンスタンド間でのガソリンの価格決定がその代表例であるように品質が同じと見られているほど価格競争に陥りやすい。一方で，価格設定は自社の市場でのポジションやブランド力と密接に関連しており，ブランドや技術などで他社と非価格面で差別化できるほど価格競争を回避できる。競合他社との比較で，自社の価格を高めに設定しても，顧客が選択したいと思うほどの魅力，例えば飲料ならば健康を訴求するため品質の良さやそれをイメージさせる「特定保健用食品（特保）」のような魅力的な条件を付与することで高い価格を設定しやすくする

ことも行われている。その他に，入札価格も競争対応法の1つとして位置付けられる。これは，公共工事の入札，卸売市場でのセリ取引，オークションなどで利用されており，他社が提示しそうな価格を想定して自社製品の価格を決定し，売り手は最も安い価格を提示した場合，買い手はオークションのように最も高い買値を付けた場合に落札される。

　これ以外の価格決定としては，社会志向の価格決定法が挙げられる。価格決定の趣旨が環境保全や観光資源保護，あるいは社会的課題の解決を目的としたもので，環境や資源の保全，社会貢献のための寄付やコストを上乗せする価格設定である。コスト・プラス法の応用型ともいえるこの価格設定方法は，上回ったコスト分の価格付与による需要抑制や競争上の不利が予想されるものの，社会的課題に対して理解や共感を示した顧客の支援をベースに成立しており，近年特に注目されている。例えば，コーズ・リレーテッド・マーケティングの場合，その商品の価格は一定割合を復興支援や社会貢献に利用できるように設定されている[2]。こうした複数の価格設定の方法（図表9-1参照）が存在するが，どれか1つを採用するのではなく，顧客の置かれた状況，競争関係，政府の規制緩和や規制強化，それに社会環境の変化など時代の条件を踏まえて，複数の設定方法を組み合わせて利用しているのが実態といえる。

図表9-1　価格決定の方法

起点	方法	狙い
費用	コスト・プラス法	コストの回収と利益の確保（原価企画・ターゲット価格など）
需要	市場受容法	顧客の買える価格（知覚価値価格・支払意思価格など）
競争	競争対抗法	競争の価格水準を意識（実勢価格・入札価格など）
社会	社会志向価格決定法	環境・資源・災害復興に貢献する（エコプロダクト，コーズ・リレーテッド・マーケティングなど）

（3）新製品の価格決定

　一般的に，価格は製品のライフサイクル（PLC）が進展するにつれて変化する。すでに製品戦略のところで製品のライフサイクルについては見てきたが（第7章，図表7-1参照），新製品の導入期の価格設定はその後の製品の普及に影響を与えるという意味で極めて重要である。新製品の市場導入期には2つの代表的な価格戦略が考えられる。

① 上澄み吸収価格戦略（skimming pricing strategy：初期高価格戦略）＝早い段階でコストの回収と利益の獲得を狙う。
② 浸透価格戦略（penetration pricing strategy：初期低価格戦略）＝大きな市場シェアの獲得を優先し，利益を後になってから呼び込む。

　上澄み吸収価格戦略の特徴は，新製品の開発にかかったコストをいち早く回収する狙いから，価格にあまりこだわらない高所得層や富裕層（上澄み層），新製品の普及のプロセスで見るとイノベーター，アーリー・アダプターなどの新製品や新技術に好意的反応を示す人々（第7章の図表7-2およびそこでのキャズムの説明を参照）をターゲットとして，新製品の導入段階で高い価格を設定する戦略である。この戦略が成立する条件としては，①当面，新しい製品やサービスにおいて技術ならびに提供方法で優位性があり，競争企業の参入が発生しにくいこと，②新製品が革新的であり，高所得層のニーズに合致していること，③高価格が優れた製品やサービスを提供するというイメージを有し，高価格に対して非弾力的な需要特性をもっていること，④供給サイドの事情としては，少量生産の単位コストがそれほど高くはなく，むしろ大量生産の利点を得られていないことなどが指摘できる。

　浸透価格戦略は，市場への迅速な浸透を図ることで市場シェアをいち早く拡大するために採用される。これは低価格での販売量の増加と共に，単位コストの低下を前提に，導入期から一挙に大衆市場を獲得しようとする戦略である。そこでは，低価格を引き金にさらなる生産量の増加によって単位当たりの固定費も低下し規模の経済性の実現が期待できる。また，この過程では経験の積み重ねによる生産プロセスの効率化や従業員の熟練が実現できるのと同時に，原材料や部品の大量購入が行われることで変動費が低下し，累積経験効果も期待できる。この戦略が成立する条件としては，①早い時期に大きな市場シェアを獲得できる見通しがあること，②市場が価格に敏感に反応し，低価格によって市場の拡大が期待できること，③生産量の増加が生産コストや流通コストを引き下げるように働くこと，④低価格設定がライバルの参入を阻止するほどの効果が発揮できることなどが指摘できる。

　このように製品のライフサイクルに対応した価格戦略の中で，新製品の価格決定は導入期に市場でどのようなポジションをとるかによって，利益やシェア

は大きく左右される。

(4) 複数製品の価格決定

　複数製品を抱えた企業の価格戦略を検討しよう。通常，企業は成長と共に複数の製品を抱えるようになっていく。その際には，個々の製品の販売価格だけでなく，関連した複数の製品の価格を考慮にいれたトータルな価格戦略を検討する必要も生じる。

(ア) 階層価格戦略（プライス・ライニング戦略）

　複数の製品を組み合わせた価格決定の代表的な例として，顧客の予算に合わせた価格帯を複数用意することで，選択のしやすさを提案する方法が考えられる。例えば，ワイシャツの販売価格では，3,000円，5,000円，1万円といった3つの価格帯を用意することで品質を連想させながら目的に応じた価格選択を促進する。特に，顧客が購買意欲や商品知識に関して十分満たされていない場合，極端を嫌って中間の価格を選択する心理的な傾向（コンテキスト効果）がある。そのためこの中間が選ばれる心理的な傾向を利用して，販売店では価格帯を3つ用意し，自社で推奨したい製品の価格を中間に位置付けることで，販売を促進しようとする事例もある。

(イ) バンドリング価格戦略

　バンドル（bundle）とは束ねるという意味であり，他にもセット価格や製品バンドルの価格設定，抱き合わせ価格戦略などとも呼ばれている。複数の製品・サービスを組み合わせて1つのセットとして販売する時に設定する価格である。一般的には自社の製品を個別に価格設定する場合よりも，束ねた売り方によって全体の価格が安くなるように設定されることで，セットでのまとめ買いを促進する。すべてのオプションを別々に購入するよりもワンセットで購買できる利便性，比較的低い価格が魅力で浸透してきた価格設定方法である。しかし，この場合は，顧客にとって使用しないソフトが標準装備されていたり，どの製品がどれだけ安いのかがわかりにくかったり，不要な製品が組み込まれていることでコスト面で相対的に価格を上昇させている点も無視できない。そのためバンドリングに対して，そのセットをバラした売り方として必要なソフトだけをオーダーするアンバンドリング（unbundling）というオプションによる個別価格決定も利用されている。

(ウ) キャプティブ価格戦略

キャプティブ（captive）とは虜や捕虜という意味である。この場合，同時に使用する複数の製品・サービスのうち，片方を安く設定して顧客を誘引し，もう一方の製品・サービスで利益を獲得する方法である。その代表例は，プリンターとインクの例，携帯電話機本体と利用料金との関係に見られる。

プリンターや携帯端末はそれほど高い値段ではないが，インクや利用料金はかなり高く設定されている。メインの製品を安くし，付随して使用される製品やサービスから大きな利益を獲得する価格決定方法である。

(5) フリーと割引価格

アンダーソン（C. Anderson）はフリー（無料）のビジネスモデルとして以下の4つのタイプを提示している。[3] 1つは直接的内部相互補助（direct cross subsidies）と呼ばれ，無料の製品を配って，使用料や付属品を高く売る方法である。これは先ほどのキャプティブ価格戦略のメインの製品の方を無料にしたケースになる。2つ目は3者間市場（3rd party markets）といい，無料で提供するために特定のスポンサーが有料で負担する方法である。具体的には，民間企業のスポンサーによるTVドラマの放映，スポンサーが費用を負担した聴衆や参加者には無料の講演会や飲食パーティーなどである。3つ目のフリーミアム（freemium）は，わずか5％の有料ユーザーが残りの無料ユーザーを支えることである。これが成立するためには，デジタルの世界に見られるように，無料のユーザーにサービスを提供するコストが無視できるほどゼロに近いことが求められる。有料ユーザーには商品やサービスの拡張版を提供して，基本版のみを使用する無料ユーザーとは区別をしつつ，有料ユーザーに無料ユーザーのコストをカバーしてもらう仕組みが採用されている。この場合，ユーザーは無料版を超えた魅力を有料版に感じなければ有料版には移行しない。これ以外の事例としては，時間制限（30日間無料・その後有料），人数制限（限定何名様は無料），顧客の限定（女性無料・男性有料）なども挙げられよう。これによって意図する対象を早めに獲得する効果を期待できる。フリーの4つ目のビジネスモデルは，非貨幣市場（nonmonetary market）を視野に入れたビジネスである。この市場は，無料のものを手に入れる代償として労働力を提供する市場を意味しており，例えばアンケートに協力する代わりに特定の製品やサービス

を無料にする事例が当てはまる。ここで，商品やサービスをフリーにしてどのように利益を創出するのかという疑問が発生するだろう。ここでのポイントは，最初に無料で提供することはトライアルを促進し，その製品やサービスの良さを知ってもらう機会を創出している点であり，その良さを知ったうえでお金を払っても欲しいという関係に深化させることが狙いとして設定されている。

割引価格戦略では，ハイ・ロー・プライシング（high-low pricing）とエブリデー・ロー・プライシング（EDLP: everyday low price or pricing）が対照的な価格戦略として利用されている。前者は日本ではいわゆる「セール」や「特売」といわれており，時間，時期や季節によって期間限定で安く売られるもので，一定の時間や期間が過ぎると定価（full price）に戻されてしまう。そこにはロス・リーダー（おとり販売），トラフィック・ビルダー（ロス・リーダーと同じような意味で使用されているが，集客の手段を価格に限定したロス・リーダーに対して来店客を誘引する手段として品質面での魅力や価値のある品目という意味合いを強調するためにこの呼称を用いることがある）[4]といった仕入れ原価すれすれの安値がついた目玉商品が用意されることも珍しくない。そのため顧客はその安売りをめがけて購買を行う。逆にいえば，顧客は定価の時にはその店に行かないため，店は安売りの時だけ賑わうが，それ以外には閑散とした状態なる。これに対してエブリデー・ロー・プライシングは文字通り，常時継続的に店の取扱商品をすべて低価格で販売する戦略である。これは，一時的に安く売るのではなく，常時安く売っても利益の出る仕組みがなければ継続して利益を生み出すことにはならない。言い換えると，EDLC（everyday low cost）を実現できるローコスト・オペレーションの仕組みが構築されていることが前提となってEDLPの実現が可能となっている。店によっては，価格の安さをアピールするため，最低価格保証（low price guarantee）をチラシに掲載することで，他店への買回を防ぐことも行われる。

以上のように価格戦略にはいくつかのタイプが存在するが，ここでの重要なポイントは価格を戦略的に展開する場合にも，他のマーケティング手段との関連を考慮した適切な組み合わせが求められていることである。製品についてのテレビ・コマーシャルは高品質や高級感を強調していながら，実際には低価格でディスカウントント販売されているとすれば，ブランド・イメージは棄損されてしまう。4Pを統合した一貫性が求められることになる。

2 ▶ チャネル戦略

(1) プレイス（place）としてのチャネルの役割

　どんなに価値のある製品でも，単に考案され，生産されただけでは何の意味もない。それらは顧客に購入され，使用されて初めて価値を実現することとなる。製品やサービスが真価を発揮するためには，その価値を届ける仕組みが確立し，運用されていることが不可欠である。プレイスは顧客に自社製品やサービスを円滑に提供できるようにするための流通経路を意味している。流通経路はチャネル（channel）とも表現されるが，この言葉は元来キャナル（canal：水路，運河，海峡）を語源としており，商品が流れるルートと言い換えることができよう。生産された製品を，顧客が望む場所に，望むタイミングで提供し，継続して購入してもらうようにするためには，チャネルを通して以下のような活動が販売前・販売途中・販売後の各段階において適宜遂行されることが必要となる。

① 商品の所有権や使用権の移転：メーカー側にある商品の所有権は消費者にわたらなければならない。通常は売買やレンタル，リースという形で商品の所有や使用の権利は消費者にわたる。この所有権や使用権の移転は商流と呼ばれる。

② 商品の輸送や保管：商品は消費者の都合の良い場所やタイミングで購買・使用されなければならない。商品そのものの移転は物流と呼ばれる。

③ 情報のやり取り：メーカーによる自社製品の情報提供やニーズの収集，消費者による商品情報の収集・処理といった情報のやり取りが必要である。こうした双方向の情報の移転は情報流と呼ばれ，この他にも企業の販売促進や交渉・商談など多岐にわたる関連情報が含まれている。

④ 金融やリスク負担：資金調達，リスク負担・転嫁（補助的流通：補助流とも略称する）。

⑤ サービス：接客，据え付け，メンテナンス，保証。

⑥ 販売店支援（サポート）：経営指導や援助。

⑦ 回収：リサイクルとリコールなど。

1つのチャネルでこれらすべての活動が同時に遂行されるわけではない。例えば，商品の購入（商流）と持ち帰り（物流）を店頭で行うのではなく，店頭やネットで注文した現物の商品を別ルートから後日配送させる方式が考えられるが，これは商流と物流は別個に形成・展開されている。これにより，店舗は店頭で在庫を持たず，顧客は商品を持ち帰る手間を省くことでき，効率性と有効性の高い商品提供が実現している。ICTの進展により情報の精度を高めることで，商流のチャネルと物流のチャネルを意図的に分離して商品提供の仕組みを最適化する動きを商物分離と呼んでいる。

(2) チャネル選択

　チャネルには，特定の企業の視点から，その企業が生み出す製品の流通を捉える概念（マーケティング・チャネル，流通チャネル）と国家の社会的な全体組織の視点から，その国の中でどのような商品がどのような主体を通じてどのように流通しているかを捉える概念（流通機構）の2つが存在する。ここでは前者の個別企業の視点によるチャネルの狙いとそのマネジメント・プロセスを検討する。

　まず，チャネルには，どのようなルートを通して自社の商品を届けるかというチャネルの選択とその管理（マネジメント）が必要になる。具体的には，自社で直接顧客に届けるか，卸売業者や小売業者を通して届けてもらうかの選択問題が存在する。前者は直営のチャネルであり，ダイレクト・チャネルと呼ばれ，後者は外部組織による企業間関係をベースとしており，インダイレクト・チャネルと呼ばれる。一般的にチャネルは，この外部組織を含むインダイレクト・チャネルを対象に取り上げられることが多いが，まず，そこでチャネル戦略については，自前のチャネルで取り組むのか，外部組織のチャネルを利用すべきかの選択問題が提起される。

　自社で届ける場合と他の卸売業者や小売業者に委託して届ける場合には，それぞれにメリットとデメリットが確認できる。メーカー（生産者）の立場として自社で顧客に直接届ける場合は，自社の製品のみを専門に販売することになり，価格や供給量の面で最も安定的に提供でき，それによる確実な利益確保が実現しやすい。しかし，チャネルを全国に展開するためのチャネル投資，それに地域差による需要の変動や売れ残りのリスクなどをすべて自社で負担しなければ

ならない。それに対して、卸売業者や小売業者という外部の流通業者に委託する場合は、全国的にそれぞれの地域に根差している販売店は地域の需要を熟知しており、現地の実態に即した販売が行われやすい。そのためメーカーにとっても直接のチャネル投資（固定費）の負担を避けられるメリットも大きい。しかし、流通業者に委託するということは、そのメーカーの系列や代理店であるか、あるいはフランチャイズ契約でも行わない限り、そのメーカーの商品を優先して大切に扱って販売してくれる保証もない。売れなければ、返品や低価格販売に走る可能性も高い。多くの顧客を引き付けたいと考える流通業者は、特定のメーカーの特定のブランドだけを推奨するのではなく、様々なメーカーの製品を取り扱う幅広い品揃え（流通業者の社会的品揃え特性）を実現しようとする。多メーカー・多ブランドの商品の品揃えをして総合化することで顧客にワンストップ・ショッピングやコンパリゾン・ショッピングの利便性を提供し、高価格商品・低価格商品などの組み合わせによりトータルで確実に利益を得る方針で運営されがちである。このようにメーカーの自前の販売ルートと外部の流通業者の販売ルートには利害関係が錯綜し、対立や競合することも含めてギャップが発生しやすい。[5]

　チャネル・マネジメントが重要となる背景には、自社の商品の効果的な提供という視点から、外部の流通業者の販売ルートを適切に選択したうえで、販売店のモチベーションを高めながら、コンフリクト（対立や衝突）の発生も抑制しつつ、いかに顧客満足を実現していくかという課題が存在している。

(3) チャネル戦略の展開ステップ：チャネルの長・短

　チャネルには、これまで述べてきたように特定企業（メーカーや生産者）の立場で顧客に自社組織で直接販売する場合と外部の流通業者を利用して販売する場合の2つのタイプが存在する。このダイレクト・チャネルとインダイレクト・チャネルは、顧客への商品提供の効率性と有効性を評価基準にして代替や補完の関係が発生している。特定メーカーが、従来は外部の卸売や小売の流通業者を利用して自社商品を提供していたのを取りやめ、価格や供給量の安定を目指して直接販売することを選択した場合、あるいは大型チェーン小売企業が大手メーカーと直接取引を進めて、中間の卸売業者を排除するという中抜き（disintermediation）を行う場合がその例として挙げられる。また顧客への浸透

度を考慮して，販売エリアによって，あるいは製品のライフサイクルに応じて，直接販売と外部の流通業者を組み合わせて補完的に利用することも可能である。いずれにしても重要なポイントはダイレクト・チャネルとインダイレクト・チャネルは1つの企業にとってどのようなチャネル戦略を採用するかの出発点であるということである。このことは，自社のターゲットを見据えたうえで効果的，効率的な提供方法が選択されなければならない。

特にチャネルに関する選択は，実店舗の出店や撤退を取り扱う際には長期的な不動産契約や協定をベースに展開されるため，他のマーケティング・ミックスの要素と比較しても一度選択された決定を短期的に変更しにくい性質を持つともいわれている。ただし，近年ではネット店舗が成長していることから，リアルとバーチャルの組み合わせによってチャネル戦略に柔軟性が生まれていることも確かである。

ターゲット市場および自社の経営資源の把握からチャネルの長さ，つまり自社の製品を消費者に届けるまでにどれくらいの中間業者を活用するかが決まる。

図表9-2　消費財の代表的なチャネル

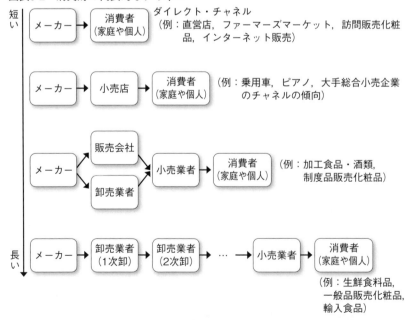

図表9-3　ビジネス財の代表的なチャネル

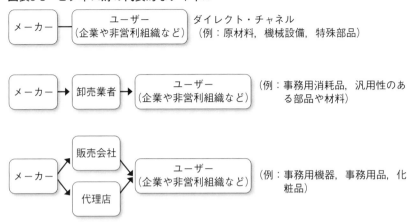

一般に中間業者が多ければチャネルは長く，中間業者が少なければ短いチャネルとなり，まったく利用しなければ前述のダイレクト・チャネルとなる。図表9-2および図表9-3に示すように，消費財の場合とビジネス財のチャネルでは異なったパターンが見られる。消費財のチャネルは主に小売チャネルとして編成され，ビジネス財のチャネルは主として卸売チャネルとして編成される。小売業者（retailer）は最終消費を目的とする個人や家庭に商品やサービスを継続的に提供する役割を担っており，スーパーマーケットやコンビニエンス・ストアなどが当てはまる。これに対して，卸売業者（wholesaler）は再販売や製造を目的とする企業，非営利組織や行政機関などに商品を継続的に提供する役割を担う主体である。小売業と卸売業の違いは誰が販売先であるかで区分することができる。小売業者の販売先は商品の最終消費を目的とした消費者（最終消費者：家庭や個人）であるが，卸売業者の販売先はその商品を原材料として生産活動を行う企業であったり，その商品を再び誰かに販売する他の卸売業者や小売業者であったりする。消費財の長いチャネルは卸売業者の多段階の介在によって引き起こされる。

　チャネルは短いほど管理しやすいといえるが，その反面で活動負担能力が問われ，人材，リスクそれにコストが増加する。ビジネス財の場合でも部品や材料の汎用性が高い場合は卸売業者が活用される割合が高いが，ユーザーが専門性や特殊な条件を求めるほどメーカーはユーザーにカスタマイズした対応が求め

られるため直接流通が増える傾向がある。加工食品のような消費財の場合，従来は自社の製品を3大都市圏のような人口密度の高い地域，あるいは全国的な市場にまで浸透させようとすると，直接に小売店と接触するのに大きな負担がかかり，卸売業者の介在を通して各地域の市場への浸透を図ることが多かった。しかし近年では，小売業者の全国的なチェーン・ベースの大規模な仕入と販売力によって，独自に物流機能を統合し卸売業者を経由しない仕入と販売方法が増加し，チャネルの短縮化が発生している。サービスのチャネルは，次章で述べるようにサービスの生産と消費が同時に一体となって進行する特性から，中間業者の介在しないダイレクトなチャネルが多いが，保険や旅行などのように分離して提供できる場合は代理店制度が利用されている。

(4) チャネル戦略の展開ステップ：卸売段階と小売段階における販売店集約度

　次にチャネル戦略で検討すべき課題は，各流通段階でのチャネル構成員（販売店）の数についての決定である。いわばチャネルの幅とも表現できる課題であり，これには「開放型」，「選択型」，「専売型」という3つのタイプが存在する。開放型から選択型，さらには専売型へと進むほどその幅は狭くなり，すなわち各段階での販売店の数は限定され，その分メーカーとの企業間関係は緊密になるが，開設・維持運営コストが増加する。

① 開放型チャネル

　この特徴は，できるだけ多数の販売店を通して自社の製品を全国的な市場に提供しようとする方法である。この場合の基準としては，単価が安く，購買や使用の頻度が高いことである。大量販売を前提に大量生産とコスト削減を実現する最寄品・日用品に多く見られる。このメリットとしては広く市場浸透が期待できるが，デメリットとして取引が小口化・煩雑化し，販売店に自社の製品を積極的に販売してもらえる保証がないことが挙げられる。それに加えて，在庫のリスクも発生しやすい。

② 選択型チャネル

　この特徴は，取引を希望する販売店に一定の基準を設け，その基準に合致する複数の販売店に自社製品の取り扱いを認める方法である。この場合の基準となるのは，自社製品・サービスのコンセプトやイメージと店舗とのフィットで

ある。ブランド力の高い差別化された製品・サービスに有効である。買回品に多く，中でも靴，衣料品，化粧品などのブランド製品や高価な製品がその代表といえる。このメリットとしては，開放型に比べ自社のチャネルへのコントロールは強くなり，メンバー間での協調が期待できる。しかし，競合企業の製品の取り扱いも認めているので，協力の程度は完全とはいえず，販売機会が制約されるというデメリットもある。

③　専売型チャネル

この特徴は，特定の指定地域において，限定された販売店に独占販売権を与え，製品イメージ，価格，プロモーションなどを自社の完全なコントロールのもとにおこうする方法である。この場合の基準としては，特定製品やブランドの特徴を最もよく理解し，十分な経営資源を活用でき，専門的な販売能力と高いブランド・イメージを維持できる店舗が対象となる。自動車や高額ブランド品など専門品や買回品に多く見られる。自社の方針が徹底でき，集中的なマーケティングが行えるが，販売店の自主性が損なわれたり，コストやリスクの負担が多くなったりするという欠点も指摘できる。

(5) 垂直的マーケティングシステム（VMS）の発展

近年のチャネル戦略の傾向では，次第にチャネルを構成する企業間の関係が計画的に組織化されて運用されるようになってきた。伝統的マーケティング・チャネル・システムの特徴としては，独立したチャネル・メンバーが，チャネル全体の利益よりも，それぞれ独立した事業組織の利益を最大化するように行動する傾向が多かったと見られる[6]。そこでは，チャネル・メンバー間での調整を促す主体やコンフリクトを解決する仕組みを欠くことが多かった。これに対して，近年のチャネルは，垂直的マーケティングシステム（vertical marketing system: VMS）と呼ばれ，チャネル・メンバーによる統合されたシステムとして機能し，特定のチャネル・リーダーのもとで全メンバーが協力をする仕組みを持つ傾向が観察できる。VMSをコントロールする主体（チャネル・リーダー）は生産者，卸売業者，小売業者のいずれにも出現している。VMSには，企業型，契約型，それに管理型の3つのタイプが存在する[7]。それぞれ企業の戦略的な目的によって利用されているが，小売段階でのチャネルではフランチャイズ・チェーンに象徴される契約型の利用が増加している。

図表9-4 伝統的マーケティング・チャネル vs 垂直的マーケティング・チャネル

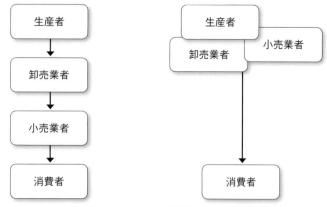

出所：コトラー，アームストロング，恩藏（2014）『マーケティング原理』丸善出版，p.230。

　まず，企業型VMSとは，同一企業（資本）によって製造から販売までのチャネルを所有する形態であり，垂直統合の形態を採用している。このタイプは，川上から川下までの一体運用による効率追求でコスト削減を図り，変化する消費者ニーズに応じた生産体制の確立と迅速な適応，チャネル・コンフリクトの防止などが期待できる。その具体例として，メーカーや卸売企業の直営店，小売企業のチェーンストア（レギュラーチェーン）が挙げられる。卸売段階の事例では自社の製品を扱うために子会社を設立している。メーカー企業が花王カスタマーマーケティング，ソニーマーケティング，それにキヤノンマーケティングジャパンといった自社製品の販売会社を設けたりする例がこのタイプである。小売段階では製造から小売販売までを統合したSPA（specialty store retailer of private label apparel）のビジネス・モデルが見られ，ユニクロにおける本部と小売店舗の関係，GAPにおける本部と小売店舗の関係が該当する。SPAにおいては，本部と店舗の関係は企業型，製造・調達・物流の後方段階は次に述べる契約型で緩やかに統合されている。

　契約型VMSとは，製造や販売段階で独立した企業同士を法的な契約に基づいて統一化し，垂直的な協調や準統合の状態を確立する形態といえる。準統合とは直接的な資本や人材の介入を避けているが，ほぼ統合と同じような効果が期待

できるように契約で拘束するものである。個々に独立した企業が契約によって結束され，サプライチェーンを構成している状態をいう。メンバーは契約の合意内容に基づいて行動を調整し，コンフリクトを処理する。このことで，短期間での市場浸透が図れ，資本コストやリスクの削減が期待できる。契約型VMSの代表例は，フランチャイズ契約である。フランチャイズ契約は，フランチャイズ本部であるフランチャイザーが加盟店であるフランチャイジーとの間で本部の開発した経営方式に基づき，特定の指導を加盟店に提供する。その見返りに加盟店は本部に対して加盟金や指導料（ロイヤルティ）を支払うことを内容としている。川上から川下までの各流通段階で以下のようなパターンが確認できる。

① メーカー支援による卸売フランチャイズとして，日本コカ・コーラ（フランチャイザー）による日本各地のボトラー（卸売業者，ここではフランチャイジー）へのライセンス供与が挙げられる。ボトラーは日本コカ・コーラから濃縮原液を購入し，容器に詰め，最終製品を地元市場の小売業者に販売する。

② メーカー支援による小売フランチャイズとして，トヨタ自動車（フランチャイザー）と全国の独立系販売店（フランチャイジー）のネットワークが指摘できる。

③ 小売企業による加盟店支援として，セブン-イレブン，ファミリーマート，ローソンのコンビニエンス・ストア・システムがある。

④ サービス支援業者による小売フランチャイズとして，マクドナルドやモス・フードサービスのフランチャイズ店が例示できる。

これに対して，管理型VMSと呼ばれるタイプは，製造と販売の各段階で独立の企業同士からなるチャネルであり，もっぱらチャネル・リーダーのリーダーシップ（主導権）やパワーによって組織化され，調整される形態といえる。このタイプの特徴は，チャネル構成員である販売店は自主性を発揮できることであり，あくまでリーダー企業の強力なブランド，技術，情報処理能力や販売力が影響力を持つ場合に，企業間の依存関係が強まり，緊密な取引が実現できるところにある。しかし企業型や契約型と比べて企業間関係が不安定で一貫性がないことは問題点として指摘できる。この代表例としては，家電メーカーや化粧品メーカーによる小売店の流通系列化が指摘できる。また先に見た開放型チ

ャネルは，系列ほど強固な関係ではないが，この管理型によって編成されているのが多い。これまではメーカーの視点からチャネルの編成を捉えることが多かったが，近年の動向として小売企業の視点からも商品の仕入・調達のチャネルにおいて，そのバイイングパワーの増加に伴って，こうした企業間の結び付きの内容を重視するようになっている。中でも，資本を介在させず，企業間関係を緊密化する手法として，大手小売企業による生産者への影響関係がこの管理型として行われている。コンビニ本部とベンダー・メーカーの関係（チームマーチャンダイジングや弁当製造加工メーカーの取引関係，POSデータの卸売企業やメーカーへの開示とそれによる在庫負担の軽減，生産計画への連動）が指摘できる。しかしメーカーによっては逆に特定のコンビニ本部のために専用工場や専用商品を用意する取引特殊投資をあえて選択する動向も注目できる。

　VMSのチャネルは，特定の有力企業がチャネル・リーダーとなって垂直的なチャネル・システムが編成され，それによってサプライ・チェーンの効率性や有効性が追求されるようになっている。この主体はメーカー（生産者）とは限らず，近年ではバイイングパワーをもとにしたパワーシフトによって小売企業がリーダーになり，川上にさかのぼってVMSを推進し，ベンダーやメーカーを組織化する逆選別が生み出されている。

（6）チャネル・マネジメント：オムニチャネルのインパクト

　チャネル選択に際して考慮すべき事柄としては，①人口動態（地域の人口動向・対象顧客の把握），②製品特性（単価・回転率・技術的知識・耐久性・保存性），③顧客の購入スタイル（顧客のライフスタイルやニーズの変化に伴う店舗選択や購買重視要因の把握），④投資額・維持コスト（チャネル投資・運営コスト，どのチャネルに資本投資し，どれを契約で維持するかの検討），⑤ブランド力や企業の知名度（ブランド・エクイティの評価・活用），さらに⑥競合他社のチャネル政策（既存チャネルが競合によって支配されている場合，新規チャネルの開拓）などが挙げられる[8]。これら企業の置かれた状況を踏まえて慎重に検討し，迅速に決定することが求められる。特に，取引先のチャネルの選定に当たっては，各流通業者の事業経験，取扱製品ライン，成長性と収益性の実績，経営者の意欲や店の評判，対象顧客のタイプ，立地条件，将来性などを総合的に考慮して共存共栄の関係を築いていくことが課題となる。

チャネル戦略は，自社にとって適切なチャネルを選択・構築することで終わるわけではない。消費者，競争，技術進歩，それに政府規制の緩和や強化などの変化に対応して常に維持・発展できるためのマネジメントが不可欠である。特に，チャネルはそのシステムの目標や役割をチャネル構成メンバーで共有し，実行してもらうことが重要となる。そのためにチャネル・リーダーによるメンバーへの働きかけとして，教育訓練，動機づけ，それにコンフリクトの調整などが求められている。

　特定のメーカーの製品を取り扱うためのチャネル・メンバーとなれば，様々なインセンティブが用意されている。ブランド力のある製品を自店で優先的に販売できることの優位性は，自店の大きな魅力となって顧客を遠方から吸引できる。独占的なテリトリーの提供，高いマージンやアローワンスなどの経済的インセンティブ，さらには情報処理やプロモーションのサポートなどの経営支援もリーダーとメンバーとの関係を緊密にするうえで有効と考えられている。変化の激しい業界では教育研修が重要となっており，メーカーの新製品開発に伴う商品知識の提供やトレーニングなど，チャネル・メンバーのスキルの向上やパートナーシップの維持にも役立っている。

　リーダーとメンバー間，メンバー同士での役割認識や成果の分配をめぐって時に対立が発生する。リーダー企業の製品ラインの多様化がメンバーの品揃えを拡張することで負担になるという不満や，新規チャネルの設定による既存メンバーチャネルとの競合やカニバリゼーション（共食い）の発生，売れ残りの費用負担をめぐる対立など，様々な形で不満の出現が避けられない。こうした問題に対応できるように常日頃からリーダーとメンバー間でのコミュニケーションの円滑化をはかること，それに問題発生を事前に予知して対策を準備すること，さらに問題発生時における解決に向けた協議の場を用意するなどのチャネル・マネジメントが求められている。

　特に，近年ではメーカー（生産者）や卸売業者に対して，小売企業がチェーン展開，POSシステムの活用，それに大量仕入やPB商品開発をベースにバイイング・パワーを増大させてきた。これまでのメーカー主導型のチャネルとは対照的に，小売企業主導のチャネルの成長が目立つようになっている。チェーン・ベースの小売業は，どんな商品を売るかの業種に軸を置いた小売業ではなく，誰にどのように売るのかという業態を軸に置いた小売業として発展し，小売

段階での品揃え構成はライフスタイルや店のコンセプト（ヘルス＆ビューティ，ホームファッション，遊べる本屋など）を中心に編成されるようになっており，業種中心のメーカーとの取引関係が変化している。小売業種から小売業態へとチャネルの軸が変わることは，メーカーにとって自社の製品が様々な業態で取り扱われるが，逆にいうと常に異なった業態でも扱われる機会が増え，それだけメーカーのコントロールしにくい異業態間競争にさらされることを意味する。

　小売企業におけるチェーン・ベースの大量販売力は，メーカーに対して，大量仕入れを梃（てこ）にした価格引き下げ，特定ブランドの優先的扱い，あるいは専用商品やPB商品の開発など大きな影響力を与えるようになっている。また卸売企業に対しても，小売企業による大量仕入からの機能代替や中抜きのリスクを発生させやすく，バックワード（川中や川上）での小売企業による調達チャネルの選別が行われるようになっている。さらにインターネットやモバイル・ツールの普及は，小売企業に顧客の利便性を最優先した形でのオムニチャネルやマルチ・チャネルの運用を求めるようになっている。そのため小売企業では，顧客情報を統合することで，総合スーパー，百貨店，スーパー，コンビニエンス・ストア，ドラッグストア，インターネット通販，カタログ通販など自社グループで運営する複数のチャネルに対して，受注，販売，決済，それに配達の仕組みを効果的にマネジメントすることが重要な課題となっている。チャネル・マネジメントは，従来はメーカー（生産者）主導を前提とした論理で編成されてきたが，今日ではウォルマートやアマゾン，日本ではセブン＆アイやイオンなどに象徴される大手小売企業を前提としたチャネル・マネジメントのあり方も問いかけられている。

　メーカーにとっても顧客のオムニチャネル利用は無関係ではなく，自社製品がどのようなチャネルを通して情報収集（検索）・注文・決済・配達・アフターサービス・リサイクルが行われるのか，それぞれの顧客体験のコンタクト（タッチ）・ポイントを明確にすることでのオムニチャネルへの対応や複数チャネルのマネジメントが重要となる。

3 ▶ プロモーション
　　（マーケティング・コミュニケーション）戦略

(1) プロモーションの役割

　どんなに優れた製品やサービスでも，その存在が顧客に伝わり，その価値が理解されなくては購買や使用には繋がらない。製品やサービスについて，顧客に何をどのように伝えるかというコミュニケーションが重要であり，伝える手段としてのプロモーションを効果的に活用する必要がある。

　プロモーションの役割は，顧客に価値を訴求・伝達し，購買を刺激するために効果的なコミュニケーションを果たすことである。企業にとってプロモーションに期待する狙いは，状況に応じて複数存在している。まず，①情報伝達である。これは製品の存在，そのメリット，生活やビジネス上の貢献を伝えることで製品の認知を図る狙いがある。次に②イメージ形成である。相手の心の中に自社，または自社製品の明確で強烈なイメージを創り出すための情報提供である。さらに③説得である。企業として意図する行動を顧客に納得してもらうような働きかけであり，他社と比較した際の優位性を強調するメッセージの提供も含まれる。そして④共感と再認である。新規顧客への働きかけに限らず，既存顧客に共感を持ってもらい，もっと自社製品やブランドへのロイヤルティ（忠誠心）を高め，リピートしてもらうための情報による働きかけを内容としている。[9]

　プロモーションの対象は現在の顧客とは限らず，潜在的な将来の顧客である他に，株主，従業員，取引先，メディア，さらには社会も含まれる。企業や事業に関する経営姿勢や活動内容を発信し，企業や提供物に対する理解を促進することもプロモーションの活動である。新規顧客の開拓から生涯顧客の育成，さらには良好な社会との関係までを含めて，継続的な顧客関係を維持するためには，目的に応じたプロモーションの展開が求められる。そのためには，プロモーションの手段の特徴や課題をよく理解して活用することが必要となる。

　プロモーションの手段には，広告，販売促進，パブリック・リレーションズ（PR）／パブリシティ，ダイレクト・マーケティング，人的販売などが存在し，これらの手段の組み合わせを効果的に行うためのプロモーション・ミックスが熟考されるべきである。それぞれの特徴，課題，それに活用法を以下に述べて

みよう。

(2) プロモーション・ミックス

ここでは、プロモーションを構成する手段ごとに考察していこう。

「広告」

広告は、スポンサーが費用を負担して製品、サービス、アイデア、意見、企業、組織などの情報について、非人的なメディアを利用して広範囲な相手に伝える方法である（図表9-5参照）。非人的メディアには、マス4媒体と呼ばれるテレビ、新聞、雑誌、ラジオに加えて、交通広告、屋外広告、新聞折り込み広告、DM（direct mail）などが存在し、さらには新たなメディアとして急成長してきたインターネット広告が注目されている。

広告のメリットは、地理的に分散した多数の購買者に到達できる点と情報発信において公共性を持っている点である。デメリットとしては、一方通行のコミュニケーションとなりやすく、一般にコスト負担が大きいことが挙げられる。一般に、よい広告は顧客に製品やサービスを購入するための理由を提供してくれる。それにはメディアの効果的な組み合わせが重要となる。

広告は、テレビやラジオ（電波メディア）で製品や企業についての関心や興味を刺激し、新聞や雑誌（印刷メディア）やインターネット（デジタルメディア）でより詳しい情報を提供することで、顧客の購買意欲を刺激し、さらにダイレクト・メールやクーポンなど（セレクティブメディア）によって購買行動へと導くという目的に応じたメディアの組み合わせが可能である。

これまでは一般大衆に到達させたい場合の最適な広告は、マスメディアの中

図表9-5　各ツールのコンテンツ

広告	放送広告、印刷広告、インターネット広告、屋外広告など。
人的販売	販売プレゼンテーション、インセンティブ・プログラムなど。
販売促進	プレミアム（景品・おまけ）、クーポン、サンプリング、デモンストレーションなど。
パブリック・リレーションズ（パブリシティ）	プレスリリース、スポンサーシップ、特別なイベント、ウェブサイトなど。
ダイレクト・マーケティング	カタログ、電話、インターネット・メールなど。

図表9-6　主要な広告媒体の特性

媒体	長所	制約
テレビ	マス・マーケットを十分カバー，露出ごとのコストが低い，映像・音・動きを統合，五感に訴える。	制作コストが極めて高い，雑多な広告が氾濫，対象の選択が困難。
新聞	柔軟性，タイムリー，地域市場をよくカバーする，幅広い受容，高い信用度。	短命，回覧読者が少ない。
インターネット	対象を選択できる，低コスト，即時性，双方向性。	インパクトが弱い可能性がある，視聴者が露出をコントロールする。
ダイレクトメール	対象者を選べる，柔軟性，同一媒体で広告競争がない，パーソナライズ可能。	露出ごとのコストが比較的高い，「くずがご行き」のイメージ。
雑誌	地域的およびデモグラフィックス的に選択が可能，高い信用度と信望，寿命が長い，回覧読者が多い。	広告が出るまでのリードタイムが長い，高コスト，掲載位置の保証がない。
ラジオ	地元ファンが多い，地理的およびデモグラフィックス的に選択が可能，低コスト。	聴覚にしか訴えられない，露出が極めて短い，注目度が低い（他のことをしながら聞く媒体），視聴者規模が小さい。
屋外広告	柔軟性が高い，繰り返し露出される，低コスト，競争が少ない，よい場所を選択できる。	対象者の選択がほぼ不可能，クリエイティブ面に限界がある。

出所：コトラー，アームストロング，恩藏（2014）『マーケティング原理』丸善出版，p.317から引用。

でもテレビであると見られてきたが，若者層を中心にテレビの視聴割合が低下してきており，広告メディアの利用状況は大きく変化してきた。すでにわが国ではインターネット広告費が，2004年にラジオ，2006年に雑誌，さらに2009年には新聞の広告費を抜いて，テレビに続く規模で拡大している。

インターネット広告のメリットは，情報提供の即時性に優れ，対象顧客を選択でき，しかも双方向性での対応でも効果を発揮する点にあり，既存のメディアを凌駕する勢いで成長してきた。テレビでは時間やコスト面での制約が大きいため，短いコマーシャルで顧客の興味を引き付けておいて，詳しい情報はネット広告や企業のホームページにアクセスさせるというメディア・ミックスやクロスメディアが行われている。

インターネット広告の最初はバナー広告といわれるもので，これはウェブサイトに無作為に張り付けられた画像型の広告である[10]。そのバナー広告の部分を

クリックすると広告主のページにジャンプすることで広告が提供される仕掛けになっていた。その後，検索技術の進歩と共に，検索連動型広告と呼ばれるものが利用されるようになった。これは検索のために入力したキーワードと連動して関連の強い商品やサービスの広告が表示される仕掛けであった。この広告は別名でリスティング広告とも呼ばれる。リスティングとは特定の目的や用途から情報を分類した名簿やリストのことを意味しており，キーワード単位で広告出稿ができるので，検索キーワードに含まれるユーザーの興味・関心にターゲティングすることが可能となる。次第に広告が不特定多数を対象にしたものから，関心や興味のある人々に絞り込んで提供できるように進化してきたことがうかがえる。

　2000年代に入って注目されるようになってきたのが，行動ターゲティング広告である。ICTの進歩によって，これまでは難しかった個人の特定がある程度までできるようになり，個人ごとに異なる広告を出稿する仕組みが構築されたのである。ある人が興味のあるウェブサイトを閲覧したり，ある商品をネット通販で閲覧しあるいは購入した場合，ウェブサイトの訪問者を個別に識別することで，サイトでの閲覧や購買の実績を蓄積し，またサイト同士でのデータ交換から，その人の好みや購買しがちなものを高い確率で予測できるようになっている。その人をターゲットにした，その人に合わせた，パーソナライズされた広告を提供できるようになってきた。例えばある人が旅行に関心があって，観光地のホテルのサイトをクリックして閲覧すると，別の日にまったく違うウェブ・ページを開いたとしても，ホテルや観光地施設の案内が広告として届けられる。こうした個人を識別し，個人をターゲットにしている情報提供はインターネットに限らない。最近は顧客ID-POSシステムにおいて販売情報にポイン

図表9-7　インターネット広告の特徴

迅速性	瞬時に相手のパソコンや携帯電話，タブレット端末に届く。
双方向性	顧客の購買履歴をもとにした働きかけと顧客のそれに応じた注文。
個別対応	その顧客にパーソナライズした対応。
情報の質と量	メディアリッチ（伝達手段が豊富）。

出所：コトラー，アームストロング，恩藏（2014）『マーケティング原理』丸善出版，pp.361-369をベースに作成。

トカードの顧客IDを紐づけすることで，誰がいつ何を買ったかが把握できるようになっている。従来のIDを認識しないPOSでは，同一店舗内で特定期間内に同じ1人の顧客が様々な商品を別々に購入した場合，それぞれ別の顧客が購入した記録になる。ID-POSでは複数別個に購入した場合でも，同1人物か否か瞬時に判断して，その購買履歴からその顧客に合わせたクーポンや次回購入の販売促進情報などをレシートと共に顧客にタイミングよく手渡すことができ，リピート率の向上も期待できるようになってきた。いずれにしても，ターゲット顧客にパーソナライズした情報提供が可能となることで，これまでとは異なった広告やプロモーションの展開が切り開かれているのである。[11]

「販売促進」（狭義のセールス・プロモーション：SP）

　プロモーションといえば，マーケティングの4つのPの1つとしての企業全体からの顧客への需要刺激策であるが，ここで述べる販売促進（セールス・プロモーション）は狭義の需要刺激策を対象にしている。これは顧客に購買を刺激するための短期的なインセンティブの提供を内容としている。販売促進は，顧客がそのインセンティブの提供価値を簡単に知ることで即座に購買行動を起こしやすいため，多くの企業で採用されてきた。これは広告や人的販売を側面から補完し，企業の製品やサービスの提供において直接的な刺激を与えることで購買行動を起こしやすくする役割がある。このように，強力なインセンティブを提供することで顧客の関心を引いて購買に繋げることができるが，その効果は一時的なものに終わりやすいというデメリットもある。長期的なブランド選好や顧客リレーションシップの構築には広告や人的販売ほどの効果はない。

　消費財メーカーの立場での販売促進には，最終消費者向け，小売業者や卸売業者からなる流通業者や法人向け（トレード・プロモーションとも呼ばれる），さらには自社内向け（インターナル・マーケティング，インナー・ブランディング：第10章参照）が存在する。販売促進は，その働きかける対象によって狙いや提供手段が異なっている。例えば消費者向けでは，その具体的手段として店内での実演販売（デモンストレーション），見本配布（試供品，サンプリング），クーポン配布，ポイント付与，プレミアムの提供（おまけ：ビール1ケースを買うとカップが付いてくるなど），増量パック，ノベルティの提供（社名入りのメモ帳やキーホルダーなどの記念品・景品のプレゼント），POP（購買時

図表9-8　消費者向けセールス・プロモーション（SP）のタイプ

タイプ	狙い	期待される効果
サンプル（試供品） 応募型サンプリング	試用	新製品の販売促進・既存製品の需要喚起，優れたブランド投入
クーポン	試用	新ブランド導入
キャッシュバック	試用	クーポンの代替手段
増量パック マルチ・パック（イン・オンパック）	試用 利用	新製品の販売促進 低関与製品に有効
直接値下げ	試用	知名ブランド新規使用者，耐久消費財
	利用	短期地域競合状況 一時的低価格競争
コンテスト（懸賞・くじ）	利用	知名・再認知
プレミアム（ノベルティ），おまけ	利用	ブランド・ロイヤルティ まとめ買い，大人買い
継続プログラム：スタンプ，ポイント（FSP）	利用	長期購買
モニタリング	試用	一定期間使用による製品の良さの実感
バンドル	利用	既存製品の需要喚起

出所：南千惠子（2010）「プロモーション政策」池尾恭一・青木幸弘・南知恵子・井上哲浩『マーケティング』有斐閣，p.479，および小川孔輔（2009）『マーケティング入門』日本経済新聞出版社，pp.504-514をもとに一部修正して使用。

点広告：店内のポスター，商品説明パネル，キャラクター人形など），メルマガ，キャンペーン，消費者コンテスト，新製品のネーミング募集，工場見学などがある（図表9-8参照）。

　流通業者向けや法人向けでは，販売店の棚に自社ブランドを置いてもらうインセンティブとして値引きや返品保証などの実施の他，自社商品の山積みや特別陳列に協力してくれた場合に販売店にはディスプレイ・アローワンスが支払われる。それ以外にも販売担当者の派遣，自社商品用の陳列棚・販促材料の提供，トレードショー，広告掲載，優秀な販売店を育成するための販売店コンテスト，経営支援を含めディーラーヘルプスなどが活用されている。販売促進は，ややもすると割引による短期的・即効的な販売刺激や一時的なブランド・スイッチを期待して，全体のプロモーションとかみ合わないことが起こりやすい。そのことは逆に自社ブランドを棄損する結果に陥るリスクも抱えている。販売促

進の課題としては、短期的な刺激策でありながら、製品のポジショニング強化、ブランド・エクイティの育成、長期的な顧客リレーションシップの構築にどのように結び付けるのかが求められている[12]。

社内に対する販売促進は、広報部・製品開発部・営業部間の調整や助言、全社的な機関誌の発行、イントラネットを活用した販売促進スケジュールの説明など、社内やグループ企業へのインナーブランディング（自社内やグループ企業への自社ブランドの認知）による自社活動への理解と情報共有を狙いにしている。

「パブリック・リレーションズ（PR）／パブリシティ」

自社を取り巻く様々なステークホルダー（利害関係者）との間に良好な関係を築くための活動である。日本では広報と呼ばれることが多い。ここでの利害関係者とは、顧客、従業員、株主、政府、マスコミ、地方公共団体など多岐にわたっている。今日多くの企業では、企業を取り巻く地域社会やグローバル市場において、様々な地域イベント、文化・教育・医療支援活動、ボランティア、寄付活動などを行っている。企業のホームページにアクセスしただけでも、IR情報としての投資や事業概要の他、PRの一環として環境・資源への貢献やCSRの活動など多くの情報が発信されていることがわかる。

パブリック・リレーションズの活動は、主にプレス（報道メディア）を通して発信されるほど影響力が広範囲に及ぶため、プレス向けの対策が考慮される必要がある。第三者の報道機関は企業からの情報について、それをニュースとして報道する価値があると認めた場合にパブリシティとして発信している。パブリシティは、本来は企業にとって完全にはコントロールできないプロモーション手段であるが、この利用の重要性は次第に高まってきている。この特徴は、公共性のある第三者の報道機関が、特定の企業や組織、それらの製品やサービス、あるいはその社員などに関する情報をニュースとして、各メディア（テレビ、新聞、雑誌、ラジオ、ミニコミ誌、インターネットなど）を用いて無料で報道してくれることにある。広告と違って、報道には自社の負担が少ないが、マスコミの関心を引き込むためのイベントや展示会などの開催では費用負担を必要とする。

そのメリットは、広告よりも真実味があり現実的で信頼できる印象を与え、メ

ッセージが「ニュース」として購買者に伝わるため人的販売や広告を避ける潜在購買者にも訴えられることであろう。しかしながら情報提供の仕方がパブリシティになるほど企業がコントロールできない，販売に繋がる保証がないということはデメリットとして考慮する必要がある。

　いわゆる企業側からの広告となると，顧客にとっては必ずしも素直に受け入れられず，しばしば偏見を持って受け取られることが少なくない。この点で，パブリシティはテレビ局や新聞社のニュースという形で特定企業の新製品，企業のボランティア活動，あるいはスポーツチームの活躍が報道されるだけに，公共性という視点で信頼できる情報として率直に注目してもらえる効果が期待できる。こうしたパブリシティによる情報提供は，その報道の内容や仕方によって企業にとってチャンスにもなれば，リスクにもなる。アップルは新製品を発売する際に，製品の発売前にあえて広告をせず，パブリシティをうまく活用している。アップルは報道機関にニュースとして報道させる手法を取っており，一貫してパブリシティを巧みに活用して，報道を通してファンの興奮と熱狂を煽り，発売当日には買い求める長い列をつくり出させているように，購買を刺激していることがわかる。しかしながらパブリシティは，企業にとってプラスにだけ働くとは限らない。逆に不祥事の内容をニュースとして報道された場合には，企業やブランドのイメージ失墜あるいは株価下落としてマイナスに作用する。企業としては，良好な企業イメージや評判（reputation）を積極的に確立するために日常的にニュース性のある情報を第三者の報道機関に提供することで，パブリシティの機会を高めようと組織的な対応を行うようになっている。

図表9-9　PRの活動内容

報道対策	自社の製品や経営者などに注目を集めるため，ニュースに値する情報を作成し，ニュース媒体に提供すること。
製品パブリシティ	特定製品のパブリシティを生み出すこと。
公共活動	国や地域社会とのリレーションシップを構築し維持すること。
ロビー活動	法律や規制が自社に有効に働くように，議員や政府関係者とのリレーションシップを構築し維持すること。
投資家に対する活動	株主や金融業界とのリレーションシップを構築し維持すること。
幅広い支援を得るための活動	金銭的援助あるいはボランティア支援を得るために，寄贈者や非営利団体に対して行う活動のこと。

出所：コトラー，アームストロング，恩藏（2014）『マーケティング原理』丸善出版，p.323から引用。

本来，パブリシティは企業にとってコントロールできない性質のものであるが，ある程度コントロールできるように，あえて有料のパブリシティとして取材費や記事制作費，媒体費を自己負担してメディアに取り上げてもらうペイド（有料）・パブリシティも利用されており，PRと通常のパブリシティ，それにペイド・パブリシティをタイムリーに組み合わせた戦略PRという手法も活用されている。[13)]

「ダイレクト・マーケティング」（DM: direct marketing）
　ダイレクト・マーケティングは，これまで直接販売の1つとして位置付けられてきたが，近年ではデジタル技術の進化，インターネット，メール，それにモバイル・ツールの普及と共に，コミュニケーション・チャネルと流通チャネルを統合した複合的な業態として理解されるようになってきた。従来型のダイレクト・マーケティングとしてはカタログ・マーケティング，ダイレクト・レスポンス・テレビ・マーケティング，テレフォン・マーケティング，ダイレクト・メール・マーケティングなどが発展してきたが，近年ではオンライン・マーケティングが技術や利便性，それにコスト面の理由から急速に成長してきている。
　オンライン・マーケティングは，販売のチャネルとしてスタートしているが，販売に至る情報のやり取りを蓄積しながら，さらに顧客のニーズにパーソナライズした販売促進活動が迅速に行われるようになってきた。この典型は，アマゾンのビジネス・モデルに代表される。本の購入に見られるように，ある顧客が本を購入した場合，その履歴のデータマイニングによりプロファイルが似ている顧客の購入パターンを分析し，個人に合わせたコンテンツを用意することで，関連購買や次に購入すべき商品を推奨するレコメンデーションで顧客の支持を集めてきた。アマゾンはクッキー（ウェブサイトの提供者が，ウェブサイトを利用した人のIDのデータを保存しておくことで，利用者の識別や属性，最後にサイトを訪問した日時を記録して，次回にアクセスした時に自動的に利用者の識別が行われ，前回から引き続いてサービスが受けられるなど再入力の手間や時間を節約できる）を使って顧客に番号を付けて識別し，購買記録などをベースにその顧客の商品の好みを分析し，興味や嗜好に合わせた広告を個別に配信する行動ターゲティング広告が活用されている。さらに，今よく売れている売れ筋商品トップ10，専門家やユーザーによるレビュー，詳細な商品説明，本で

あればその実際の目次や内容の一部を確認することもできる。[14]

　従来型の紙ベースのカタログやダイレクト・メールは今後ますます減少し，デジタル・ベースのタイプへの移行が加速するだろう。ダイレクト・マーケティングを構成するツールが大きく変化しており，電子メールやモバイルなどの新型ダイレクト・メールは，郵送に比べて信じがたいスピードと低コストでメッセージを届けることができる。しかも，ダイレクト・マーケティングは顧客とのパーソナライズしたコミュニケーションの役割を担うことで販売に導く手段としても注目されている。買い手にとってのメリットは，通信可能な条件が整っていれば，場所や時間を問わず，どこからでもほぼ無制限なほど様々な製品にアクセスでき，また買物情報に触れることができるようになっている点であろう。

　今日のダイレクト・マーケティングには，個人や小グループをターゲットとするワン・トゥ・ワンの特性があるため，売り手は顧客と直接やり取りすることで，ニーズをより詳しく把握し，特定の嗜好に合うよう商品やサービスをパーソナライズできる。顧客の方も質問したり，意見を返したりすることができ，顧客リレーションシップを構築する強力なツールとなりつつある。[15]

　ダイレクト・マーケティングは，顧客との関係で限定性・即時性・双方向性を特徴としているため，大衆向けの広告に比べてメッセージは即座に準備することができるし，顧客の反応に応じてメッセージの内容を変更でき，標的化したワン・トゥ・ワンの顧客リレーションシップの構築に適している。しかし，メッセージの信頼性やプライバシーなどに不安を感じる場合はリレーションシップの構築が難しいという点はデメリットとなろう。

「人的販売」
　人的販売とは，販売員が見込み顧客や取引先と直接接触し，製品の特徴や使用法などの説明ならびにアドバイスを通して，購入の刺激，勧誘，それに説得を行う活動である。この特徴は，対人的な接触（face-to-face）による販売促進である。そのため人的販売は非人的なプロモーション手段と違って，見込み顧客や取引先の担当者の反応に応じた柔軟な話し合いや接客が可能となっている。特に，販売締結に至る説得の過程を担うのに最も適した手段といえる。他のプロモーション手段と比較して，情報の質や量の面で相手に応じた提供をする点

でともに優れているが，デメリットは費用が掛かることである。顧客とのやり取りの中で，顧客からの疑問，不満，苦情などを収集することで，既存製品の改善や新製品開発のアイデアに役立てることも可能となる。中でもビジネス財については，取引先のユーザーとの緊密なリレーションシップの維持が常に求められ，開発への要望，製品特性やコストパフォーマンスの評価をめぐって人的販売がとりわけ重視される。[16]

そのため人的販売のタイプも，その役割によって，新規の顧客を開拓する役割，既存の顧客との関係を維持する役割，さらには注文獲得よりも新製品情報を提供する役割，さらには販売を支援する役割といった区分で担当者を割り当てる場合もある。さらに，顧客のニーズや提案する製品が複雑化していることも背景にあって，特定の販売員や営業担当者の属人的な要素に固定せずに，メンバー間でオープンに知識やノウハウを共有する方式が採用されるようになっている。また販売員が個人で営業することが次第に困難になっている場合は，部門を横断したチーム編成による組織的販売によるチーム・セリングを採用するケースも見られる。[17]

(3) 統合型マーケティング・コミュニケーション (IMC)

これまで述べてきたように，顧客に価値を伝える手段という視点に立てば，企業によって実に様々なプロモーションのツールが利用されている。その実態は，テレビ，ラジオ，新聞，雑誌，人的販売，販売促進，ネットなど，全体として調整されることなく進められている場合も少なくない。プロモーションのそれぞれの手段は，社内の独自の部門，社外の広告代理店やイベント企画の組織によって別々に担当されていることも多い。広告は広告代理店と連携した広告部門，人的販売は営業部が担当し，パブリック・リレーションは広報部，ダイレクト・マーケティングは販売促進やダイレクト・マーケティングの部署で遂行されている。この場合，例えばプレステージを強調する広告の一方で，営業チームが強力にディスカウントや割引の販売促進を採用したらブランド・イメージについて顧客はどのように思うだろうか。広告で利用されているロゴや字体がダイレクト・メールのキャンペーンで利用されるものと異なっていたら顧客は同じ企業と認識するであろうか。ウェブサイトの画面の表現は，広告で表現されたイメージと一貫性があること，ダイレクト・マーケティング・キャンペ

ーンで伝えられたメッセージはパブリック・リレーション部門によって開発されたものと一致していることも必要となろう。

　さらに，プロモーションのツール以外にも，製品のデザイン，価格，パッケージの色や形，その製品を販売する店舗など多くのものが，顧客に何かを伝えている。デジタル技術の進歩によって，デジタルサイネージ（電子看板），プロジェクション・マッピング，ネットテレビ（広告の導入が検討されている）などプロモーションに利用されるツールが拡大しており，顧客は様々なルートから情報を受け取り，また発信する機会も増えており，それだけに顧客の視点に立って様々コミュニケーション手段の整合性が問われるようになってきた。

　プロモーション間の調整だけでなく，プロモーション以外の活動との整合性や一貫性を重視することも求められる。製品や企業について顧客に明確なメッセージを訴求するためには，コミュニケーション手段の多様性を取り入れ，より大きな効果を狙うには，プロモーション，製品，価格，チャネルというマーケティング・ミックス全体の調整，さらにはブランドと顧客との接点としてのタッチ・ポイントを考慮する必要性が強調されるようになってきた。そこで出現してきた概念が統合型マーケティング・コミュニケーション（IMC：integrated marketing communication）である。IMCとは，企業が組織やその製品について，顧客に対して明確で，一貫性があり，信頼でき，さらに競争優位なメッセージを伝えるためのマーケティング・コミュニケーション・ツールを調整する概念である。[18]

　このIMCは，1993年にノースウェスタン大学のドン・シュルツ，スタンレー・I・ターネンバーム，ロバート・ラウターボーンによって提唱された概念に象徴されている。その提唱者の中心人物であるシュルツは，この概念を提起するに至ったきっかけを次のように説明していた。顧客によるメディアの同時利用という点を強調しながら，「私たちは個々のメディア活動について話すことはもうありません。つまり，私たちは，どのようにして消費者がこれら全部に取り組んでいるのか，そしてそれにはどんなインパクトや効果があるのかを考え始めなければならないということです」[19]と顧客が複数のメディアに同時に接触して行動を起こす実態に焦点を当てて，コミュニケーションの影響を統合的に考え，統合的にアプローチすべきであることを提唱した。

　それ以外にも，IMCが提唱される背景として，流通技術の発展と小売業界の

寡占化が影響している。小売企業にとって，POS，スキャンパネル，顧客カードからのデータ処理は，顧客単位での販売促進やダイレクト・メールへの適用とそれらの効果測定を可能とし，広告よりも短期的な効果を狙う販売促進やダイレクト・メールを積極的に活用するように変化してきた。小売企業は強大なバイングパワーを持つことで，ディスカウント販売や短期的販売刺激策を積極的に強化したのに対して，その分，メーカーでは販売促進費が増加し，逆に広告予算が減らされるようになった。小売企業は，メーカーに対して十分な棚スペースが欲しければ，より多くの販売促進費用をアローワンスやディールに配分するように圧力をかけた。これによりメーカーにとってこれまでのマス広告を中心にブランド力を訴求してきたマーケティングの方式が，広告以外の短期的な販売促進を中心としたプロモーション戦略に変質したことである。

それに加えて，インターネットや電子メールといったメディア環境が変化し，顧客の情報収集や発信の手段が多様化してきた。ソーシャルメディアの発展は，顧客にとってのコミュニケーションのあり方をドラスティックに変更し，企業側がマスメディアを利用して一方的に発信するものを受動的に受け取るものから，顧客側が必要に応じて情報を収集しかつ発信するという能動的なものに変わってきた。このことは，顧客にとって様々な情報入手の経路を持つようになったことを意味し，企業側はそうした多様な経路に統合的に情報発信することが課題となってきた。さらに，成熟市場において企業や事業のM&Aが活発化するにつれて，企業が効果的に企業イメージを向上させ，利益を高め，株主の高い評価を得るためにブランド力の強化が大きな関心事となっていったこともIMCの提唱に影響を与えている。メーカーにとっては小売店頭で自社製品がディスカウント販売される一方で，ブランドがエクイティ（資産）として買収の対象となるという状況を受けて，ブランド価値を強化する重要な方法としてコミュニケーションを統合することを自覚するようになったのである。[20]

最後に，IMCの特徴をまとめておこう。①顧客は本来メッセージを媒体レベルに区分して受け取っているわけではない。むしろ様々なメディアに接触しながら，顧客の個々の関心や興味に基づいて受け入れ，製品や企業のイメージを知覚している。そこで，従来のプロモーション・ミックスと違って，IMCの強調点は顧客にとっての視点を重視し，顧客が受けるコミュニケーションとして必要なメッセージをどのようなメディアでなら受け入れやすいのかというアプ

ローチを特徴としている。②またIMCは，長期的な効果を期待して特定の顧客との関係性の構築や維持を目指したアプローチである。いわゆるプロモーションのレベルでのミックスだけではなく，それを超えたマーケティング・ミックス，さらにはブランドと顧客とのタッチ・ポイントを軸としたトータルなアプローチである。さらに③IMCは，ブランドと顧客とのタッチ・ポイントを焦点に，戦略的視点からの統合を強調したものである。例えば，成熟市場の中でコモディティ化の進行によって，ライバル各社と同じような製品として見られがちな傾向を打破するために，ブランド価値を顧客に明確に伝える必要がある。しかし現状の多くは，ブランドに関するコミュニケーションがちぐはぐだったり，ばらばらだったり，継続性のないもので顧客を混乱させ，意図したイメージの確立に繋がっていないことが見受けられる。あらためて，ブランドの一貫したイメージを伝えるためには，広告や販売促進だけでなく，品質やパッケージ，価格，販売店でのアフターサービスなどが一貫性をもって他社との違いを明確に打ち出せるように，ブランドと顧客とのタッチ・ポイントを焦点に置いた戦略的なアプローチが行われることが重要となっている。

そこで，IMCの狙いとして，顧客と接するすべてのタッチ・ポイントにトータルなコミュニケーションを実現しようとすること，そのコミュニケーション活動に一貫性や統一感を与えることの重要性が指摘されてきた。年々，コミュニケーション手段が多様化し，タッチ・ポイントの増大に伴ってコミュニケーション内容にバラつきが目立つようになっており，改めてタッチ・ポイントの増加に対応したコミュニケーション活動の統合が求められてきている。

■ **演習問題＆討論テーマ**
(1) 価格戦略において，ハイ・ロー・プライシングとEDLP（エブリデー・ロー・プライシング）の違いを明らかにし，それぞれのメリットとデメリットについて，企業サイドと消費者サイドの両方から検討してみよう。
(2) メーカーのチャネル戦略と小売企業のチャネル戦略との違いとは何か，それぞれの立場でチャネル・マネジメントの課題を探り出してみよう。
(3) IMCはなぜ必要となるのか，最近の動向を踏まえてその理由と課題を調べてみよう。

● 注

1) McCarthy, E.J.（1960）*Basic Marketing: A Managerial Approach*, Richard D. Irwin.
2) コーズ・リレーテッド・マーケティング（Cause-related marketing）もしくは単にコーズマーケティングとは，特定の製品の価格や売上の一部を社会貢献として，例えば被災地の復興のため，あるいは教育・医療・文化財保護などの不十分な国や地域もしくは組織に寄付をすることで，企業の社会的責任を果たしながらイメージ向上や売上増加を果たそうとするマーケティング活動である。コーズとは，大義のことで，世のため人のために役立つという狙いから，寄付付きの製品を販売することを意味する。アメリカンエクスプレスの自由の女神修復キャンペーンがよく知られた例といえる。江尻行雄（2009）「コーズ・リレーテッド・マーケティング」宮澤永光・城田吉孝・江尻行雄編『現代マーケティング』ナカニシヤ出版，pp.228-247。
3) Anderson, Chris（2009）*Free : The Future of a Radical Price*, Hyperion.（高橋則明訳『FREE フリー＜無料＞からお金を生み出す新戦略』NHK出版，2009年）
4) 池尾恭一（2010）「価格政策」池尾恭一・青木幸弘・南知恵子・井上哲浩『マーケティング』有斐閣，pp.461-462。
5) 田口冬樹（2016）『体系流通論（新版）』白桃書房，p.266。
6) フィリップ・コトラー，ゲイリー・アームストロング，恩藏直人（2014）『コトラー，アームストロング，恩藏のマーケティング原理』丸善出版，pp.230-231。
7) 田口，前掲書，pp.328-332。
8) Kotler, Philip, and Kevin L. Keller（2006）*Marketing Management, Twelfth Edition*, Pearson Education.（恩藏直人監修『コトラー＆ケラーのマーケティング・マネジメント 第12版』丸善出版，2008年，pp.592-600）
9) ここでプロモーションとマーケティング・コミュニケーションの関係について整理しておく。マーケティングの実務や研究では，プロモーションとマーケティング・コミュニケーションを特に区分することなく使用することが多い。しかし，マーケティングにおいてコミュニケーションの役割を果たしているのは，プロモーションだけではない。他のマーケティング・ミックスの手段である，製品の成分やパッケージ・デザイン，品質イメージを想像させる価格水準，販売店の立地や店の内装・外装なども，消費者へのコミュニケーションを果たしている。したがって企業と消費者とのコミュニケーションという場合，プロモーションという枠組みを超えて，マーケティング・ミックス全体，さらにはブランドと顧客の接点であるタッチポイント（＝コンタクトポイント）をコミュニケーション・チャネルとして統合的にマネジメントしていく，IMC（Integrated Marketing Communication）の視点が強調されるようになってきた。この点は，石崎徹編著（2016）『わかりやすいマーケティング・コミュニケーションと広告』八千代出版，pp.9-10，ならびにpp.20-23を参照。
10) 久保田進彦・澁谷覚・須永努（2013）『はじめてのマーケティング』有斐閣ストゥディア，pp.212-213。
11) 行動ターゲティングのわかりやすい説明は，久保田・澁谷・須永，同上書，pp.214-216。ID-POSについては，本藤貴康・奥島晶子（2015）『ID-POSマーケティング』英治出版，pp.61-62に詳しい。
12) 南知恵子（2010）「プロモーション政策」池尾恭一・青木幸弘・南知恵子・井上哲浩『マー

ケティング』有斐閣, pp.478-481。
13) 石崎徹 (2016)「広告/マーケティング・コミュニケーション諸活動の定義と機能」石崎, 前掲書, pp.34-35。井上一郎（2016）「PR とパブリシティ戦略」石崎, 前掲書, pp.211-212。
14) 田口冬樹（2016）『流通イノベーションへの挑戦』白桃書房, pp.28-29。
15) フィリップ・コトラー, ゲイリー・アームストロング, 恩藏直人, 前掲書, pp.353-354。
16) グロービス経営大学院編 (2009)『グロービス MBA マーケティング』ダイヤモンド社, p.124。
17) 恩藏直人（1996）「コミュニケーション対応」和田充夫・恩藏直人・三浦俊彦『マーケティング戦略』有斐閣, p.218。
18) Jober, D. (2010) *Principles and Practice of Marketing,* McGraw-Hill, p.464.
19) Mazur, Laura, and Louella Miles（2007）Conversations With Marketing Masters, John Wiley & Sons（木村達也監訳・早稲田大学商学学術院木村研究室訳『マーケティングをつくった人々』東洋経済新報社, 2008年, p.201）
20) 中野香織 (2008)「IMC」石崎徹編著『わかりやすい広告論』八千代出版, pp.54-66。熊倉広志 (2008)「IMC（統合型マーケティング・コミュニケーション）：コミュニケーション統合からコミュニケーション自己増殖へ」戦略研究学会編集/原田保・三浦俊彦編著『マーケティング戦略論』芙蓉書房出版, pp.167-172。
21) 田島則雄（2010）「コミュニケーション戦略」日本マーケティング協会監修/尾上一郎・恩藏直人・三浦俊彦・芳賀康浩編著『ベーシック・マーケティング』同文舘出版, pp.158-159。
22) 宮下雅治（2016）「コミュニケーション・デザイン」有馬賢治・岡本純編著『マーケティング・オン・ビジネス』新世社, pp.122-123。

第10章

サービスのマーケティング

キーワード

- 6次産業
- サービスの7P
- サービス・ドミナント・ロジック＆サービス・ロジック
- 有形化のわな
- サービス・リカバリー
- 価値共創

多くの商品は，形の確認できる有形（体）財（tangible goods）と形が確認しにくい無形（体）財（intangible goods）によって構成されている。われわれの生活やビジネスの現場で，通常，製品のような形のあるモノだけでなく，サービスのように形が確認しにくい対象を利用することによっても支えられている。しかも実際には，製品においても配達・据え付け・修理・保証などのサービスが伴っている場合があり，またサービスにおいても英会話学校での授業にテキストやDVDの練習キットなどの製品が伴っているように，有形財と無形財が組み合わさっていることが多い。

1 ▶ 社会におけるサービス需要の増大とサービスのポジショニング

最近では，家計や経済の中でサービスの役割が増大しつつある。それは経済発展によって，産業構造が農林漁業（第1次産業）から製造業（第2次産業），さらにはサービス業（第3次産業）へと，労働力，所得，資本が移動していく

産業構造の高度化が実現していることにもよる。しかしそれだけではない。農林漁業や製造業の経営活動でも，市場開拓のために調査，企画，デザイン，ブランド，物流，金融などサービス需要を増加させる動きが顕著である。このように，単に第3次産業内だけでサービス需要が増加しているわけではなく，他の産業から第3次産業のサービス需要を必要とする傾向が表れている。さらに，1次産業の農林漁業が単に原材料を生産し提供するだけにとどまらず，そこでの原材料をいかした提携などにより食品の製造加工を行い（第2次産業），さらには直売所，レストランあるいは観光農園経営など（第3次産業）への介入を深める6次産業化の動きも出現している。6次産業とは，第1次産業を軸に他に第2次産業と第3次産業を掛け算して算出された表現からの造語である。この用語は産業の有機的な統合が付加価値のある製品やサービスを提供することや，地域の産業の活性化や雇用の創出を期待して使用されている[1]。

供給サイドのサービスが増加しているだけではない。需要サイドのサービスの増加も顕著であり，この需要増加が供給サイドのサービス活動を牽引している関係も無視できない。特に，家計における消費支出の中で，交通・通信，教育・教養，医療，娯楽といったサービスへの消費が増加傾向にある。日本の人口構造の少子高齢化は，医療・介護・福祉などでのサービス需要の増大やコストアップを加速している。われわれのライフスタイルの変化もICTを活用した生活の利便性追求，時間・安全・健康の重視，教育・教養や娯楽への関心の増加などでサービスに依存する割合が増えている。近年，家庭で警備保障のサービスや介護サービスを求める傾向が増加しているが，われわれが快適な家庭生活を送るために，サービスはますますなくてはならない必需品に発展してきたことがわかる。こうした時代背景を受けて，近年では製品に対比してサービスの役割の大きさに注目して，サービス・ドミナント・ロジック（service-dominant logic: S-D logic）やサービス・ロジック（service logic）というコンセプトが提起されるようになっており，サービスの中に製品も含めて捉えようという考え方が生み出されるようになってきた。この点については，後半の節で改めて論じてみたい。

それでは，そもそもサービスとはどのように捉えられるのか検討してみよう。一般的にサービスの範囲として3つのカテゴリーが考えられる。

第1は，製品にサービスが付随するケース：製品を購入した際に配達，据え

付け，保証などを伴うことである。

　第2は，製品とは独立した独自の商品カテゴリーとしてのサービス：法律相談や精神科医の診察などのことである。

　第3は，製品やサービスとは直接関連しない形での地域貢献や社会貢献（CSR）：企業によってその位置づけは多様であるが，メセナ（企業による芸術，文化活動の支援）やフィランソロピー（企業・民間人による公益のための社会貢献活動）など，企業の広報活動や社会的責任の一環として取り組む例が見られる。

　すでに述べたように，サービスは，モノという有形財と形のない無形財との不可分な関係で成立する。この関係は，次のように説明できる。[2)]

① 純粋な有形財：例えば顧客がいつも購入する塩や歯ブラシの場合，すでに利用経験や商品知識が伴っているため小売店で店員に訪ねることなくセルフ・セレクションで買物ができる。

② 有形財にサービスが伴う：大型冷蔵庫やエアコンなどの購入では，その後の配達，設置工事，修理が重要な役割を果たす。

③ 有形財とサービスとの混合：観光地の旅館では地域の食材を使った料理，体験工房，それに接客のおもてなし，テーマパークでは様々なアトラクションとそれぞれのキャラクターのお土産が同時に求められている。

④ サービスに若干の有形財が伴う：飛行機での移動に際しては移動というサービスがメインであるが，国際線の場合には食事，ブランケット，雑誌などが機内サービスとして提供される。しかし，LCC（Low Cost Carrier）の利用では，機内サービスは原則として顧客にとって有料のオプションとなる。

⑤ 純粋なサービス：心理カウンセリング，法律相談，個別指導の家庭教師はモノの介在する余地が極めて少ない状態を示している。

　次の図表10-1と図表10-2は，純粋な有形（モノ）の位置から純粋な無形（サービス）の位置までを1つのスケールで示している。

図表10-1　有形・無形の要素による分類

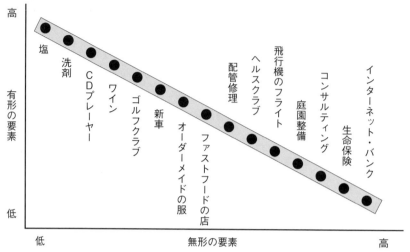

出所：Lovelock, C., and J. Writz（2011）*Service Marketing*, Pearson, p.38.

図表10-2　製品とサービスに対する消費者評価の違い

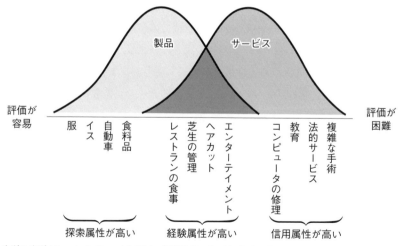

出所：出所：Lovelock, C., and J. Writz（2011）*Service Marketing*, Pearson, p.62.

2 ▶ サービスの特性

次に，有形財の製品と比較して，無形財としてのサービスの特性を検討してみよう。モノと比較してサービスにはどのような違いがあるのかをまとめてみよう。

① 無形性（intangibility）

靴なら，購入前に店頭で実際に履いてみて足へのフィット感を確かめることができるし，スマートフォンなら手に取って重さや質感，それに使い勝手を確かめることができる。しかし，旅行や保険の場合は購入前にそれらがどんなに楽しいのか，あるいは役に立つものかを知ることは難しい。いうまでもなくこの無形性はサービスの持つ最も代表的な特徴である。

顧客にとって見えない要素が多いほどその購入には抵抗感が大きい。そうした抵抗や不安に対しては，「見える化」という工夫が必要となる。具体的な見える要素を導入することでサービスに対する不確実性を減らそうとする取り組みである。例えば，子どもを対象とした歯医者では動物のキャラクターを使って安心感や親しみやすさをイメージできるようにしている他，市町村や企業ではキャラクターを使ったブランド化もよく採用されている。病院では医学博士号を持った医師の数の多さ，最新の医療機器の保有状況，あるいは施設の新しさや病院食の豪華なメニューなどをアピールしている。このようなアピールはエビデンス・マネジメントと呼ばれ，品質の良さをイメージさせる狙いがある。それ以外にも，フリーやディスカウントによってトライアルを促進し，購買や使用の抵抗を低くしようとしたり，さらにはパンフレットやDVD，あるいは販売担当者の親切丁寧な接客を通した詳細な情報提供や緊密なコミュニケーションによって，顧客にとっての不確実性や無知の状態を解消しようとしたりする活動もある。満足保証を掲げて，不満がある場合は返金をアピールする例もその見える化の1つの例である。ただし，サービスの見える化にこだわり過ぎて，設備を新しく豪華にすることや規模を大きくすることがメインになって，肝心のサービスの質を良くすることがおろそかになるのでは本末転倒であろう。これを有形化のわなという。[3)]

図表10-3　モノとサービスの品質評価

属性	説明	具体例
探索属性 (search attributes)	探索属性が働くカテゴリー：購入前に買い手が評価できる属性	洋服，椅子，オートバイ，食品
経験属性 (experience attributes)	経験属性が働くカテゴリー：購入後に評価できる属性	レストランの食事，芝生の管理，理髪，理容，エンターテイメント
信頼属性 (credence attributes)	信頼属性が働くカテゴリー：通常，消費後も評価が難しい属性	歯の治療，教育，法律相談，複雑な外科手術

　有形である製品は，洋服や靴を例にすると理解しやすいように，探索属性として購入前に品質を評価することができる。しかし，サービスの品質の評価は容易ではない。レストランでの食事や理容・美容のように，実際にそのサービスを受けなければ判断できないものが存在する。こうしたサービスの品質は経験属性という。さらに，歯の治療や複雑な手術，学校での教育などは消費後であっても評価が難しいサービスである。こうしたサービスの品質は信頼属性として位置付けられ，信頼がサービス購入の決め手になる（図表10-3参照）。

② 　生産と消費の同時性・不可分性（simultaneity/inseparability）
　製品は事前に生産し，作り置きや在庫を持つことで，顧客がその後に来店して購入することができる。しかし理容や美容，手術の場合は，事前に生産するということが不可能である。この特徴は，サービス提供者とそれを利用する顧客が同時に居合わせる必要があり，提供者と顧客との相互作用（インタラクション）が不可欠である。特に理容や美容，手術ではその顧客のためのパーソナライズが重要で，誰にでも同じ処置をするわけにはいかない。病気の治療においては，医師は患者のことを考えて丁寧に最もふさわしい対応を行うことが求められ，患者も医師の指示に協力することなしに回復することは難しい。同じように，教育の場合も教師と学生との関係，電車運行の場合でも駅での整列乗車による乗客の協力，集客施設での顧客のマナー（禁煙，静寂，順番）の徹底など，顧客の側からの協力や働きかけがサービスの質に大きな影響を及ぼしていることが指摘できる。高級レストランで正装を義務付け，子どもの同伴やペットの持ち込みを禁止するなど，サービス顧客になるための条件を付けるケー

スがある。サービス提供者と顧客との共創によってサービスの価値がつくられていることがわかる。[4)]

③　変動性・異質性（variability/heterogeneity）
　サービスは，製品と違って標準化しくい。サービスの提供側では提供者の能力や経験などが異なっており，たとえ同じレストランで同じメニューを頼んだとしても，料理人が異なると違った味が提供される。また利用する顧客側についても，顧客が異なると味に対する好みに差があるため，評価は同じにはならない。このようにサービス提供側の質も，それを受け入れる側の期待も異なっており，購入に先立ってサービスの質を予測することは難しいという問題が存在する。そのため，いかにサービス品質を一定に保つかという品質コントロールの問題が，サービス・マーケティングにおいて重要な課題となっている。その対応として，供給サイドでは，業務プロセスの標準化やマニュアル化，従業員の訓練・教育研修・スキル（技能）の向上，動機づけなどを行っている。さらには顧客サイドからは顧客の要望や意見，苦情の受付け，ソーシャルメディアでのクチコミ，ミステリーショッパー（覆面調査員）の活用などでサービスを評価することによって質的な変動を改善しようとしている。

④　消滅性（perishability）
　ホテルの部屋や航空機の座席はその日に利用客がいなければ部屋やフライトからの収入は得られず，その日その空間は無駄になってしまう。先に触れたように，サービスの供給サイドでは事前に作り置きができないし，需要サイドも時間，時期，季節，場所などで利用量や頻度が大きく変動しやすいことから，売りたい側と利用したい側のタイミングの良いマッチングが極めて重要となる。そのためには，需要と供給のマッチングを円滑にするための様々な工夫が必要となっている。需要サイドには，a.時間帯，時期，季節による価格差別，b.場所（宿泊施設でのオーシャンビューの部屋や劇場でのよく見える観客席）や設備（ATMや自販機）による差別料金化，c.予約制の導入などが行われている。これに対して供給サイドには，a.パート・アルバイトの非正規社員の採用，訓練による多能工化，b.ピーク時専用の手順（女性専用車両，幹線道路の時間帯利用規制），c.消費者の参加（ホテルでのセルフサービス朝食）などの導入が行

われている。

　以上のような4つの代表的なサービスの商品特性は製品とサービスを区分する条件となっており，サービス・マーケティングのあり方に大きな影響を与えている。それと同時に，すでに述べたように，製品とサービスは完全に区分することができない状態に置かれており，むしろ程度問題という特徴を示している[5]。競争環境が厳しくなる中で，顧客に選ばれる製品や企業であるためにはライバルとの差別化を一層強化する必要が生じている。そこで製品に様々なサービスを加えて，付加価値の高い製品として販売するケースは珍しいことではなくなっている。高齢化する顧客層に対して健康器具や情報機器を提供しようとする際に，設置や使い方の指導のためにスタッフを家庭まで派遣するサービスを行っているケースがそれに該当する。美容院でサービス提供の際に使用したシャンプーやソープを家庭用にセットで販売する場合など，サービスから特定の製品を取り込むケースも見受けられる。こうした製品とサービスの組み合わせをブランドのイメージで認知させ，浸透させ，さらにライバルと差別化させるための手法も活発に利用されている。

3 ▶ サービスの7Pと品質評価

　従来の4Pによるマーケティング・アプローチは，製品には有効だが，サービス業の場合には，さらにそれ以外の要素にも目を向ける必要がある。サービス・マーケティングのツールには，従来の製品の4Pに加えて，サービスに固有の3Pを含めて7つのPが展開されている。サービスの7Pと呼ばれる要素には，従来の製品に向けられた要素以外に，人，物的証明，それにプロセスが重要な役割を果たすことが指摘されている（図表10-4参照）。

① 人（People）：ほとんどのサービスは，人によって提供されるので，提供する人によってサービスの内容や質が変化しやすい。そこで顧客に最高の条件でサービスを提供するためには，サービス提供者のスキルやマインドの向上が欠かせない。そして，顧客がサービスの価値を最初に判断するタ

ッチ・ポイントは，サービス提供者と顧客との相互作用が行われるサービス・エンカウンターである。出会いの瞬間ともいうべき場面であり，「真実の瞬間」（moment of truth：決定的瞬間とも表現される）と呼ばれる。この考え方はもともと，スウェーデンの経営コンサルタントであるリチャード・ノーマンが1978年に唱えたものである。その後，1980年代に，スカンジナビア航空（SAS）社長のヤン・カールソンがこの言葉を使って注目された。スカンジナビア航空の旅客は，1回当たり平均15秒の航空スタッフやキャビンアテンダントからの応接を1度のフライトに5回受けていた。顧客と直接接する最前線の従業員の15秒の接客態度が，その航空会社の印象を決める真実の瞬間として，サービスの改革を行って成果を挙げたことでこの概念が広く知られるようになった。[6]

② 物的証明（Physical evidence）：これまで述べてきたように，サービスの品質を事前に知ることは難しい。そこで顧客はサービス評価のために有形の手掛かりを求めようとする。レストランやホテルのサービスを判断するのに，外装や内装のデザイン，それに設備や備品などが判断材料となることがある。まず見た目を良くすることで不確実性を減らす方法である。サービス施設では，ハードを整え，清潔に，明るく，立派に見せる工夫が行われている。パンフレットや動画による説明（プロモーション），品質保証のマーク，ランキングなどによる訴求がしばしば利用される。しかし，有形化のわなという用語を紹介したように，それだけが目的化してしまう危険は避けなければならない。

③ プロセス（Process）：顧客にとってサービス提供の手順やステップを「見える化」しておくことは，サービス利用の不安を取り払い，認知や理解を促進する。ABCクッキングスタジオは人目につきやすいロケーションに立地し，料理の授業を受けている様子をガラス越しに確認できる方式（設備環境）を採用し，学びやすい仕組みを提供することで利用者を増やしてきた。サービス業務をシステム化し，運営のルールを明確にすることで，サービスの標準化を目指している。とりわけ，サービスのフランチャイズビジネスにおいては，フランチャイジー（加盟店）がフランチャイザー（本

図表10-4 サービスの7P

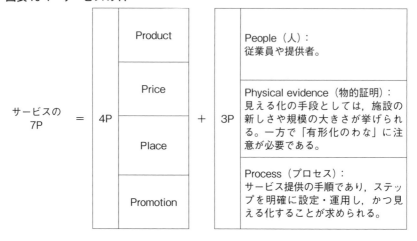

部)の指導にしたがって一定品質のサービスの提供を行う場合，その提供のプロセスが明確に示されていないと品質のアンバランスやクレームの原因となる。サービスの品質（有効性）と生産性（効率性）との間にはトレードオフの関係が存在する。病院の医師が1人当たりの患者の診察時間を短縮してたくさんの患者を診察した場合，医師による診察の生産性は高いといえる。しかし，生産性の向上は患者へのサービスの質を低下させてしまうリスクもある。生産性とサービス品質の間には明らかにバランスをとる配慮が求められる[7]。このようなサービス提供プロセスで，どのような基準や優先順位を設定するかという点でサービス・マネジメントが重要となる。

　サービスの提供方法について，考慮すべき事柄を紹介しておきたい。まず，サービスは人間が提供する場合と機械が提供する場合が存在し，技術（テクノロジー）の進歩は後者の機械による提供の範囲を拡大しつつある。特に，近年急速に発展している人工知能（AI）やロボット技術はこれまで人間が提供していたサービスを代替するようになってきた[8]。そのため最近はサービスとテクノロジーを融合させた表現で，Fin-Tech（金融），Med-Tech（医療），Ed-Tech（教育），Realestate-Tech（不動産）などといった形で，サービスの様々なジャンルにテクノロジーを活用することでイノベーションを起こそうという新たな動

きが起こっている。

またサービス提供については，サービスを受ける場合に提供者と共に居合わせる必要の有無も重要である。サービスを受ける対象が車やパソコンのような物財なら修理や点検に出すことで済むが，人間が手術や理容・美容のサービスを受けようとする場合には本人が提供者のところに居合わせるか，もしくは提供者が本人のところに出向く必要がある。さらに，サービスの利用者・受け手が個人なのか，事業者なのかによっても，その動機や利用方法が異なってくるため，消費財のマーケティング（BtoC）とビジネス財のマーケティング（BtoB）の対応としての違いが検討される。

特に，サービスの特性で触れたように生産と消費との不可分性に注目すると，顧客による共同参加や能動的なかかわりによってサービスが成立している場合がある。サービスのプロセスにおいては，提供者と利用者が密接な協力関係をもって価値が初めて創造される。しかし，共同参加といっても，顧客のサービス品質に対する評価はサービスの生産・消費にかかわっている顧客側の知覚に依存する。そのため顧客の期待と知覚の両者をバランスさせることが質の高いサービスを提供することになるという視点が重要となる[9]。しかし顧客の期待への適合については，いくつかのギャップが提供側と顧客との間に起こり得る。ラブロック（Lovelock）らは，どのようなギャップが発生するかを以下の6つの視点から指摘している[10]。

ギャップ1：知識ギャップ（knowledge gap）：
　経営者サイドが顧客の期待しているだろうと考えているものと，顧客が実際に必要としておりかつ期待しているものとの違いである。

ギャップ2：方針ギャップ（policy gap）：
　経営者が理解した顧客期待と，サービス配達のために設定された品質標準との間の違いである。顧客の期待を下回る標準を設定する理由としては，コストや実行可能性を優先することが挙げられる。

ギャップ3：配達ギャップ（delivery gap）：
　設定されたサービス配達の標準と，これらの標準に基づいた配達チームや運

営で提供された実際のサービス内容との違いである。

ギャップ4：コミュニケーションギャップ（communication gap）：
　企業がコミュニケーションとして提供する広告，販売員から伝えるサービスの特徴，性能，品質水準と，実際に配達可能となったサービス内容との違いである。時には売上獲得を意識し過ぎた広告や販売員によるコミュニケーションが過大な約束をもたらし，顧客の期待を増幅させる。こうした約束による提供の失敗は不満を生み出す。

ギャップ5：知覚ギャップ（perception gap）：
　実際に顧客に配達されたサービス内容と，顧客が受けたと知覚するサービス内容との違いである。

ギャップ6：サービス品質ギャップ（service quality gap）：
　顧客が受け取れると期待するサービス内容と，実際に配達され知覚されたサービス内容との違いである。

　これらのギャップの中で，ギャップの1，5，6は顧客と企業組織間での外部ギャップを示しており，ギャップの2，3，4は企業組織内での様々な機能や部門間での内部的なギャップを示している。かくしてギャップを克服できるようにサービスを提供するプロセスを設計し，管理することが必要となる。顧客の期待は，顧客自身がそれぞれの経験に基づいて形成する部分が多い。そのため計測することは難しいが，サービスの知覚品質を計測するための基準や手法が開発されてきた。

　サービスの知覚品質を計測するための基準や手法はパラスラマン（Parasuraman），ザイタクル（Zeithaml）およびベリー（Berry）によって開発されてきた。[11] 彼らは，サービス品質自体を，顧客の期待と知覚とのギャップとして捉え，期待と知覚の両者をバランスさせることが質の高いサービスを提供することになるという視点を打ち出した。彼らの開発した顧客サービス品質に対する評価尺度は，SERVQUAL（サーブコール，サーブカル）という名称で知られている。SERVQUALの品質評価は以下に示される5つの次元の尺度によって点数化される。[12]

優れたサービス品質を提供するカギは顧客の期待を理解することと，そこに照準を合わせることである。それにはこのような期待を形成するのに利用される基準の明確な構図を必要とする。それによって消費者がサービスのエンカウンターの成果だけでなく，その一部を採用する経験も知覚する。例えば，ヘアカットの評価はカットの品質に依存するだけでなく，またヘアカットしてもらう経験にも依存する。明らかに，ヘアカットのドレッサーは技術的なスキルだけでなく，親切かつ丁寧な仕方でコミュニケーションをとる能力も必要としている。結果として，5つのコアなサービス品質の次元が明らかにされた。

① 有形性（tangibles）：物的施設・設備の外観，従業員，およびコミュニケーション材料
② 信頼性（reliability）：約束したサービスを確実にかつ適切に遂行する能力
③ 対応性（responsiveness）：顧客を支援し，素早くサービスを行うための準備や意欲
④ 確実性（assurance）：従業員の誠実さや思いやり，スキルや知識，信用
⑤ 共感性（empathy）：顧客の声に耳を傾け，顧客のニーズを理解しようとし，顧客にわかる言葉で伝え続ける

　サービス品質の配達を改善するためには，顧客の期待されたサービス水準と知覚されたサービス水準との間での違いを引き起こす障害を理解することが必要となる。先に指摘したサービス品質問題の主要な原因である6つのギャップについて，それぞれの対応やアプローチを考慮し，克服することが求められる。

4 ▶ サービス・リカバリーとサービス・プロフィット・チェーン

　サービス提供者側の顧客に対する失敗は本来あってはならないが，そうした事態が起こってしまった場合の対応は重要な問題となる。対応がまずければ顧客は不満をさらに募らせ，サービス自体への不満に加えて対応の不手際への不満という形で，二重の不満によって怒り心頭に発するということにもなりかねない。SNSを通して炎上という事態に発展することも珍しいことではない。しかし，サービスに不手際があった場合でも，原因の究明や解決行動などその後

の対応が迅速かつ適切であれば，サービスがリカバリーされることで，顧客満足が復活することがあり，顧客の購買やロイヤルティが向上することも期待できる。そのためにはサービス・リカバリーについての適切な対応措置が不可欠となっている。それには同時に，日ごろから従業員に対し顧客からのクレームや不満など問題発生に向けた訓練や解決情報の共有など，働く環境やモチベーションを整備しておくことが求められる。

従業員と顧客との関係について，そもそも顧客満足には従業員満足がその前提となっているという点が強調されている。そこでは，しっかりとした教育プログラムの実施，従業員の優れたパフォーマンスに対する報酬の提供，イントラネットや社内報の活用，従業員の経営への参加意欲の向上，高いモチベーションによる顧客中心の態度の形成などが，従業員満足の環境づくりとして配慮されるべきである。

そのために社内の従業員に向けたマーケティング活動として，インターナル・マーケティングが注目されている。それは，顧客に優れたサービスが提供できるように従業員を教育し，モチベーションを高め，社内の人間すべてが顧客志向のマインドを持つように働きかける活動である。単に，個人のスキルの育成だけではなく，職場で働く意欲をもたらすビジョンの提供，チームでの取り組み，それに社員への権限移譲の仕組みづくりが重要である。この活動は，組織内への顧客志向マインドの普及と徹底，従業員満足が前提となって顧客満足が実現するという認識の共有に基づいている。

マーケティングは，これまで外部に位置する顧客に4Pや7Pを通して働きかけ，ブランド・ロイヤルティやストア・ロイヤルティを向上させることで生涯顧客を見つけ出し，維持する活動として理解されてきた。これはエクスターナル・マーケティングという位置付けで大きな役割を担っている。さらにこれに加えて，インタラクティブ・マーケティングという働きかけも注目されている。これは顧客と従業員の相互作用的な関係に焦点を当てており，顧客に対する従業員のスキルや知識，それに顧客に対する思いやりという関係性が内容となる。例えば病院で患者が医師から受けるサービスは，単にサービスの良し悪しを「技術的品質」・「機能的品質」（手術が手順通り行われ，成功したか）だけではなく，「信頼品質」（医師が患者の立場で配慮し，不安なことへの気遣いや安心感を与えたか）によっても判断されるように，一体としてトータルに評価

図表10-5　サービス業における3つのマーケティング・タイプ

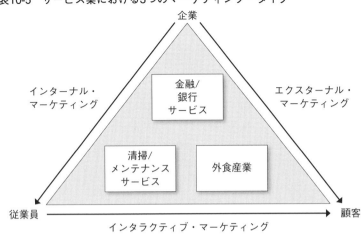

出所：Kotler and Keller（2006）『コトラー＆ケラーのマーケティング・マネジメント　第12版』ピアソル・エデュケーション，邦訳：2008年，第13章，p.510。

される傾向があり，それだけに一方的な関係ではなく，相手の症状や感情などとの相互関係が重視される。

　ここで，インターナル・マーケティング，エクスターナル・マーケティング，それにインタラクティブ・マーケティングのそれぞれの役割を図示すると上のようになる（図表10-5参照）。各マーケティングの強調点の理解と適切な組み合わせが求められている。

　さらに，サービス企業において優れた従業員による適切なサービスの提供が顧客満足や企業業績に有意な影響を与えることに注目した，サービス・プロフィット・チェーンという捉え方が提起されている。図表10-6に示したように，各ステップを通してサービスの創造と提供は従業員，顧客，企業という3者の

図表10-6　サービス・プロフィット・チェーン

出所：コトラー・アームストロング・恩藏（2014）『マーケティング原理』丸善出版，p.184。

良好な関係を正の相関で結び付けるように働きかけている。

　サービス企業にとって，上記の5つのステップからなる連鎖によって利益や成長が生み出されることが説明されている[13]。これはすでに強調したように，従業員満足がサービスの品質を高めることで顧客満足を向上させ，その結果企業に利益と成長をもたらし，企業価値を最大化するという好循環のチェーンを想定している。

　①優秀な従業員の選抜と教育が行われ，優れた従業員と整備された質の高い作業環境によって，顧客志向マインドを実現するための従業員への支援が行われる。②従業員は満足度が高いほどロイヤルティが強くなり，熱心に働くことで生産性が向上することが期待できる。③こうした従業員への働きかけで効率性と有効性を同時に達成することでサービスの価値も向上する。④従業員の適切な顧客対応と顧客価値の提供によって顧客満足が実現し，顧客の継続的購買やロイヤルティの向上に繋がる。さらにはその結果，⑤高いサービスの品質は市場シェアや評判を向上させ，プレミアム価格を設定可能とし，優れた企業業績に貢献する。

5 ▶ サービス・ドミナント・ロジック＆サービス・ロジックの出現

　今日では，消費生活やビジネスの現場でますますサービスの役割が重視されるようになってきたが，これに対してサービス・マーケティングの研究はどのように発展しているのであろうか。ここでその研究動向を検討しておこう。

　サービス・マーケティングの研究には，北米型と北欧型が存在している[14]。サービス・マーケティングの研究は，まず北米のサービス産業の発展を背景に，サービスへの関心の高まりやそこでのマーケティングの必要性から活発化していった。その特徴は，サービスが有形の製品とは別物であり，そのためサービスのユニークな特性に関心が向けられ，サービス・マーケティングとして独自の領域が開拓されてきたことである。北米では主として，不特定多数の消費財取引でのサービスが焦点になって研究が推進され，有形財との比較においてサービスの無形であるが故の特徴的な違いが強調されてきた。そこでの論点は，価値は企業が判断して創り出すことが前提になっていた点にある。

こうした北米型のサービス・マーケティングに対して，北欧型のサービス・マーケティングは，主に特定少数のビジネス財取引でのサービスを焦点として，サービスをモノとのアナロジー（類似）で捉えるのではなく，相互作用プロセスとして捉える独自の視点を展開してきた。ビジネス財の取引では価値や価格は使用段階の顧客の評価によって決まることが多く，とりわけ相互作用のプロセスが重視されてきた。こうした北欧型の捉え方は，北米型の研究にも影響を与え，企業の従業員と顧客とが相互作用し合うことでサービス品質がつくられるというサービス・マーケティングの中心概念を発展させる。[15]

　1980年代に入って，サービス・マーケティングの研究は，サービスの商品特性を考慮した独自のマーケティング・ミックス（例えば，すでに紹介した7P），関係性マーケティングとの密接な結び付き，サービス品質の評価，従業員満足と顧客満足の関係，さらにはサービス・プロフィット・チェーンなどの研究領域を生み出すことにもなった。

　さらに2004年には，サービスの捉え方が次第に拡張され，有形の製品は無形のサービスの中に包摂される形のサービス・ドミナント（service-dominant: SD）・ロジックの概念が提起されるようになった。[16]ここには，すべての経済活動はサービスであるという前提があり，顧客の価値創造の役割に注目することで，企業は顧客と共に価値を創造するという「価値共創」という考え方を採用するようになった。そこでは，価値は交換後の使用・消費・経験プロセスにおいて生み出されるという点に注目している。

　サービス・ドミナント・ロジックの基本的な前提は以下の5つに集約できよう。SDロジックの主な貢献としては，企業が近年運営する高度にネットワーク化された方法を捉えるために，マーケティング活動をより包括的かつ統合的なやり方として提案したことであると評価できよう。[17]

① すべての経済はサービス経済である。
② 交換の基礎的単位は製品ではなく，サービスである。製品はサービスの単なる具体化されたものに過ぎない。
③ 価値は生産者とユーザーとの間で共創されるもので，使用価値の概念をイノベーションとマーケティングに置き換えることができる。
④ 交換は単に2人の（例えば，生産者と消費者）だけの間で生まれるのではなく，むしろネットワークにおける様々な行為者が価値創造に関与できる。

⑥　価値は常に，それぞれの受益者によって独自に決定される。

　このようなモノをサービスに寄せて考えるSDロジックに対して，最近ではさらに，サービスにモノを引き込むサービス・ロジック（Sロジック）という考え方で，サービスの中心性を強調するサービス・マーケティング研究も提起されている。それだけ経済や経営において，サービスの重要性や中心性が問われており，供給サイドの一方的な開発や提案によるマーケティングではなく，顧客の利用や都合を反映した相互作用による価値共創に基づくサービス内容の進化や発見が問われる時代になっている。

　今日では，価値共創のマーケティングの捉え方が重視されるようになっており，概念の提起から具体的な事例研究も積極的に進められるようになってきた。ともすると価値共創という概念は抽象的に受け取られかねないが，村松潤一編著『ケースブック　価値共創とマーケティング論』では，BtoBの例としてコマツの事例とBtoCではUSJの事例などからその取り組みが紹介されている。

　建設機械メーカーのコマツの場合，1990年からKOMTRAX（Komatsu Machine Tracking System）という機械稼働状況を把握するセンサーとGPSを建設機械に装備して，機械が稼働している場所，燃料の残量，故障の有無，機械の消耗，消耗品の交換時期などの情報について，顧客，現地法人，コマツが共有し，顧客の使用や要望に応じた価値共創を実現している。

　テーマパークのUSJ（Universal Studio Japan）の場合，2001年に大阪市此花区に開園し，開園当初は1,100万人と好調な来客数でスタートしたが，開園10年目になると700万人と底を示すようになった。2010年に新たな経営者によって，消費者視点の経営改革が行われる。その改革のプロセスがまさに顧客とクルーとの価値共創過程として捉えられることを指摘している。これまでのUSJは，クルーがマニュアルに忠実にエンターテインメント設備を動かすことで，事前に決められたことを正確に再現することがミッションであった。それは供給サイドの決められた価値を押し付けるだけで終わってしまい，ゲストの感動を引き出すことに結び付かなくなっていった。そこで新たな取り組みにより，ゲストが感じる楽しみや感動を一緒に創造する方向を目指すようになったのである。その一例はマジカル・モーメント・プロジェクト（MMP）の設置であり，それによってクルーとゲストとのポジティブ・インタラクションによる「マジカ

ル・モーメント」が創出されたのである。これはクルーの判断で，自分の子どもや友達と一緒にやったら喜ぶと思うことを実行してよいといった権限移譲を奨励することである。これまでゲストはパレードなどのイベントは遠目に眺めるだけであったが仮装ゲストとしての参加を勧め，ゲストを主役にする場を増やすなど，クルーと一緒に楽しみたいゲストへの対応を設定してきた。その一方でクルーと必要以上にかかわりたくないゲストには慎重な対応を配慮するなど，供給サイドのマニュアル通りのエンターテインメントの提供ではない，ゲストとクルーとの相互作用プロセスを重視するマーケティングを展開するようになっている。[21]

　価値共創のマーケティングの研究において，概念の検討から具体的な事例での実証への落とし込みが行われるようになっている。消費財のカテゴリーでも，注文建築の住宅や旅行者の個人的な好みのツアーなど，もともと顧客との価値共創が重視されるカテゴリーが存在している一方で，建売住宅や団体旅行・パックツアーなど顧客の価値共創の関与が低いものも存在するように共創の程度にバリエーションや文脈価値の違いが見出せる。価値共創の展開形態は決して一様ではなく，業種，企業，それに顧客ごとに異なったパターンが出現している。そのため今後は，BtoB，BtoCあるいはBtoG（政府）などの領域別の共創の展開の特徴や特異性の解明，それぞれの領域（例えばBtoC）における価値共創の業種，業態，企業，顧客の特性をベースとした研究の蓄積や知見の共有がさらなる研究の進化にとって不可欠であろう。

■ **演習問題＆討論テーマ**

(1) サービスが人間によって担われる領域と機械（ロボットやAI）によって担われる領域について，最近の動向を調べてみよう。そのうえで人間がサービスを担当する狙いや課題について検討してみよう。

(2) サービス・ドミナント・ロジックやサービス・ロジックで提唱されている価値共創について，企業と消費者のそれぞれの役割を具体例を通して考えてみよう。

(3) 顧客満足のためには従業員満足が前提となっているという考え方について，自分の意見を論じてみよう。

● 注

1) 農林水産省では，6次産業化の意義として「一次産業としての農林漁業と，二次産業としての製造業，三次産業としての小売業等の事業との総合的かつ一体的な推進を図り，地域資源を活用した新たな付加価値を生み出す」と指摘している。農林水産省食料産業局（2016）「6次産業化をめぐる情勢について」7月（http://www.maff.go.jp/j/shokusan/renkei/6jika/pdf/2-1.pdf 2016-8-15現在）
2) Kotler, P., and K. L. Keller（2006）*Marketing Management, Twelfth Edition,* Pearson Education.（恩藏直人監修『コトラー&ケラーのマーケティング・マネジメント 第12版』丸善出版，2008年，pp.499-500）
3) 戸谷圭子（2006）『リテール金融マーケティング』東洋経済新報社。
4) 小川孔輔（2009）『マーケティング入門』日本経済新聞出版社，pp.689-690。
5) Fahy, J., and D. Jobber（2015）*Foundations of Marketing,* McGraw-Hill Education, p.180.
6) Carlzon, Jan（1985）*Moment of Truth,* Albert Bonniers.（堤猶二訳『真実の瞬間 SASのサービス戦略はなぜ成功したか』ダイヤモンド社，1990年）
7) Fahy, and Jobber, *op.cit.,* p.181.
8) 小田禎彦（2016）「ロボットが支える老舗『加賀屋』のおもてなし」『中央公論』（特集人工知能は仕事を奪うのか）4月号, pp.84-89。
9) 南知恵子（2010）「サービス・マーケティング」池尾恭一・青木幸弘・南知恵子・井上哲浩『マーケティング』有斐閣，pp.577-578。
10) Lovelock, Christopher, and Jochen Wirtz（2011）*Services Marketing,* Pearson, pp.406-408.
11) Parasuraman, A., Valarie A. Zeithaml and Leonard L. Berry（1985）"A Conceptual Model of Service Quality and its Implications for Future Research", *Journal of Marketing,* Fall, pp.41-50.
12) Parasuraman, A., Valarie A. Zeithaml and Leonard L. Berry（1988）"SERVQUAL: A Multiple Item Scale for Measuring Consumer Perception of Service Quality", *Journal of Retailing,* 64, pp.12-40.
Lovelock, and Wirtz, *op. cit.,* pp.406-407.
13) フィリップ・コトラー，ゲイリー・アームストロング，恩藏直人（2014）『コトラー，アームストロング，恩藏のマーケティング原理』丸善出版, pp.183-184。
14) 藤岡芳郎（2015）「サービス・マーケティング」村松潤一編著『価値共創とマーケティング論』同文舘, pp.19-35。
15) 村松潤一（2016）「価値共創とは何か」村松潤一編著『ケースブック 価値共創とマーケティング論』同文舘, pp.1-8。
16) Vargo, S. L. and R. F. Lush（2004）"Evolving to a New Dominant Logic for Marketing", *Journal of Marketing,* 68(1), pp.1-7.
Vargo, S. L. and R. F. Lush（2008）"Service-dominant Logic: Continuing the Evolution", *Journal of the Academy of Marketing Science,* 36, pp.1-10.
17) Fahy and Jobber, *op.cit.* p.176.
18) 村松潤一編著（2015）「まえがき」『価値共創とマーケティング論』同文舘。
Gronroos, C.（2006）"Adopting a Service Logic for Marketing", *Marketing Theory,* Vol.6,

No.3, pp.37-333.
19) 村松(2016)前掲書。
20) 清野聡(2016)「製造業における価値共創の事例研究－コマツKOMTRAX－」村松潤一編著『ケースブック価値共創とマーケティング論』同文舘, pp.19-31。
21) 藤岡芳郎(2016)「テーマパークの価値共創と組織運営：株式会社ユー・エス・ジェイ(USJ)の事例」村松潤一編著『ケースブック価値共創とマーケティング論』同文舘, pp.187-200。森岡毅(2016)『USJを劇的に変えた，たった1つの考え方』KADOKAWA。

第11章
マーケティングとイノベーション

キーワード
- イノベーション・プロセスのマネジメント
- ユーザー・イノベーション
- リード・ユーザー法＆クラウド・ソーシング法
- マーケティング・イノベーションの評価基準
- CSV（creating shared value：共通価値の創造）

　最終章ではマーケティングの今後の発展にとって重要と思われるテーマとして，マーケティングとイノベーションの関係を検討しておこう。この章では，主にマーケティングやビジネスの研究者によってマーケティングとイノベーションのインターフェース（接点）として取り上げられた論点を紹介しながら，マーケティング・マインドを実現するためのイノベーションの方向を考えてみたい。

1 ▶ マーケティングとイノベーションの関係

　そもそもこの2つのキーワードに注目したのは，経営学者のP.F.ドラッカー（P.F. Drucker）である。ドラッカーは *The Practice of Management*（1954）の中で，次のように指摘していた。
　「事業（原文は，business）とはなにか，という質問に答えるためには，われわれはまず，事業の目的を考察する必要がある。事業が社会の一機関である以上，事業の目的は事業それ自身にあるのではなく，事業をその機関とする社会

の中になければならない。かくして事業の目的について正しい定義はただ1つしかない。それは，顧客を創造することである。」(p.46.)「事業は顧客の創造を目的とするものであるから，いかなる事業も2つの基本的機能—すなわちマーケティングとイノベーションを持っている。」(p.47.)[1]

　しかもドラッカーは，事業とは何かを決定するのは顧客であると強調する。顧客が製品やサービスに喜んでお金を払おうとしないなら，その製品やサービスは存在できないことになる。事業の成功にとって第一義的に重要性を持つものは，事業家の価値判断ではなく，むしろ顧客の価値判断である。顧客が「値打ちがある」と思うこと，それが決定的に重要性を持っていると主張した。この顧客の求めることを発見し，提供することがマーケティングであるが，マーケティングだけでは不十分であり，よりよく，より経済的に製品やサービスを供給するためにはイノベーションが伴うことが不可欠と捉えていた。

　そして，*Innovation and Entrepreneurship*（1985）においてドラッカーは，イノベーションの役割について，「イノベーションとは，市場や社会に変化をもたらすことである。イノベーションは，顧客に便益を与え，社会に富の増殖能力を与える。それは価値や満足を生み出す。イノベーションの価値は常に，顧客のために何をなすかによって決まる」[2]と強調していた。事業にとって，マーケティングとイノベーションはいずれかが欠けてもうまく回らない，車の両輪の関係をイメージしているのである。

　ドラッカーの指摘は今日の時代においても強調されるべき視点であり，ビジネスにとって本質的な，変化する顧客のニーズに的確に対応するために，マーケティングとイノベーションが不可欠であるということを見抜いていた。それでは改めて，イノベーションとはどのようなものかを検討してみよう。

　イノベーションのイメージとしては，「新しいこと」，「今までにないこと」という新しく導入された対象物について評価する場合と，その何か新しいものやことを導入する行為自体を焦点とする場合が存在している[3]。マーケティング分野でのイノベーション研究の第一人者であるセオドア・レビット（Theodore Levitt）は，とりわけ後者に注目している。レビットによると，一般にイノベーションが新しいアイディアを創造することと誤解されているとし，アイディアの創造とイノベーションは別物であると明確に峻別すべきであると強調した。創造とは新しいことを「考え出す」ことであり，イノベーションとは新しいことを「行

う」ことである。ほとんどはこの区分ができておらず，アイディアを評価するのに，その実行可能性よりも，新奇性を重く見がちであることに警鐘を鳴らしていた。非常に斬新なアイディアであっても，何年間も会社の中で店晒しにされることが多い。言葉を行動に転換する責任を引き受ける人間がいないためであると指摘していた。

しかもイノベーションとイミテーション（模倣）についても，「まったく新しく，以前には一切なかったものであれば，イノベーションが生まれたといえるのである。この定義をかなり緩めて，他の業界で用いられたことがあるが，この業界で適用されたのは初めてだというものも，イノベーションと呼んでもよいだろう。しかし，同一業界の競合他社がイノベーターの真似をする場合は，それがその企業にとってどれほど新しくても，イノベーションではない。それはイミテーションである」と主張していた。

確かに，この区分は概念的にはかなり厳格な区分として重要であるが，現実に照らした時，多くはイミテーションとイノベーションが曖昧に使用されたり，イミテーションから次のイノベーションに進化する場合など実際にはかなりバリエーションがある。イノベーションを捉える時，どの側面を重視するかという問題を考慮し，目的に応じたアプローチが採用されるべきである。今日，イノベーションのイメージは，「これまで不可能だったことを可能にすること」や「便利にすること」，「快適にすること」，「改善すること」，「新しい環境の変化への適応」，「新しい価値を生み出すプロセス」など，小さな改善から劇的な社会変化を生み出すことまで様々な程度や範囲で語られている。

イノベーションはよく技術革新という表現で使用されてきたが，必ずしも技術分野に限定されるものでもない。資本主義経済発展の原動力としてイノベーションを捉えたのは，シュンペーター（Joseph Alois Schumpeter）である。彼は『経済発展の理論』（1912）の中で，イノベーションについて5つの類型を提示した。すなわち1.新しい財貨（商品）の生産，2.新しい生産方法の導入，3.新しい販売先の開拓，4.原料あるいは半製品の新しい供給源の獲得，5.新しい組織の実現（独占の形成やその打破）である。新技術や発明にとどまらず，このような新しい方法によって既存の産業や枠組みを破壊し，新たな産業や枠組みを生み出すこと（創造的破壊）で経済が発展すると考え，シュンペーターはこれを新結合と捉えた。イノベーションをこのような複数の条件で把握し，新結

合によって価値創造を行い，社会で活用されることで経済の発展に繋がることを導き出した認識はシュンペーターが現在もなおイノベーション研究のゴッドファーザーといわれる所以である。そして何より重要なことはイノベーションが外部から与えられるのではなく，時代を見抜く企業家によってイノベーションが推進されるというその原動力に注目したことである。

しかし，シュンペーターの5つのイノベーションの類型は，その時代の背景からして当然ともいえるが，あくまで供給サイドの視点から接近しており，モノを中心とした時代を反映していることも特徴である。今日では，供給サイドからのイノベーションに加えて，サービスやアイディア，それに需要サイドからのユーザー・イノベーション，さらには不特定多数の人々からのアイディアを募る形のクラウド・ソーシング（この方法はこの章の後半で詳しく検討する）や社外で開発された知的財産を活用して社内で事業・製品化する形のオープン・イノベーションも重視されるようになっている。新結合の社会的利用を促進するためにイノベーションの推進主体やその対象範囲が多様化していると評価できよう。

また，イノベーションのタイプには，その対象や変化の程度によって，プロダクト・イノベーションとプロセス・イノベーション，インクリメンタル（漸進的）イノベーション，ラディカル（急進的）イノベーション，ソーシャルイノベーション，持続的イノベーションと破壊的イノベーション，あるいは技術的アプローチ（供給サイド）と市場アプローチ（需要サイド）に区分することも可能である。

このようにイノベーションの捉え方は様々な範囲や条件によって多様な評価や分析が可能となっている。ここでは，イノベーションを，ドラッカー，レビット，それにシュンペーターの捉え方をさらに発展させ，「供給サイドと需要サイドの双方に関連する新規・既存のアイディア，考え方，それに技術やシステムの組み合わせによる新しい価値の創造ならびに提供」と捉えておく。とりわけ，本書ではマーケティングや流通のイノベーションとは，われわれの生活や社会の大きな変化を引き起こす新しい価値の創造と提供のことを意味するものとして考察している。

2 ▶ イノベーション創出の方法とプロセス

　この節では、イノベーション創出のプロセスについて2つの視点から検討してみよう。まず第1の視点は、コトラーらが提起しているイノベーション創出の条件とプロセスについてである。これは企業の内部やその関連部署におけるイノベーション創発の仕組みを明らかにしており、従来のイノベーションが生み出される特定の組織（部署）からのイメージとは異なったアプローチといえる。供給サイドからのイノベーションの包括的なアプローチと表現できよう。これに対し、第2の視点は、ユーザー・イノベーションの特徴や創出の条件についてである。これは需要サイドからのアプローチであり、単に顧客に意見を尋ねるアンケート調査や一方的な顧客観察とは趣旨を異にしている。第2の視点は次節において検討する。本節では第1の供給サイドの視点について考えたい。

(1) イノベーション・マネジメントの重要性

　コトラー（Kotler, P.）とベス（Bes, F.T.）は、イノベーションを成功させるための捉え方を4点ほど指摘している。その1つは、レビットと同じように、イノベーションとは実行が伴うことを強調すると同時に、アイディアが実行されるためのイノベーション・プロセスのマネジメントを提案している[10]。イノベーションは新しいアイディアだけあれば実現できるわけではなく、実行されて初めて成果を生み出す。そのためには責任と分担、計画とプロセスをマネジメントすることが必要となる。イノベーションとは、従業員に創造的な仕事をさせるだけで生まれるわけではない。新しいアイディアを生み出すことにとどまらず、実行を促すためには、まずイノベーションの範囲を定義し、イノベーションを推進するルールや組織が機能することが必要である。多くのイノベーションに関する研究があるにもかかわらず、唯一欠落しているのがたった1つのイノベーションのわかりやすい作業計画への示唆がないことであるというように、イノベーションを単に新しいアイディアに終わらせず、実際のアクションのレベルに進めるマネジメントの重要性を提唱している。

　2つ目として、誰がそれを担うかという問題も従来とは違った見方が提示されている。イノベーションは、研究開発部門、製造部門、マーケティング部門

だけの固有の問題ではなく，組織のあらゆる分野に必要となる。時には組織の外部のコンサルタントや人材が関係することも求められよう。イノベーションは，特にどの部門にも属することなく，様々なレベルで生じるものである。マーケティング部門もイノベーションを生み出す必要があるが，それにとどまらずに人事部や財務部も例外ではない。また各部門が，自らの担当領域でイノベーションを創出するだけでなく，市場や価値獲得にも常に目を向けていなければならない。イノベーションの担い手は様々な領域から出現可能であり，それぞれの領域からイノベーションが期待できる。ただし，イノベーションの実行には責任者が必要であり，ある一部の部門や部下に任せきりにしないことが明確に主張されている。

　捉え方の３つ目は，一般にマスコミに華々しく登場するようなラディカル（急進的）・イノベーションばかりではなく，より小さなインクリメンタル（漸進的）・イノベーションをたえまなく生み出し，市場に送り出すことを重視している点である。確かに常識を打ち破るようなドラスティックなイノベーションの出現を期待したいが，そう簡単に実現できるものではない。むしろ小さなインクリメンタル・イノベーションを積み重ねることで，大きなラディカル・イノベーションを生み出す文化の発展に重きを置いている。

　それに加えて，４つ目の捉え方は，イノベーションとは顧客の価値向上を図るという点を明らかにしていることである。つまり，イノベーションは最終顧客に受け入れられて初めて意味を持つということである。顧客価値向上のためには，例えばエスノグラフィーを活用した新しい調査手法で顧客を十分に観察することで顧客の生活の本音を見出し，その質を高めるべきであることが強調されている[11]。

　彼らの最大の論点は，イノベーションには適切なイノベーション・マネジメントが欠かせないと主張していることである。ここでは，アイディアや新技術，創造性を引き出し，市場とすり合わせ，組織を活用してアイディアを確実に市場に出すことを進めるためのイノベーション・プロセスのマネジメントに注目する。

　これまでの新しいアイディアの創出と活用には，いわゆる新製品開発プロセスとしておなじみのパターンである，伝統的なルート（機能探求法）が利用されてきた。

① アイディアの創出
② アイディアのスクリーニング
③ コンセプトの開発とテスト
④ マーケティング戦略の開発
⑤ 市場調査
⑥ ビジネス分析
⑦ 製品開発

(2) イノベーション創出プロセスへの理解

　これらの段階を経てアイディアが具体的な新製品や新サービスへとつくられている。これはあくまでアイディアが収集・選別され，製品として形づくられるための仕事の内容を順番に示したものである。これに対してコトラーとベスは，イノベーションにおけるアイディアから新製品を創造するまでにどのような役割を果たす担い手が必要となるかを中心にマネジメントの重要性を指摘した。

　コトラーらの新モデル（A-Fモデル）では，以下の6つの役割を持った担い手を想定している。

A：アクティベーター：会社の中で様々なアイディアを出し，イノベーションのプロセスを始める人。

B：ブラウザー：アクティベーターのアイディアを受けて情報収集を行い，グループに提供する役割。

C：クリエーター：新しいアイディアに関する可能性を着想し，実行するための解決策を考案し，テストする役割。

D：ディベロッパー：アイディアを製品やサービスに落とし込む方法を考案する役割。

E：エグゼキューター：開発中のイノベーションを実行に移す役割。

F：ファシリテーター：イノベーション・プロセスの進展に応じた資金手当てや投資を承認するなど，イノベーションを後押しする役割。

　このようにイノベーションを起こそうとする企業は，①これら6つの人材を割り当て，②目標や予算，期限を設定したうえで役割間の自由なやり取りを通して，③独自のプログラムを生み出すことを奨励している。イノベーションは

1人の天才や有能な発明者によってある日突然生み出されるというよりも，今日の複雑化した技術や競争環境，それに消費市場のもとで，こうした条件を考慮しながらそれぞれに高い志と問題意識を持った様々な人々の協力によって実現されていくのである。[12]

シーズ主導の新製品開発の例でも取り上げたが，すでに第7章で検討したように3Mにおけるポスト・イットの開発の歴史を紐解いてみても，イノベーションにおけるそれぞれの役割が見えてくる。当時はコトラーらが提起する組織としての役割関係が事前に設定されていたわけではないが，それでも結果的にみればこうした役割が果たされてイノベーションによる新製品が顧客に受け入れられてきたことが理解できる。

1969年に強い接着力の接着剤を目指して開発していた研究者のスペンサー・シルバーが生み出した接着剤は「よくつくけど，簡単に剥がれてしまう」失敗作であった。しかし，従来の接着剤には見られない不思議な接着剤を「何かに使えるかもしれない」という意識から社内のあらゆる部門に紹介し，その使い道を尋ねていた。この情報を知って奇妙な接着剤に関心を持っていたコマーシャルテープ製品事業部の研究員アート・フライは日曜日の教会で聖歌隊の一員として讃美歌集のページを開いた際に，挟んでいたしおりがひらりと滑り落ちた時に，あの接着剤を使えば良いと思いついた。3Mには勤務時間の15%を自分の好きな研究に使ってもよいという「15%ルール」という不文律があって，そこでこの研究員はノリのついたしおりの開発に取り組んだのである。

様々な部門との相談や協力を経て試作品や製造機械を完成させ，米国4大都市で大々的なテスト販売が実施された。しかし，誰も見たことも使ったこともない製品で，しかも値段が通常のメモ用紙の7-10倍もしたので，誰もそのノリのついたしおり＝ポスト・イット・ノートを必要と思わなかった。そのため当然，需要がないと思われた。このままでは販売プロジェクトが中止に追い込まれるはずが寸前のところで，3Mの会長秘書の名でマーケティング部がフォーチュン誌の売上高上位500社の秘書仲間にこの製品のサンプルを送った。実際に使ってもらうことで良さを実感してもらったことからその必要が次第に認知されていった。やがて1980年には全米での発売，その1年後には日本でも住友スリーエムが発売に踏み切った。しかし当初日本でもほとんど売れなかったため，1983年春に米国の例にならって主に女性をターゲットに企業や街頭でサ

ンプリングを行い，その効果もあって注文が増加した。特に日本での発売がきっかけとなって，日本の官公庁で圧倒的に求められたのは「付箋として使えるサイズ」が欲しいという新たな製品提案であった。それまでは米国と同じ製品しかなかったが，日本独自の要望に応え，紙の先端を赤く塗った付箋紙タイプのポスト・イット・ノートが開発・販売されたことも興味深い。この３Ｍのポスト・イット・ノートの開発・販売の歴史からも，イノベーションのアイディアを生み出す人，その可能性を追求する人，アイディアを製品やサービスに落とし込み実行に移す人，さらにはその製品・サービスの良さを普及させ，後押ししてくれる部署や人々がイノベーションのプロセスを支援してきたことが確認できる[13]。

　イノベーションにかかわる人と，マーケティングにかかわる人（マーケター）の関係は協調的でなければならない。コトラーらは，「マーケターを必要とする理由」として，イノベーションに携わる人たちは可能性の原動力とはいえ，それが消費者に買われるかどうかという判断はできないという捉え方をしている。マーケターはアイディアが消費者にとって価値があるかを判断できることから，彼らの介在が不可欠であると主張している。そのためある製品に関するニュースを市場に広げるには３つのグループが必要であるとする。

① メイベン：そのトピックスに関する専門家。
② コネクター：専門家ではないが，大きなネットワークを持つ人たち。
③ セールス・ピープル：消費者に対して新しくて良いものがあるということを知らしめてくれる人たち。

　イノベーションを実現するには，こうした人々の役割の連携が求められ，消費者の間にその製品に関するバズ（人々のざわめき，クチコミでの話題を意味する）を生み出すことが重要になると見られる。特にTwitterなどのSNS，YouTubeをはじめとする動画投稿サイト，２ちゃんねるのような掲示板などのハブ（拠点）やコミュニティによる拡散から見られるように，こうした人々の役割はバズを生み出すうえで重要な役割を果たしているといえる[14]。

　コトラーらのイノベーション・プロセスの特徴は，イノベーション・マネジメントの視点から，その仕事を実現するために必要な担い手に焦点を当てて，イノベーションが様々な担い手によって組織的に生み出されることを明らかにした点にある。

3 ▶ ユーザー・イノベーションの視点

(1) ソーシャルメディアとアクティブ・コンシューマー

　長い間，製品をめぐるイノベーションは供給サイドのメーカーが行うものと考えられてきた。つまりイノベーションとはメーカーによるイノベーションを意味し，その出現場所は企業内部や研究機関に限定して理解されることが多かった。しかしフォン・ヒッペル（Eric Von Hippel）の研究から，需要サイドからも出現することが明らかにされるようになり，ユーザー・イノベーションという概念の理解が進んできた。[15] 特に，フォン・ヒッペルは科学測定器の分野でのユーザー・イノベーションの存在を見出し，さらには生産装置などの研究から「リード・ユーザー」の重要な役割を提起した。リード・ユーザーについては，後で詳しく述べるが，このユーザー・イノベーションをさらに活発なものとするようになったのは，インターネットの普及と発展によっている。

　これまでユーザー・イノベーションはビジネス財のカテゴリー（BtoB）に限定されていたが，インターネットを積極的に活用する消費者の登場は事態を一変させた。インターネットは，すでに第6章などでも触れてきたように消費者から様々な情報が発信され「消費者生成（発信）型メディア＝consumer generated media：CGM」と特徴づけられるソーシャルメディアを発展させる。

　そこで発信される情報は，従来のマスメディアによる企業から消費者への一方的な流れとは違って，消費者から企業へ，さらには消費者同士と双方向に共有されるようになってきた。ここから，消費財のカテゴリー（BtoC）でも次第に消費者の意見や共感が販売の場面や製品開発の現場でも無視できない影響力を持つようになってきた。ソーシャルメディアの登場によって，消費者の情報環境が大きく変わり，ユーザーレビューや消費者の声をたどることによって，消費者からの評価が購買の意思決定プロセスに大きく影響を及ぼすようになったのである。

　もともとアクティブな消費者として，製品の使用をめぐって企業の意図せざる使い方を考え出して，他人に教えたり周囲に広めたりする人は存在していた。近年はこうした消費者が増えてきていることを受けて，アクティブ・コンシューマーという用語が使用されている。濱岡によると，そうした人々は単に企業

サイドから与えられた製品やサービスを企業の指示通りに使用・消費することに飽き足らず，消費者独自に既存製品を修正して使用したり，新しい用途を見出して使用したり，新しい製品を提案し，他者とコミュニケーションをとる消費者とされる[16]。

　一般的に，消費者やユーザーから製品やサービスについて意見を吸収する方法にはいくつかのタイプが存在している。それには，現在使用しているユーザーを対象にするケースと広く一般の人々に対してニーズについて調査を行うケースとがある。前者には，購入後の使用アンケート，顧客相談窓口に寄せられる苦情や要望，製品の仕様モニターの感想・評価，さらにはユーザーの使用シーンを観察するエスノグラフィーによる方法などがある。後者には一般の消費者を対象にアンケート用紙や電話，街頭インタビューによる調査，インターネットを用いた定量調査，グループインタビュー，デプスインタビューなどの定性調査，あるいはその組み合わせで消費者からの意見などを収集する方法がある。さらにはこれに加えて，より先進的な消費者やそのグループからの意見の収集も行われており，ユーザー・イノベーションはこの部類に属する。

(2) リード・ユーザー法

　ユーザー・イノベーションには研究者によって様々な捉え方が存在するが，まずユーザー・イノベーションのユーザーの特徴とその活用をめぐる問題が提起されてきた。ここでは，ユーザーの捉え方を2つの視点から検討する。第1はリード・ユーザー法，そして第2はクラウド・ソーシング法である。まず，本節ではリード・ユーザー法の特徴や問題点を考察しよう。クラウド・ソーシング法については節を改めて(3)で検討する。

　ユーザー・イノベーションの本来のターゲットは，あらゆるユーザーや平均的なユーザーに焦点を当てているわけではない。むしろその狙いは，今後の需要の展望において，重要度が高まると予想されるニーズにいち早く直面しているユーザーを見つけ出し，その人々が問題解決に創意工夫しながら意欲的に取り組んで実現するイノベーションを新製品の開発や提供に活用しようとする方法にある。ポジションとしては，将来重要度の高い先行ニーズにいち早く直面しており，メーカーよりも効果的で進んだ解決に取り組む人々のことをリード・ユーザーと捉えている[17]。

小川によると，リード・ユーザーを発見するための1つのアプローチは，標的とする市場の最先端に注目することであるとして，スポーツ用品でいえば，オリンピック競技の金メダル候補者がリード・ユーザーになる例を紹介している[18]。このような優れた競技選手をリード・ユーザーに設定するということは，ロジャース（Everett M. Rogers）によってイノベーションの普及理論で主張されたイノベーターのイメージと重なるが，そこでのイノベーターはあくまでメーカーが開発した新製品をいち早く採用するということであって，自らがイノベーションを推進する主体となって新製品の開発や提供を手掛けるわけではない。リード・ユーザーの場合は新製品が登場する以前に，自ら先行ニーズに直面し，その解決のために新製品のアイディアや使用法を開発・提案する点で，普及理論のイノベーターよりも先行した存在として位置付けられる[19]。

メーカーがリード・ユーザーに注目する理由は，彼らの問題発見への先行性と解決能力を求めているからである。一般的な，あるいは平均的な消費者ではまだ気づいていない問題をいち早く的確に理解し，しかもメーカーもまだ十分な解決方法が見出せていない段階で，解決方法の開発や提案に取り組んでいるリード・ユーザーの存在は，メーカーにとっては貴重な救世主といえる。リード・ユーザーの役割いかんが将来のメーカーの新製品開発やイノベーションの成否を担うとすると，メーカーとしてはリード・ユーザーの取り込みを重視せざるを得ないことになろう。

しかし，リード・ユーザー法は，必ずしも特殊な世界でのみ行われているわけではない。カメラやプリンターのメーカーにとっては，それらの開発のために，カメラの愛好家や専門家などのリード・ユーザーから意見や要望を聞くことも行われている。同時に家庭の主婦が日常生活の中で使用感の改善に向けて出したアイディアをヒントに商品化に取り組むこともリード・ユーザーを生み出すきっかけとなっている。

家庭の主婦を対象にした例としては，清水（2012）によって，フェリシモの生活雑貨大賞が紹介されている[20]。生活雑貨大賞は，年2回の応募イベントとして展開されており，フェリシモの雑貨カタログKraso（クラソ）の読者が商品企画書を自ら作成し，その応募作品の中から優れたものを最初はプランナーと呼ばれる社員によって，さらに最終選考では商品提案のプロであるクリエーターやデザイナーといった専門家，生活雑貨大賞の過去の優秀賞受賞者，それと

フェリシモの商品開発責任者数名によって選出される。その結果，選ばれた作品は商品化してカタログ上で販売されるというイベントになっている。フェリシモの商品開発担当者は，技術や素材に関する検討，さらにはコスト問題を含めて実用可能性を判断することになる。優秀賞は，作品が商品化されると同時にカタログで販売され，発案者には奨励金が贈られる。また販売開始後1か月で最も販売数が多かった作品は最優秀作品としてさらに奨励金が提供され，優秀な企画を提案した応募者には外部スタッフとしてフェリシモから仕事の依頼も行われるという。[21]

例えば，ユーザーである主婦がかかとのないスリッパを独自に開発して，家事をしながらふくらはぎを使って背筋を伸ばし，体全体の筋肉を使うことでダイエットにもなる製品を開発したケースは，家事とダイエットを同時に実現しようと考えるリード・ユーザーによるイノベーションといえる。リード・ユーザーの役割が重要と認識していても，その対象者とどのように出会うかが大きな問題となる。有望と思われる最初の対象者を出発点に，その対象者よりもさらに先端を行く人をその対象者から推薦してもらい，それを継続してより的確なリード・ユーザーにたどり着くことをめざす「ピラミッティング」（自分より先端にいるリード・ユーザーを推薦してもらうことを繰り返すことでより優れた人を探し当てる方法）という探索手法もある。これ以外にも，ソーシャルメディアを活用してネット・コミュニティからリード・ユーザーを探し出す方法も考えられる。

(3) クラウド・ソーシング法

これまで，ユーザー・イノベーションという概念がポピュラーになる以前は，消費者参加型商品開発という概念がよく利用されてきた。インターネットやSNSの普及によって，消費者参加型商品開発が増えてきたことも事実だが，この点については，広く多くの意見をスピーディーに吸い上げられるという面の評価やそれを素早く商品開発にいかせるという評価もある。ここでは消費者参加型の商品開発をクラウド・ソーシング法の1つとして位置付けている。

最近よく使用されるクラウドには2つの違った意味の用語が存在している。1つはクラウド・コンピューティング（cloud computing），もう1つはクラウド・ソーシング（crowdsourcing）という用語である。どちらも日本語では「ク

ラウド」という表現であるが，cloudは「雲」を意味し，crowdは「群衆」を意味している。前者のcloudはコンピュータネットワーク（典型的にはインターネット）を表している。[22]

これに対して，crowdの方は不特定多数の人の寄与を募り，必要とするサービス，アイデア，またはコンテンツを取得するプロセスである。群衆（crowd）と業務委託（sourcing）を組み合わせた造語であり，オープン・イノベーションとしてのLinuxの開発が成功例として挙げられる。小川によると，クラウド・ソーシング（CD）は，①製品アイディア創造段階にユーザーを組み込み，②伝統的調査手法やリード・ユーザー法に比べてはるかに多様性があり，多数のユーザーを対象に情報を収集する，③開発過程を誰でも閲覧でき，誰でも参加できオープンになっている，④最終製品案の決定を消費者による投票で決定する，という特徴を指摘している。これに対して，伝統的調査手法やリード・ユーザー法は社内の専門家が市場に投入する最終製品を決定する[23]。

クラウド・ソーシングは関心を持つ人々が新製品開発のどの段階からでも自由に参加でき，その開発過程が誰にでも閲覧でき，オープンに開示されている。新製品の提案を行うユーザーの意見は，他のユーザーからのアドバイスやコメントなどの相互交流を経て洗練されていくことになる。その交流の過程はすべて可視化されており，どの意見の製品案がどの程度注目され，高い評価を受けているかもオープンにされている。そこで投票や事前予約などで最も多くのユーザーの支持を得た案が，最終的に製品化の検討対象となる[24]。

クラウド・ソーシングの活用は企業によって多様に行われ，評価されている。新製品開発のツールとして利用されるだけでなく，プロモーションやパブリシティ，さらにはネット上のクチコミの影響を考慮した展開にもなっている。つまり，自分が開発に参加した，または自分の意見が参考にされたという，参加したことの満足感や共感が参加者にとって付加価値意識を刺激して購買層となる傾向に注目した評価も存在している。この場合は，参加している人はその商品に興味を持ってくれるが，参加しなかった人にとってはそれほど重要とは思わないありふれた商品という位置付けになりやすい。そのため参加者を適度な規模に増やして買ってもらいたい数とすり合わせる工夫が必要となる。さらにいえば，いかに気持ちよく参加してもらうかということもこの方法をうまく進めるポイントになっている[25]。

ある企業の商品群やブランド群に対する総選挙のようなスタイルのキャンペーンを実施している例に対して，そのキャンペーンイベントへの参加が企業や商品に対するこだわりや強い関心を醸成しているという評価もなされている。ユーザー参加型の商品企画が成功する条件として，ある程度大きな参加者の人数，それにいかに気持ちよく参加してもらうかが重要であるという指摘も見られる。参加することで商品自体への強い関心や付加価値を感じるようになるという点で，買ってほしい数と参加してほしい数を近づけることのすり合わせが課題となっている。爽健美茶のリニューアルで行われた国民投票では150万票もの投票が行われ，味やパッケージのリニューアルに対して，参加型による企画が実売に一定の効果を発揮したと見られている。また気持ちよく参加してもらう事例としてサッポロビールの「100人ビール」プロジェクトのケースが挙げられており，味やアルコール度数などについて，投票の機会を複数回に増やして，ポイントを付与し，ポイント上位者には完成記念イベントに招待するなど参加の楽しみを提供した企画として評価されている。[26]

　メーカーが顧客の声を聴いて製品開発に活用するという時代から，さらに進化してユーザーの抱える問題をユーザーから解決提案してもらう形や，特定の開発過程に多くのユーザーを参加させ，製品案を提案してもらう形が採用されるようになってきた。クラウド・ソーシングでは，特定少数の専門家ではなく，不特定多数の群集の知恵（wisdom of crowds）が市場の評価をより正確に予測すると考えられている。そのためクラウド・ソーシング法による製品案の市場化の方が，リード・ユーザー法に比べてリスクが軽減されている点でより円滑に進められるという評価もある。[27]しかしながら，これはあらゆる状況でそういえるわけではない。むしろクラウド・ソーシングの場合には多くの人の意見が集約される分，開発や提供される製品にエッジのきいたユニークさが減少し，中和されてしまうリスクも存在する。リード・ユーザー法であれ，クラウド・ソーシング法であれ，自社の製品開発が誰にどのように利用され，いかなる価値を生み出すのか，ユーザーの役割と自社の開発者やマーケターの役割を明確にしながら，ユーザーとの価値共創を積極的に推進する時代となっている。

　ユーザー・イノベーションを実現する方法であるリード・ユーザー法もクラウド・ソーシングも，すでに第10章で考察したSDロジックやSロジックによる顧客・企業との価値共創も，需要サイドを巻き込んだ共通の基盤の上に成立

している。しかしこれまでユーザー・イノベーションとサービス・マーケティングで強調されてきた価値共創との関係については十分に考察が行われてきたわけではない。両者の共通点としては，イノベーション・プロセスにかかわる消費者の役割の重視がある。相違点を検討しておこう。ユーザー・イノベーションでは一般的な消費者よりもイノベーションに積極的な関心や問題意識を持った能動的な消費者が重視されている。そのため企業はいかにそうしたイノベーションへのインサイトを有する消費者を探し出し，協力してもらうかが課題である。これに対してSDロジックではすべての消費者を対象に，消費プロセスでの生産者と消費者との相互関係から価値の共創を取り上げようとしている。もちろんその中からリード・ユーザーを見つけ出して協力関係を引き出すことも可能である。その意味では両者の方式には重なる部分が大きいといえる。いずれにしても，こうした差異に留意しながら，イノベーションと価値の関係の検討も含めて，あらためて企業と顧客との役割を統合するマーケティング研究が進展することが求められている。

4 ▶ マーケティング・イノベーションの評価基準

　マーケティングは，これまでもしばしば触れてきたように，顧客のニーズを見出し，ニーズへの適応と創造を通して顧客満足を実現する考え方や活動である。多数のライバルの中から，顧客に選ばれるためには，ライバルと差別化した独自性のある価値を創造し，伝達し，提供することが重要となっている。ライバルとの明確な差別化にとって有効な手段として，ライバルには追従しにくいイノベーションによって顧客との緊密な関係を構築することが求められている。
　イノベーションにはすでに考察してきたように，様々な捉え方や実現方法が存在している。ここではイノベーション評価の基準について考察したい。マーケティングとイノベーションの関係をまず整理しておこう。マーケティングは，イノベーションの視点から捉えた時に，製品やサービス自体の価値創造の面と，製品やサービスの価値提供の面の2つに関係している。つまりマーケティング・イノベーションには，顧客のニーズに合致した新たな製品やサービスをつくり出すというイノベーションの面と，それを従来にない便利な方法で顧客に届け

る提供方法でのイノベーションという2つの面から構成されている。

　前者はプロダクト・イノベーションであり，後者はプロセス・イノベーションに相当する。また後者の価値提供は流通イノベーションと呼ぶことができる。[28] 本書では，イノベーションをマーケティング・プロセスにおける効率性（efficiency）と有効性（effectiveness）という2つの基準に照らして，それぞれの基準の実現からイノベーションが生み出されるだけでなく，その同時達成こそがマーケティングの姿を大きく変えるイノベーションであると捉える。

　効率性は，「物事を適切に行うこと」を意味する。[29] 同じ内容の商品・サービスの場合，できるだけコストの安い方が買い手としては望ましい。消費者に限らず，生産者や流通業者にとっても，同じ品質・性能の部品や材料を調達したり，同じ内容の商品を取り扱ったりする場合，少しでも製造コストの安い業者と取引することで予算を効率的に使う。コストの低下は，それだけ消費者に所得増大効果，企業には利益増大効果をもたらす。EDLP（every day low price）やローコスト・オペレーションが強調されるのも，こうしたところに理由がある。

　一方で有効性は，「適切な物事を行うこと」を意味する。[30] 生産活動や商品・サービスの調達を，値段の安さよりも，品質やサービスの良さや利便性，快適性，フィット感あるいは楽しさといった別の基準で評価する場合がある。これは明らかにコスト基準とは異なった性質のものであり，時に，有効性を高めようとするとコストは増大するというトレードオフの関係を示すことが多い。

　いくら製造コストが安いからといって品質や耐久性が貧弱では顧客の信頼を得ることはできない。またモノづくりがいかに優れていても，多くのライバル企業がひしめく中で価格が顧客の支払い能力を上回った水準では顧客から選ばれることはまれである。このように効率性を強調したこれまでにない低コスト・低価格での新製品開発はイノベーティブであるが，一方で有効性を強調した今までにない高品質で利便性の高い新製品開発もまたイノベーティブである。しかし最もドラスティックなイノベーションは効率性と有効性を同時に実現した新製品の開発と提供ということになる。以下にその関係を図で示しておこう（図表11-1参照）。

　本書では，イノベーションの評価基準として，効率性と有効性の2つの軸に加えて，さらに新規性と希少性（独自性）という新たに2つの軸で評価しよう

図表11-1 効率性と有効性の同時達成

	非有効性 Ineffectiveness	有効性 Effectiveness
効率性 Efficiency	存続・成長，いずれ衰退	持続的発展
非効率性 Inefficiency	倒産	存続・成長，いずれ衰退

出所：Fahy and Jobber（2012），*Foundations of Marketing*, McGraw Hill。

としている。新規性や希少性（独自性）を有効性の中に位置付けることも可能と考えることもできるが，ここでは別個の位置付けを与えている。3つ目の軸である新規性では，先駆けという特徴が単なる改善との違いを明確にするうえで重要となる。さらにいえば，4つ目の希少性（独自性）が伴っていることが，イノベーションの持続性や継続性を生み出す要素になっていると考えられる。ここではイノベーションの成立要件を，効率性と有効性の同時達成に加えて，新規性と希少性（独自性）というトータルで4つの基準を満たした時に実現できるという構図を想定している。イノベーションは，社会を変える影響力を有している。イノベーションは①社会への影響力が大きく，②従来の生活のスタイルや習慣，ビジネスの流儀を変えるという特徴を持っている。それを実現するのが③効率性と有効性の同時達成，さらに④新規性と希少性（独自性）がその原動力になっているという捉え方をしている。

図表11-2に示すように，イノベーションはインプルーブメント（改善）やレボルーション（革命：revolution）と密接に関連しているが，ここでは概念的に区分している。インプルーブメントは，短期的な日々の手直しや修正が中心となり，レボルーションは主に主体（政権や支配的リーダー）の転換や新たなドミナンスの出現を強調して使用される概念と位置付けられる。一方でイノベーションは，インプルーブメントと対比してさらに大きな変革や進歩を意味しており，社会を変える影響力を持っており，レボルーションの準備段階という位置にあるが，すべてのイノベーションがレボルーションにまで拡大するわけではない。[31]

図表11-3に示すように，マーケティングをイノベーションの視点から捉えた場合，2つのタイプが確認できる。それは製品・サービスの品質レベルのイノベ

第11章／マーケティングとイノベーション

図表11-2　イノベーションのポジション（改善や革命との比較）

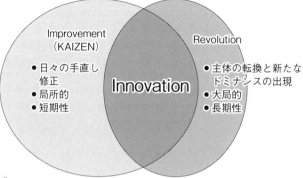

出所：筆者作成。

図表11-3　マーケティング・イノベーションのタイプとその実現基準

	コモディティ化	プレミアム化：イノベーション	イノベーションの源泉				
			ターゲット顧客	有効性	効率性	新規性	希少性
製品・サービスの品質レベル	固有機能の希薄可	独自機能の再定義：品質・性能・耐久性・意味的価値					
製品・サービスの提供レベル	革新的提供方法の希薄可	革新的提供方法の再定義：タイミング・正確性・接客対応・利便性					

出所：筆者作成。

ーションと提供レベルのイノベーションである。前者はより広く捉えると、新製品開発・新サービスという価値の創造である。通常製品もサービスも年月が経つとライバルの増加や顧客からの興味の喪失によって次第にどの企業の製品をとっても大差のない類似したものに変わっていく。いわゆるコモディティ化が進行し、そのままでは価格競争に巻き込まれ、低価格でないと売れない状態を迎える。そうなる前に企業はイノベーションの源泉でもあるターゲット顧客を明確にし、そこでの効率性と有効性を同時に実現するイノベーションを生み

出すことで，新規性や希少性（独自性）をベースに従来にはない独自機能を定義した新しい製品やサービスを開発することが求められる。もう1つの製品・サービスの提供レベルは，提供方法にかかわる側面であり，流通のイノベーションの内容となるが，同じく右端のイノベーションの源泉になる領域からターゲット顧客にジャストミートした提供方法を効率性と有効性の同時達成として導き出して，やはりこれも新規性と希少性（独自性）をベースに従来にはない新たな提供方法を実現することがコモディティ化から脱却するために求められる。効率性と有効性は，新規性と希少性（独自性）が強く作用するほどイノベーションとしてのインパクトが強くなると考えられる。

　最近の新製品開発の事例として，エプソンが開発している「PaperLab」という，使用済みの紙から新しい紙をつくるオフィス製紙機を取り上げたい。企業や官公庁，それに学校などで紙の廃棄が増え過ぎて単にごみとして捨てていることへの批判や資源浪費のもったいない感を反映して，水を使わずに，文書情報を完全抹消，紙の自社内生産を実現し，企業や自治体が循環型オフィスに変わるというイノベーションが推進されている。長期的に見れば，紙ごみの削減，森林資源の保護，二酸化炭素排出量の削減や反地球環境温暖化の活動を支持する方法となっていくであろう。[32]

　これに対して提供方法のイノベーションとしての特徴的な事例には，配車サービスのUBER（ウーバー）が挙げられる。2008年，雪降る夕方のパリで，カルニック（Travis Kalanick）とキャンプ（Garrett Camp）がタクシーを拾えずに困っていて，その時に思いついたのが，アプリのボタンをタップするだけで車が呼べるシンプルなサービスであった。配車という古くからあるサービスを，インターネットやスマホなどITを駆使することに加え，通常のタクシーの配車だけでなく，一般人が自分の空き時間と自家用車を使って顧客を運ぶ仕組みを構築してイノベーションに結び付けた。乗車した顧客が運転手を評価すると同時に，運転手も顧客を評価する「相互評価」を実施しているのもこのビジネスの特徴である。UBERは，インターネット音声サービスを提供するTwilio，決済代行サービスのBraintree，地図情報・ルート検索のGoogle Mapの3つのサービスを組み合わせただけという見方もできるが，シュンペーターのいう新結合が配車サービスという提供方法のイノベーションを生み出した象徴的な事例と考えられる。PaperLabはコスト的には安価な紙の生産というわけにはいかな

いが，日本全体でこうした機械でのリサイクルをすることを考えると地球環境や森林資源の保全には長期的にはプラスに働くだろう。UBERは日本では規制によって広く利用される状況にはないし，ドライバーの立場が従業員か一般人か，区分が曖昧であるなど問題点もあるが，他の国では低価格料金の設定が歓迎され，タクシーが必要な時につかまらないという不満の解消にも貢献していくことが期待されている。[33]

　これに対して，ある1つのイノベーションが製品・サービスの品質レベルで生み出されることで，提供レベルのあり方を大きく変えてしまうということも珍しくはない。つまり，プロダクト・イノベーションがプロセス・イノベーションも同時に発生させる関係である。これは第7章においても触れたフィルム・カメラからデジタル・カメラへの転換において観察できる。デジタル・カメラの導入は，フィルム・カメラの衰退を引き起こしただけでなく，それまでのフィルムやフィルム・カメラの利用の在り方を激変させた。フィルム・カメラの利用環境では，顧客に①まずフィルムを購入させ，②現像や印刷のためにフィルムを持ち込ませ，③最終的に現像や焼き増し（印刷）をピックアップさせる，④それぞれの訪問は付随的な関連購買をもたらす，という関係が形成されていたが，デジタルのイノベーションはこうした提供方法を大きく衰退させることになったといえる。[34]

　このように社会変化や時代の条件に合わせて常に，マーケティングとイノベーションは車の両輪のように発展している。かつてマーケティングは，1960年代後半から1970年代前半にかけて「マーケティング概念拡張論争」と呼ばれる事態を迎えたことがある。[35] マーケティング概念拡張論争とは，マーケティングを営利企業のビジネス活動に限定することなく，非営利組織の諸活動や社会的諸問題の解決にまで適用領域を拡張すべきとする主張を一方の内容として，同時に民間企業の社会的責任を自覚したマーケティングを提唱する内容であった。その背景には，米国から始まった企業への批判と社会的責任を追及する消費者運動やコンシューマリズム（消費者主権主義）の高まりがあった。その象徴的な動きの1つが，レイチェル・ルイーズ・カーソン（Carson, Rachel）が1962年に出版した『沈黙の春』による，DDT（農薬）などの合成化学物質が人体へ有害な影響を与え環境悪化を招くことの指摘であった。[36] さらにはもう1つは，1965年に出版されたラルフ・ネーダー（Nader, Ralph）によって行われた自動

車産業に対する欠陥車の告発と安全性への取り組みの警鐘『どんなスピードでも自動車は危険だ─アメリカの自動車に仕組まれた危険』が影響していたと思われる。[37)]

この他に，1960年代までに米国の大半の企業が社会的責任を果たすように動き出したのには，最高裁の判決が影響しているという見解もある。それまでは企業が社会的活動に貢献したり，かかわったりすることをある程度まで禁止，あるいは制限していた法規制や不文律があったが，1950年代に最高裁判決によってそれを取り去る決定がなされた。これにより多くの主要企業は社会的責任への動きを強めるようになり，社内で基金を設けて寄付プロジェクトを行うようになったという。[38)]

こうした事態を受けて，当時，マーケティングは果たして社会にとって役立っているのかという根本的な問題が提起された。マーケティングの社会的に有用な存在としてのアイデンティティを問われた時代であった。この拡張論争はマーケティングが新たに進むべき方向を示す転換点となったと考えられる。そのミッションの再検討の甲斐があって，その後のマーケティングの役割は，営利・非営利を問わず，規模や業種を問わず，国や政治体制を問わず，今や様々な領域に適用されるようになり，われわれの生活にとってもマーケティングの考え方や方法はなくてならないものになっている。国や地方自治体のマーケティング，市場経済へ移行した共産国でも，新興国はもとより，途上国でもBOP（base of pyramid）などでの社会的課題解決の切り札としてマーケティング手法が導入されている。

このようにマーケティングは，時代の変化を常にリードし，また変化に適応する手法として活用されているが，あらためてマーケティングを活用する主体であるマーケターのマインドに触れておきたい。このことはすでに第1章でも触れたが，再度確認しておきたい。マーケティングは常に社会や時代の変化を反映する形で発展してきたが，今日では単に顧客志向ということを目標にするだけでは十分ではなくなってきている。顧客志向や消費者利益ということをマーケティングは長い間追求し続けてきたし，今日でもそれは変わっていない。しかし企業利益と消費者利益に加えて，社会利益という，より高次の目標の実現に向かって取り組むことが求められてきている。企業の社会的責任（CSR）はボランティアとして取り組むという時代が長く続いたが，ポーター（Porter,

M.E.）とクラマー（Kramer, M.R.）は2010年の論文において，企業が本腰を入れて，事業として社会的課題に取り組むことを強調した。彼らは「共通（有）価値の創造（CSV：creating shared value）」という概念を提唱し，企業において経済的目標と社会的目標を対立するものと位置付けるのではなく，企業による経済利益活動と社会的価値の創出（＝社会的課題の解決）を両立させることで，経済的価値を創出しながら，社会的ニーズ（社会的課題）にも対応し社会的価値も創出するための戦略的取り組みを提案している。[39]

　今後，企業の成長にとって挑戦課題となっているのは，社会的課題をどのように捉え，自社のテーマとして取り組むのかということである。その意味でも，これまで困難と思われていた社会的課題を企業が正面から取り上げ，事業として発展させる仕組みづくりにマーケターのマーケティング能力が求められている。高齢化，少子化，格差社会，貧困，自然災害・震災・復興，食料問題など多くの社会的課題が生み出されていながらも解決されずに取り残されている。マーケターは，冷静に事実を見抜き，問題を発見し，現象の起こるプロセスや構造を解明するための調査や分析を行う能力が求められている。その前提でさらに，問題解決のためのホットな心を大切にし，顧客の立場や社会の視点を踏まえて，問題の解決のために従来の通念や慣行にとらわれないイノベーションを起こす勇気や仕組みづくり，さらにはそうした仕組みを継続的に発展させる根気のある取り組みが重要となっている。単なるリップサービスではなく，顧客の立場や社会の視点で何が問題なのかを追求すると，顧客の心，社会が必要としている願い，つまりマインドやハートに訴え働きかける要素，それを実現するためのイノベーションが重要であるということが確認できる。

■ **演習問題＆討論テーマ**

(1) イノベーションとはどのような条件で成立するのかを具体例を使って検討してみよう。例えば，冷蔵庫の野菜室を下段から中央に変更するのはイノベーションといえるのだろうか。

(2) イノベーションのためのリード・ユーザー法とクラウド・ソーシング法で，実際に成功したと思われる事例を探し出し，その成功要因と課題を明らかにしてみよう。

(3) マーケティングの社会的役割と共通価値の創造はどのような関係に置かれているかを検討し、いかにしたらマーケティングは共通価値の創造に貢献できるかを考えてみよう。

● 注

1) Drucker, P. F.（1954）*The Practice of Management,* Harper & Row.（野田一夫監修・現代経営研究会訳『現代の経営　上』ダイヤモンド社，1989年，pp.46-47）
2) Drucker, P. F.（1985）*Innovation and Entrepreneurship,* Harper & Row.（小林宏治監訳，上田惇生・佐々木実智男訳『イノベーションと企業家精神』ダイヤモンド社，1985年，p.424）
3) Houghton Mifflin Company（1993）*The American Heritage Dictionary, Third Edition,* Houghton Mifflin Company, p.701.
4) Levitt, Theodore（1969）*Marketing for Business Growth,* McGraw-Hill.（土岐坤訳『レビットのマーケティング思考法』ダイヤモンド社，2002年，pp.78-98，ならびにpp.192-207）
5) Levitt，同上訳書，pp.192-207。
6) 田口冬樹（2016）『流通イノベーションへの挑戦』白桃書房，p.2。
7) Schumpeter, J. A.（1926）*Theorie der wirtschaftlichen Entwicklung : Eine Untersuchung über Unternehmergewinn Kapital Kredit Zins und den Konjunkturzyklus, 2nd revised ed.,* Leipzig: Duncker & Humblot.（塩野谷祐一・中山伊知郎・東畑精一訳『経済発展の理論：企業者利潤・資本・信用・利子および景気の回転に関する一研究（上）』岩波書店，1977年）一橋大学イノベーション研究センター編（2014）『イノベーション・マネジメント入門』日本経済新聞出版社，p. 2。
8) この点の認識は，小川進（2013）『ユーザーイノベーション：消費者から始まるものづくりの未来』東洋経済新報社，p. vi -vii，ならびに木村達也（2008）『流通イノベーションの発生要因』白桃書房, p.15，注14で指摘されている。
9) この点は，田口，前掲書，p.4。
10) Kotler, Philip, and Fernando Trias des Bes（2010）*Winning at Innovation*：*The A-to-F Model,* Palgrave Macmillan.（櫻井祐子訳『コトラーのイノベーション・マーケティング』翔泳社，2011年，pp.12-20）
11) 同上訳書，pp.14-26。
12) 同上訳書，pp.28-280。
13) この歴史は，http://www.mmm.co.jp/wakuwaku/story/story2-1.htmlを参考にしている（2016-12-27現在）。
14) Kotler and Fernando Trias des Bes, 前掲訳書，pp.28-280。
15) Von Hippel, Eric（1988）*The Source of Innovation,* Oxford University Press.（榊原清則訳『イノベーションの源泉』ダイヤモンド社，1991年）
　　　Id.（2005）*Democratizing Innovation,* The MIT Press.（サイコム・インターナショナル監訳『民主化するイノベーションの時代』ファースト・プレス，2006年）

16) アクティブ・コンシューマーという用語によるこのことの説明は，濱岡豊（2002）"創造しコミュニケーションする消費者＝アクティブ・コンシューマーを理解する 共進化マーケティング論の構築に向けて"，ITMEディスカッションペーパー（「アクティブ・コンシューマーを理解する」『一橋ビジネスレビュー』冬号，Vol. 50，No. 3，pp.40-55の草稿）に詳しい。こうしたユーザー側からの製品やサービスに対する意見，評価さらには使用や開発への動きが活発化するようになった背景には，消費者自身が情報発信する手段を駆使できるようになったインターネットの普及と発展が影響している。
17) 小川，前掲書，pp.60-81，ならびにpp.134-135。
18) 同上書，pp.62-63。
19) 水野学（2011）「製品開発に果たすユーザーイノベーションの役割 ―顧客の声とリード・ユーザー」阪南大学『阪南論集 社会科学編』Vol. 47，No. 1，p.97（www.ronsyu.hannan-u.ac.jp/open/n002120.pdf）。
20) 清水信年（2012）「リード・ユーザー法」西川英彦・廣田章光編著『1からの商品企画』碩学舎／中央経済社，p.65。
21) 同上書，p.64。
22) グーグルのCEOであるエリック・シュミット（Eric Emerson Schmidt）が2006年11月に提唱した用語であり，個々の企業や個人のコンピュータで情報を保管・管理するのに代えて，大規模なデータセンターで顧客のサーバを預かり，インターネットへの接続回線や保守・運用サービスなどを提供する仕組みである。利用者は，ソフトウェアの購入やインストール，最新版への更新，作成したファイルのバックアップなどの作業から解放され，必要な時に必要なだけソフトを利用することができる。
23) 小川，前掲書，pp.136-136。
24) 同上書，pp.139-140。
25) http://urerushikumi.blogspot.jp/2013/12/blog-post_24.html　2016-12-29現在
26) http://urerushikumi.blogspot.jp/2013/12/blog-post_24.html　2016-12-29現在
27) 小川，前掲書，p.140。
28) 田口，前掲書，pp.4-5。
29) Fahy, John, and David Jobber（2012）*Foundations of Marketing,* McGraw-Hill，pp.11-12.
30) *Ibid.*
31) 田口，前掲書，pp.9-11のコラム参照。なお，イノベーションの捉え方については論者によってさまざまに論じられている。実務家の立場から高岡の場合は，リノベーションとイノベーションの関係を明確に分けて，イノベーションの特徴を指摘している。高岡においてはインプルーブメントや改善（Kaizen）という表現の代わりに，リノベーションという用語を使用している。つまりイノベーションとは「顧客が認識していない問題（Unconscious Problem）の解決から生まれる成果。この場合の成果とは，製品，サービス，ビジネスモデルを指す。顧客が認識していない問題からしかイノベーションは生まれないため，顧客が認識していない問題を発見することが何より重要になる。」としており，リノベーションとは「消費者調査で把握できる，顧客が認識している問題（Conscious Problem）の解決から生まれる成果。イノベーションが起こったあとに発生する顧客の不満や問題を解決するプロセスから生まれた成果。その段階は多様で，高次のリノベーションは一見，イノ

ベーションにも見える。」と両者の違いを指摘している。高岡は，顧客の認識していない問題を発見する能力を高く評価し，イノベーションは，顧客の問題を解決した結果として生み出された価値ないし成果であるという認識を示している。

　日本人はリノベーションをイノベーションと勘違いしていることが圧倒的に多いと指摘し，世間でもてはやされているイノベーションは実はリノベーションに過ぎないと強調する。イノベーションは「顧客が認識していない問題の解決」という視点で捉えると，ユーザーイノベーションや顧客ニーズ発想の成果はイノベーションにならないということにもなり，イノベーションについての需要サイドからのアプローチを含めさらなる研究が求められる。この点の詳細は，高岡浩三（2016）「イノベーションとリノベーション」フィリップ・コトラー　高岡浩三著『マーケティングのすゝめ　21世紀のマーケティングとイノベーション』中公新書ラクレ　2016年　pp.154-156. P.190. およびp.213. を参照されたい。

　本書では，需給の両サイドを含め，図表11-2に示したように，先の4つの基準によって社会に与える影響力の大きさからイノベーションを捉えている。

32) http://www.epson.jp/osirase/2016/161130.htm
33) 髙橋正巳（UBER JAPAN 株式会社，執行役員社長）（2015）「特別講演：顧客体験価値と事業創造」（https://kaizenplatform.com/growthdrive/2015/https://www.proud-web.jp/sumika/special/vol-04.html）2017-2-10現在
34) Shih, Willy（2016）"The Real Lessons From Kodak's Decline", *MIT Sloan Management Review,* Summer, pp.11-13.
35) Kotler, Philip, and Sidney J. Levy（1969）"The Broadening of the Concept of Marketing", *Journal of Marketing,* Vol.33, No1, pp.10-15.
36) Carson, Rachel（1962）*Silent Spring,* Houghton Mifflin.（青樹簗一訳『沈黙の春』新潮社，2001年，新版）
37) Nader, Ralph（1965）*Unsafe at Any Speed : The Designed-In Dangers of the American Automobile,* Grossman Publisher.（河本英三訳『どんなスピードでも自動車は危険だ』ダイヤモンド社，1969年）
38) Kotler, Philip, David Hessekiel and Nancy R. Lee（2012）*Good Works: Marketing and Corporate Initiatives that Build a Better World and the Bottom Line,* John Wiley & Sons（ハーバード社会起業大会スタディプログラム研究会訳『グッドワークス！』東洋経済新報社，2014年，pp.10-11）
39) Porter, M. E., and M. R. Kramer（2010）"Creating Shared Value", *Harvard Business Review,* Vol. 89, Issue 1/2, pp. 62-77.（Diamondハーバード・ビジネス・レビュー編集部訳，「経済的価値と社会的価値を同時実現する共通価値の戦略」『Diamondハーバード・ビジネス・レビュー』36巻6号，2011年6月号，pp.8-31）

「さらなる学習と研究のための参考文献」

英語（邦訳）文献

Anderson, Chris（2009）*Free：The Future of a Radical Price,* Hyperion.（高橋則明訳『FREE フリー〈無料〉からお金を生み出す新戦略』NHK出版，2009年）

Keller, Kevin L.（1998）*Strategic Brand Management,* Prentice-Hall.（恩藏直人・亀井昭宏訳『戦略的ブランド・マネジメント』東急エージェンシー，2004年）

Kotler, Philip, and Nancy Lee（2007）*Marketing in The Public Sector: A Roadmap for Improved Performance,* Pearson Education.（スカイライトコンサルティング訳『社会が変わるマーケティング』英治出版，2007年）

Kotler, Philip, Hermawan Kartajaya and Iwan Setiawan（2010）*Marketing 3.0: From Products to Customers to the Human Spirit,* John Wiley & Sons.（恩藏直人監訳，藤井清美訳『コトラーのマーケティング：ソーシャル・メディア時代の新法則』朝日新聞出版，2011年）

Kotler, Philip, and Fernando Trias des Bes（2010）*Winning at Innovation：The A-to-F Model,* Palgrave Macmillan.（櫻井祐子訳『コトラーのイノベーション・マーケティング』翔泳社，2011年）

Mazur, Laura, and Louella Miles（2007）*Conversations With Marketing Masters,* John Wiley & Sons.（木村達也監訳『マーケティングをつくった人々』東洋経済新報社，2008年）

Moore, Geoffrey A.（1991）*Crossing the Chasm: Marketing and Selling High-Tech Products to Mainstream Customers,* Harper Business.（川又政治訳『キャズム―ハイテクをブレイクさせる「超」マーケティング理論』翔泳社，2002年）

Reichheld, F. F.（1996）*The Loyalty Effect: The Hidden Force Behind Growth Profits and Lasting Value,* Harvard Business School Press.（伊藤良二監訳・山下浩昭訳『顧客ロイヤルティのマネジメント』ダイヤモンド社，1998年）

Rumelt, Richard P.（2011）*Good Strategy Bad Strategy: The Difference and Why It Matters,* Crown Business.（村井章子訳『良い戦略，悪い戦略』日本経済新聞出版社，2012年）

Von Hippel, Eric（1988）*The Source of Innovation,* Oxford University Press.（榊原清則訳『イノベーションの源泉』ダイヤモンド社，1991年）

Von Hippel, Eric（2005）Democratizing Innovation, The MIT Press.（サイコム・インターナショナル監訳『民主化するイノベーションの時代』ファースト・プレス，2006年）

日本語文献

青木幸弘（2010）『消費者行動の知識』日本経済新聞出版社

新井範子（2007）『みんな力：ウェブを味方にする技術』東洋経済新報社

池尾恭一・青木幸弘・南知恵子・井上哲弘（2010）『マーケティング』有斐閣

石井淳蔵・栗木契・嶋口充輝・余田拓郎（2013）『ゼミナール　マーケティング入門』日

本経済新聞出版社
石崎徹編著（2016）『わかりやすいマーケティング・コミュニケーションと広告』八千代出版
上田隆穂編著（2003）『ケースで学ぶ価格戦略・入門』有斐閣
小川孔輔（2009）『マーケティング入門』日本経済新聞出版社
小川進（2013）『ユーザーイノベーション：消費者から始まるものづくりの未来』東洋経済新報社
恩藏直人（1995）『競争優位のブランド戦略』日本経済新聞社
恩藏直人・亀井昭宏編（2002）『ブランド要素の戦略論理』早稲田大学出版部
恩藏直人（2007）『コモディティ化市場のマーケティング論理』有斐閣
フィリップ・コトラー，ゲイリー・アームストロング，恩藏直人（2014）『コトラー，アームストロング，恩藏のマーケティング原理』丸善出版
フィリップ・コトラー，高岡浩三著（2016）『マーケティングのすゝめ　21世紀のマーケティングとイノベーション』中公新書ラクレ
久保田進彦・澁谷覚・須永努（2013）『はじめてのマーケティング』有斐閣ストゥディア
黒田重雄・金成洙編著（2013）『わかりやすい消費者行動論』白桃書房
グロービス経営大学院編著（2009）『グロービスMBAマーケティング』ダイヤモンド社
杉本徹雄編著（2012）『新・消費者理解のための心理学』福村出版
田口冬樹（2016）『流通イノベーションへの挑戦』白桃書房
田口冬樹（2016）『体系 流通論（新版）』白桃書房
武田隆（2011）『ソーシャルメディア進化論』ダイヤモンド社
田中博（2008）『消費者行動論体系』中央経済社
西川英彦・廣田章光編著（2012）『1からの商品企画』碩学舎/中央経済社
橋田洋一郎・須永努（2013）『マーケティング』放送大学教育振興会
原田保・三浦俊彦編著（2008）『マーケティング戦略論』芙蓉書房
沼上幹（2009）『経営戦略の思考法』日本経済新聞社
目黒良門（2011）『戦略的マーケティングの思考』学文社
村松潤一編著（2015）『価値共創とマーケティング論』同文舘
村松潤一編著（2016）『ケースブック　価値共創とマーケティング論』同文舘
本藤貴康・奥島晶子（2015）『ID-POSマーケティング』英治出版
森岡毅（2016）『USJを劇的に変えた，たった1つの考え方』KADOKAWA
横山隆治（2011）『トリプルメディアマーケティング』インプレスジャパン

索 引

■ あ行

アーリー・アダプター　126, 155
アーリー・マジョリティ　126
アーンドメディア　101
アップ・セリング　15, 91
アフター・マーケット　104
異業態間競争　19, 84, 170
イノベーション　9, 10, 124, 126, 210, 213, 214, 217
イノベーション・マネジメント　213
イノベーター　126, 155
意味的価値　24, 27
意味的価値としてのブランド　138
インターナル・マーケティング　201
インダイレクト・チャネル　161, 162
インタラクティブ・マーケティング　201
ウェブルーミング　90
ウォンツ　14
上澄み吸収価格戦略（初期高価格戦略）　125, 155
エクスターナル・マーケティング　201
エスノグラフィー（顧客観察・参与観察）　10, 127
エブリデー・ロー・プライシング（EDLP）　158
オウンドメディア　100
オピニオンリーダー　126
オムニチャネル　102, 168, 170
卸売業　163

■ か行

階層価格戦略（プライス・ライニング戦略）　156
買回品　112
学習アプローチ　76
過剰品質　25
可処分所得　83
価値共創　204, 205, 223, 224
カテゴリー拡張（ブランド）　147
関与　88, 89, 92
関与概念　92
キー・パーソン　86
企業からの独立ブランド戦略　143
企業にとってのマーケティング　6
機能的価値　24, 27
キャズム　126
キャプティブ価格戦略　157
共感（共感価値）　27, 99
行政にとってのマーケティング　6
競争関係の広がり：　18
競争戦略　75
競争対抗法　153
共通価値の創造（CSV）　231
クチコミ　97, 99
クラウド・ソーシング法　221, 223
クロス・セリング　15, 91
クロスメディア　102
経験　26
経験価値　24
経験価値マーケティング　26
ゲーム・アプローチ　76
検索連動（型）広告　95, 100, 174
限定的問題解決　93
交換価値　114
行動ターゲティング広告　95, 174
行動変数　51, 54
購買意思決定プロセス　87
後発ブランドの優位　148

237

広範囲的問題解決 93
小売業 163
効率性と有効性 225
ゴーエラー 122
コーズ・リレーテッド・マーケティング 154
顧客関係管理(CRM) 101, 103, 107
顧客経験(ユーザー・エクスペリエンス) 101
顧客識別 54
顧客満足 10, 19, 20, 21, 22, 23
コスト・プラス法 152
個別ブランド戦略 142
コモディティ化 6, 16, 20, 25, 26, 116, 227
コンパリゾン・ショッピング 83, 161
コンプライアンス 6

■さ行

サービス・ドミナント・ロジック(SD)／サービス・ロジック 188, 203
サービスの特性 191
サービス・プロフィット・チェーン 201, 203
サービス・リカバリー 200
最低価格保証 158
裁量所得 83
シーズ 10, 21, 120, 122
市場細分化(マーケット・セグメーション) 35, 36, 45
市場受容法 153
社会志向の価格決定法 154
社会・心理変数 49, 53
社会的責任(CSR) 29, 230
習慣的問題解決 92
生涯価値(LTV) 103, 105
使用価値 114
消費財 2, 112, 197
消費者行動 83
消費者参加型マーケティング 6
消費者にとってのマーケティング 5

商品化の条件 114
ショールーミング 90
初期高価格戦略(上澄み吸収価格戦略) 125, 155
初期低価格戦略(浸透価格戦略) 125, 155
新規性や希少性(独自性) 226
人口動態変数 48
真実の瞬間 195
新製品開発 115
浸透価格戦略(初期低価格戦略) 125, 155
垂直的マーケティングシステム(VMS) 165
スイッチング・コスト 139
スノッブ効果 140
製品差別化(プロダクト・ディファレンシェーション) 36
製品ライフサイクル(PLC) 124, 127, 129
成分ブランド戦略 144
セールス・プロモーション(販売促進) 175
先発ブランド優位 147
専門品 112
ソーシャルメディア 94, 95, 97, 101, 183
組織(的)購買 82, 86
組織的な意思決定 113

■た行

ターゲティング 31, 35, 56
代替購買 8
代理購買 85
ダイレクト・チャネル 161, 163
ダイレクト・マーケティング 179
知覚品質 141
チャネル選択 160
チャネル・リーダー 169
チャレンジャー(市場での) 77, 78
地理的変数 53
地理変数 46
テスト・マーケティング 123

デモグラフィック変数 49, 53
統一ファミリー・ブランド戦略 143
統合型マーケティング・コミュニケーション
　（IMC） 181, 182, 183, 184, 185
統合ブランド戦略 143
投資収益率（ROI） 58
ドロップエラー 122

■な行

中抜き 161
ニーズ 2, 10, 13, 120
ニーズとウォンツ 14
ニッチャー（市場での） 77, 79
認知不協和 91

■は行

ハイ・ロー・プライシング 158
派生需要 113
パブリシティ 123, 171, 177, 179
パブリック・リレーションズ（PR） 177
バンドリング価格戦略 156
バンドワゴン効果 140
販売促進（セールス・プロモーション） 175
ビジネス財 2, 11, 86, 112, 197
ビッグデータ 102
標的顧客の設定 36
フォロワー（市場での） 77, 78
複数企業による統一ブランド戦略 144
複数製品の価格決定 156
プライス・ライニング戦略（階層価格戦略） 156
ブランド・エクイティ 140, 141
ブランド戦略 142
ブランドの共同利用戦略 144
ブランドの再生と連想 137
ブランド要素 136
ブランド連想 141

ブランド・ロイヤルティ 128, 139, 140
フリー 125, 157, 191
プレイス（チャネル） 159
ブレーン・ストーミング 120
プロシューマー 11
プロダクト・ディファレンシェーション：製品
　差別化 36
プロモーションの役割 171
プロモーション・ミックス 172
分割ファミリー・ブランド戦略 143
ペイドメディア 100
ベネフィット（便益） 15, 17
ベネフィット（便益）の束 15
ポイントカード 54, 107
ポートフォリオ 57, 124, 130
ポジショニング 35, 38, 62, 65, 69, 73, 74, 75
ポジショニング・アプローチ 32, 76
ポジショニング戦略 61, 66, 73

■ま行

マーケット・セグメンテーション（市場細分化） 31, 35, 36, 44
マーケティング 3, 4, 5, 8
マーケティング・イノベーションの評価基準 224
マーケティングとイノベーション 9, 10, 209
マーケティングとセールス 7, 8
マーケティング・マイオピア（近視眼） 17, 28
マーケティング・マインド 9, 10, 231
マーケティング・マネジメント・プロセス 30, 31
マーケティング・ミックス 31, 39, 47, 56, 57, 151
マインド 8
マス・カスタマイゼーション 36, 59
マス・マーケティング 56

ミシュランガイド	113
最寄品	112

■や・ら・わ行

有形化のわな	191
有効需要	15
ユーザー・イノベーション	6, 218
ライン拡張（ブランド）	146
ラガード	126
リーダー（市場での）	77
リーダー（チャネルでの）	169
リード・ユーザー	221
リード・ユーザー法	219
リソースベース・アプローチ	32, 76
レイト・マジョリティ	126
レピュテーション（評判）	6, 19
割引価格戦略	158
ワンストップ・ショッピング	83, 161
ワン・トゥ・ワン・マーケティング	58, 104, 105

■数字

4C	40, 41
4P	9, 40, 151
6次産業	188, 206
7P	151, 194

■アルファベット

AIDMA	96, 97
AISAS	96, 97
BOP	81, 230
BtoB	82, 105, 197, 205
BtoC	82, 197, 205
BtoG	82, 205
CGM	95, 218
CRM（顧客関係管理）	101, 103, 107
CRMのわな	106
CSV（共通価値の創造）	231
CtoC	6
EMS	35, 76
FSP	105
ICT	52, 59, 103, 104
ID-POS	54, 104, 106, 107, 174
IMC（統合型マーケティング・コミュニケーション）	181, 182, 183, 184, 185
IoT	102
LTV（生涯価値）	103, 105
NB商品	114
OEM	76, 118
PB商品	114
PLC（製品ライフサイクル）	124, 127, 129
PPM	130
PR（パブリック・リレーションズ）	177
RFM分析	106
ROI（投資収益率）	58
SEO	95
SERVQUAL	198
SIPS	97
SPA	115, 166
STP	35, 36
SWOT分析	31, 34
VMS（垂直的マーケティングシステム）	165

■著者略歴

田口 冬樹（たぐち ふゆき）

専修大学経営学部卒業
専修大学大学院経済学研究科博士課程修了
米国ワシントン大学（University of Washington）客員研究員
博士（経営学）
日本商業施設学会・学会賞優秀著作賞（『体系流通論』白桃書房）受賞
現在 専修大学経営学部・大学院経営学研究科教授
これまで東京大学経済学部，東京工科大学コンピューターサイエンス学部，東京富士大学経営学部などで非常勤講師を担当

■ マーケティング・マインドとイノベーション
■ 発行日──2017年7月26日 初版発行　　〈検印省略〉
■ 著　者──田口冬樹
■ 発行者──大矢栄一郎
■ 発行所──株式会社　白桃書房
　　〒101-0021　東京都千代田区外神田5-1-15
　　☎03-3836-4781　📠03-3836-9370　振替00100-4-20192
　　http://www.hakutou.co.jp/

■ 印刷・製本──藤原印刷

　　Ⓒ Fuyuki Taguchi 2017 Printed in Japan　ISBN 978-4-561-65224-3 C3063

本書のコピー，スキャン，デジタル化等の無断複製は著作権法上での例外を除き禁じられています。本書を代行業者等の第三者に依頼してスキャンやデジタル化することは，たとえ個人や家庭内の利用であっても著作権法上認められておりません。

JCOPY 〈㈳出版者著作権管理機構 委託出版物〉
本書の無断複写は著作権法上の例外を除き禁じられています。複写される場合は，そのつど事前に，㈳出版者著作権管理機構（電話 03-3513-6969，FAX 03-3513-6979，e-mail：info@jcopy.or.jp）の許諾を得てください。

落丁本・乱丁本はおとりかえいたします。

好評書

田口冬樹【著】
体系流通論（新版） 本体 3,400 円

田口冬樹【著】
流通イノベーションへの挑戦 本体 3,000 円

矢作敏行・川野訓志・三橋重昭【編著】
地域商業の底力を探る 本体 3,400 円
―商業近代化からまちづくりへ

佐々木保幸・番場博之【編著】
地域の再生と流通・まちづくり 本体 3,000 円

吉村純一・竹濱朝美【編著】
流通動態と消費者の時代 本体 3,000 円

小野雅之・佐久間英俊【編著】
商品の安全性と社会的責任 本体 3,000 円

木立真直・斎藤雅通【編著】
製配販をめぐる対抗と協調 本体 3,000 円
―サプライチェーン統合の現段階

大石芳裕・山口夕妃子【編著】
グローバル・マーケティングの新展開 本体 3,000 円

東京 **白桃書房** 神田

本広告の価格は本体価格です。別途消費税が加算されます。